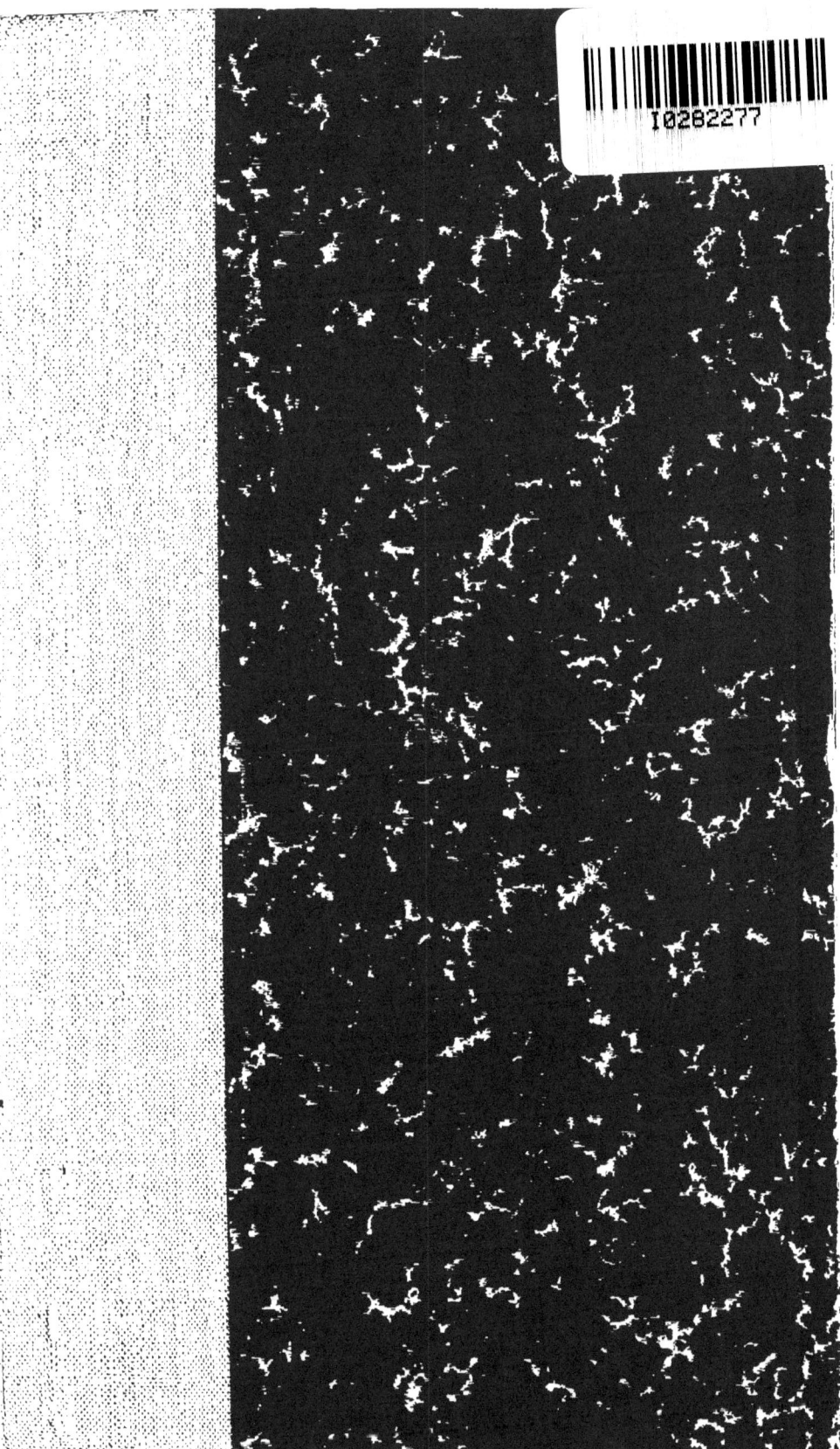

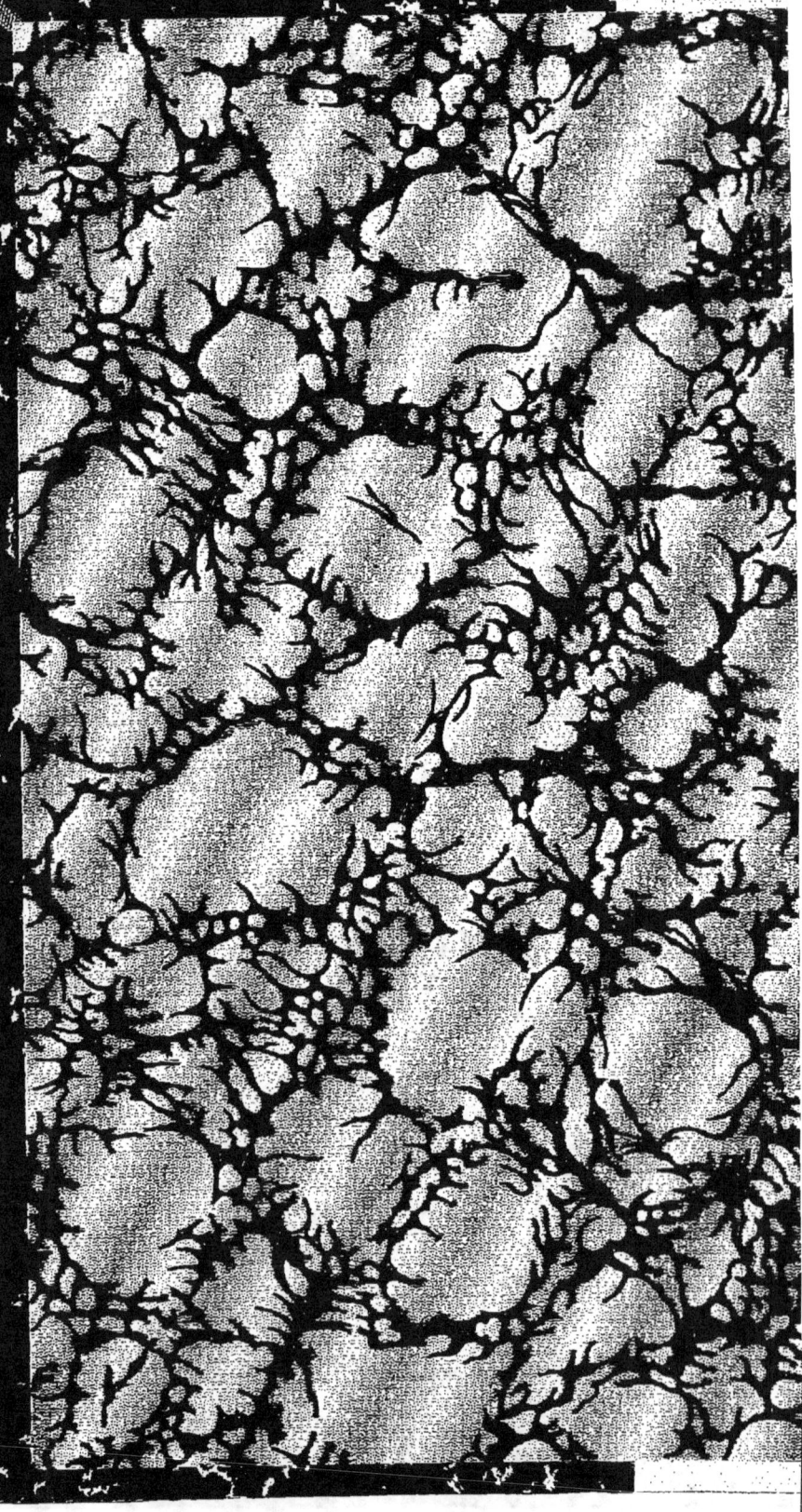

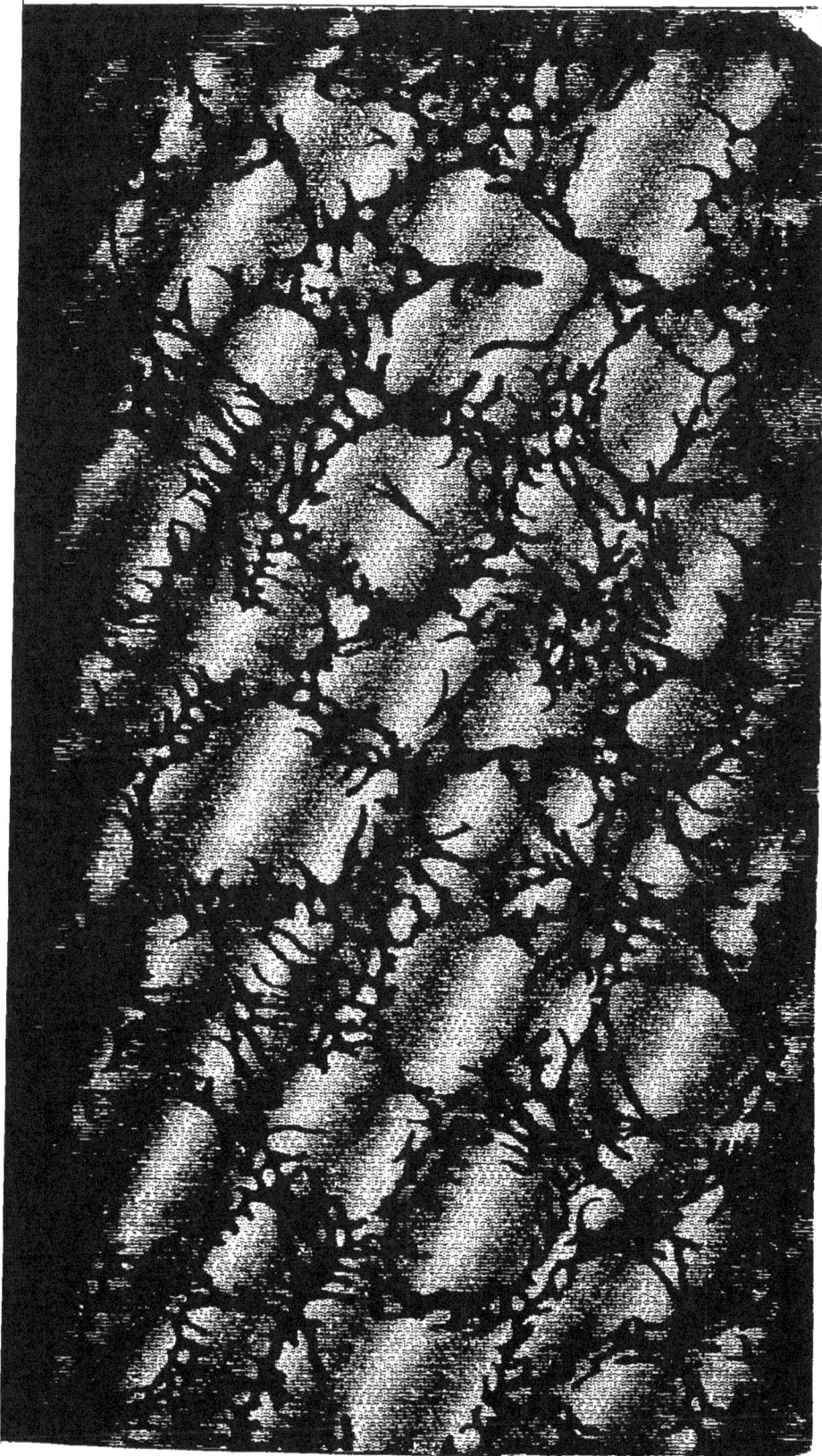

MARC DEBRIT

LA GUERRE

DE 1870

NOTES AU JOUR LE JOUR

PAR

UN NEUTRE

GENÈVE
F. RICHARD, LIBRAIRE-ÉDITEUR
PARIS
JOEL CHERBULIEZ, 33, RUE DE SEINE

1871

IMPORTATION DES PUBLICATIONS ÉTRANGÈRES
LIBRAIRIE C. KLINCKSIECK

LA GUERRE DE 1870

GENÈVE. — IMPRIMERIE RAMBOZ ET SCHUCHARDT.

MARC DEBRIT

LA GUERRE

DE 1870

NOTES AU JOUR LE JOUR

PAR

UN NEUTRE

GENÈVE

F. RICHARD, LIBRAIRE-ÉDITEUR

PARIS

JOEL CHERBULIEZ, 33, RUE DE SEINE

1871

AVANT-PROPOS

Au début de la guerre, l'auteur de ces lignes fut appelé à faire, dans le *Journal de Genève*, une série d'études sur les opérations militaires. Écrites au courant de la plume, sur les nouvelles de la journée, ces improvisations hâtives n'avaient d'autre prétention que d'orienter les lecteurs de ce journal au milieu de nombreuses dépêches télégraphiques incomplètes, souvent obscures ou incohérentes et presque toujours contradictoires. Tout leur mérite, si par hasard elles en avaient un, consistait à être rédigées sans parti pris, sans aucune faveur préconçue pour l'un ou l'autre des belligérants, les renseignements de toute provenance étant pesés dans la même balance et soumis au même contrôle impartial. Mérite facile, du reste, lorsque l'on écrit dans un pays neutre où les informations abondent, lorsqu'on a d'excellentes cartes sous les yeux et que le bandeau de l'amour-propre national ne vous empêche pas de voir clair.

De ce travail, continué avec persévérance pendant sept mois, il est résulté une chronique assez complète de la guerre; quelques personnes, trop indulgentes peut-être, ont pensé qu'il ne serait pas sans intérêt de la reproduire à titre de document historique, sans y rien changer, et en lui conservant sa forme primitive d'une sorte de commentaire quotidien sur les événements.

Nous avouons que cette forme est bien imparfaite et qu'elle laisse subsister, au moins dans les détails, certaines inexactitudes dont il eût été facile de s'affranchir après coup. En revanche, et comme compensation, on y retrouvera la trace de toutes les émotions par lesquelles nous venons de passer, les impressions de la veille de la bataille et celles du lendemain. Ainsi considéré, ce récit, avec toutes ses lacunes, est peut-être plus vivant, plus *réel* qu'une histoire écrite à tête reposée, sur des documents authentiques. Tel qu'il est, puisse-t-il trouver grâce auprès du public, et mériter le seul éloge que l'on ambitionne pour lui : celui d'avoir été inspiré d'un bout à l'autre par le désir d'être juste, c'est-à-dire d'être vrai.

Mars 1871.

PREMIÈRE PARTIE

RHIN ET MOSELLE

1

WISSEMBOURG, WŒRTH, FORBACH

(Du 4 au 7 août.)

Voici les détails d'ensemble que nous pouvons donner dès maintenant, d'après les dépêches télégraphiques, sur les opérations exécutées du 4 au 7 août dans le nord de l'Alsace par l'armée du prince royal de Prusse et sur les bords de la Sarre par le corps d'armée du général de Steinmetz.

Parlons d'abord des événements d'Alsace.

L'armée du Sud, composée du corps d'armée bavarois, de la division badoise et de deux corps d'armée prussiens, doit avoir un effectif d'environ 160,000 hommes, et elle a opéré son mouvement d'attaque presque simultanément sur Wissembourg, Lauterbourg (le corps badois) et sur le Rhin. Le passage du fleuve a été opéré le 5 août, sous la protection de la forteresse de Rastadt, de Plittersdorf (Bade) sur le village français de Selz. Ce village, préalablement visité par des reconnaissances badoises, avait été trouvé dégarni de troupes.

Wissembourg est une place de guerre de troisième classe, située dans le département du Bas-Rhin, à l'extrême frontière, au pied des montagnes (les Basses-Vosges), sur la rive droite de la Lauter, qui la divise en deux parties. C'est une station du chemin de fer de l'Est, à 58 kilomètres de Strasbourg, sur l'embranchement qui, de Wendenheim, se dirige par le nord vers la Bavière rhénane. Elle compte 5,400 habitants. Sa situation avancée l'a de tout temps exposée aux attaques des nations voisines ; ruinée pendant la guerre de Trente Ans, il ne lui restait que 140 habitants lors du traité de Westphalie, qui la céda à la France. Il existe encore quelques restes de l'enceinte fortifiée qui entourait Wissembourg au moyen âge, mais ses fortifications actuelles sont du dix-huitième siècle. Quant aux fameuses lignes de Wissembourg, célèbres pendant les guerres de la Révolution, et qui s'étendent des portes mêmes de la ville, c'est-à-dire du pied de la hauteur du Pigeonnier jusqu'à Lauterbourg, sur une étendue de 30 kilomètres, ce sont des ouvrages presque entièrement abandonnés aujourd'hui.

Ces défenses, qui consistent en une suite d'épaulements et de parapets, que des redoutes renforcent de distance en distance, furent exécutées par le maréchal de Villars, de 1704 à 1706 ; 11,000 pionniers furent employés aux travaux. Nous avons dit déjà que ces fortifications ne servent plus ; en quelques endroits elles ont même été nivelées par les propriétaires du sol. Ajoutons enfin que le traité de 1814 n'a laissé à Wissembourg qu'un rayon de 2 kilomètres sur la rive gauche de la Lauter.

En arrière de Wissembourg se trouve une hauteur boisée, le Geisberg, dont la possession est plus efficace pour la défense de la place que ses fortifications, aujourd'hui bien humbles et peu capables de résister contre la portée et les projectiles explosifs de la simple artillerie de campagne.

Nos lecteurs savent que Wissembourg et le Geisberg ont été enlevés le 4 août par le prince royal, après un très-vif combat livré au général Abel Douay, lequel était à la tête d'une seule division.

A la gauche prussienne, les Badois passèrent à Lauterbourg qui n'était pas même occupé.

La division Douay, qui formait la gauche du corps du maréchal Mac-Mahon, fort en tout d'environ 40,000 hommes sur le Bas-Rhin, se replia sur le col du Pigeonnier qui commande la ligne de Bitche. Cette hauteur du Pigeonnier (elle tire son nom d'une ancienne tour détruite pendant la Révolution) domine la route de Wissembourg à Bitche, qui traverse dans un trajet de 48 kilomètres un pays boisé, accidenté et très-pittoresque. De son sommet (507 mètres), on jouit d'une belle vue sur la vallée de la Lauter, la forêt de Haguenau, la Forêt-Noire et les environs de Bade ; on distingue même les fortifications de Rastadt, les clochers de Spire et de Strasbourg.

Le maréchal Mac-Mahon, qui devait avec son corps d'armée couvrir toute la frontière du Rhin, de Lauterbourg à Bâle, avait sans doute, au moment de l'attaque qui le surprenait par sa gauche, ses troupes réparties sur un front trop étendu pour qu'il pût immédiatement se porter à l'aide du général Douay. Aussitôt après la bataille, le maréchal s'occupa activement de concentrer toutes les divisions disponibles de son corps d'armée en prenant position en face des Prussiens sur les hauteurs de Wœrth.

La position de Wœrth a déjà acquis une grande célébrité militaire par la victoire que le général français Hoche y remporta en 1793 sur l'armée autrichienne commandée par Wurmser. Wœrth est une petite ville de 1,150 habitants, située au débouché d'une vallée assez profonde et au point de croisement des routes de Haguenau et de Bitche avec prolongement jusqu'à Selz, c'est-à-dire jusqu'aux bords du Rhin. Cette situation donne à ce point une importance stratégique incontestable, et il n'est pas étonnant qu'à plusieurs reprises il ait été le centre d'opérations de guerre.

La vallée à l'entrée de laquelle se trouve Wœrth est parcourue par un étroit cours d'eau, le Sulzbach ; elle est enveloppée de trois côtés par des hauteurs boisées à pentes raides, sans routes proprement dites, et traversée seulement par des sentiers à chariots desservant de nombreuses usines. A l'entrée de la vallée, et directement au-dessus de Wœrth, se trouvent deux hauteurs plus considérables que les autres, le Liebfrauberg au nord-est et la colline de Fröschwiller au sud-ouest. C'est sur la crête même de Fröschwiller que les Autrichiens avaient établi des redoutes en 1793, et c'est de là qu'ils furent délogés par Hoche, la perte de Fröschwiller entraînant pour eux celle du Liebfrauberg et compromettant ainsi leur retraite par Wissembourg.

Au delà de Fröschwiller se trouve une seconde vallée, celle de la Motter, où passe la grande route de Haguenau à Bitche, à travers le gros village de Reichshoffen.

On comprend maintenant comment il se fait que la bataille que le prince royal de Prusse vient de livrer aux Français soit indifféremment désignée sous les noms de Wœrth, de Fröschwiller ou Reichshoffen.

Ajoutons, comme dernier renseignement, qu'entre Wœrth et Haguenau s'étend une épaisse forêt de sapins, coupée de cinq cours d'eau plus ou moins importants et traversée du sud au nord par la tranchée du chemin de fer qui va de Strasbourg à Wissembourg.

C'est dans cette position que le maréchal Mac-Mahon a été attaqué, le 6 août, par la plus forte partie de l'armée du prince royal de Prusse, à laquelle il n'avait, paraît-il, que cinq ou six divisions à opposer. Après une énergique résistance, les Français étaient complétement battus vers quatre heures de l'après-midi, et perdaient même six mitrailleuses et trente canons. Quant aux détails de la bataille, ceux que nous a transmis le télégraphe sont fort incomplets. Ainsi on ignore encore dans quelle direction le maréchal opère sa retraite; le prince royal de Prusse, dans sa dépêche, dit que les Français ont été rejetés dans les défilés des Vosges qui aboutissent à la forteresse de Bitche; l'empereur Napoléon annonce, d'autre part, que le maréchal s'est retiré, en couvrant la route de Nancy. Cette dernière direction est confirmée du reste par une dépêche aux termes de laquelle la retraite du maréchal s'opérerait par Saverne. Si les Prussiens le suivent dans cette direction, ils rencontreront comme barrière, à quelque distance de Saverne, la place de Phalsbourg, appuyée au nord par le fort de Petite-Pierre, qui couvre un défilé des Vosges intermédiaire entre celui de Phalsbourg et celui de Bitche.

La première de ces forteresses est assez connue par les romans d'Erckmann-Chatrian ; quant à Bitche, elle est, comme Wissembourg, une place de guerre de troisième classe ; seulement, elle est protégée par un fort construit sur le roc et qui a toujours passé pour imprenable. C'est une des clefs des frontières françaises ; elle défend les défilés des Vosges entre Wissembourg et Sarreguemines, surplombant d'étroites vallées, d'immenses forêts de sapins et des montagnes tapissées de bruyères. Déjà importante au douzième siècle, elle fut fortifiée à différentes époques et surtout par Vauban. Lorsqu'elle fut rendue au duc de Lorraine, après la paix de Ryswick, il fut stipulé que ses remparts seraient rasés, et ne pourraient jamais être rétablis. Mais la réunion de la Lorraine à la France changea cet état de choses ; on se mit en devoir, de nouveau, de fortifier la ville. A la place du fort érigé par Vauban en 1679, et qui avait été démantelé, on construisit celui qui existe actuellement et qui s'élève à 424 mètres de hauteur.

La ville (2,740 habitants) s'étend à 50 mètres au-dessous, à la base d'un rocher dénudé de grès vosgien. C'est du milieu de ce roc que s'élance le fort de Bitche, dont l'enceinte se compose de quatre bastions. On le regarde comme un chef-d'œuvre dans son ensemble et dans ses parties ; l'intérieur est voûté et casematé ; un logement y a été pratiqué pour mettre à l'abri les malades et les blessés ; un millier d'hommes suffit pour le défendre, et, pour que la garnison ne manquât jamais d'eau, cinq citernes ont été creusées, outre un puits taillé à 80 mètres de profondeur dans le roc, et dont l'eau est excellente.

La route et les environs de Bitche sont connus des Prussiens : en 1793 ils pénétrèrent à travers les défilés des Vosges, et, dans la nuit du 15 novembre 1793, ils tâchèrent de s'emparer de la ville. Déjà leur avant-garde, dont personne ne soupçonnait l'approche, s'était glissée au pied du fort et les glacis étaient escaladés quand on donna l'alarme. Les Prussiens furent contraints de se retirer.

Le même jour où l'armée allemande du Sud, commandée par le prince royal de Prusse, livrait bataille au maréchal Mac-Mahon, une seconde action presque aussi importante que la première avait lieu sur un autre point du théâtre de la guerre, non loin de Sarrebruck.

On sait que cette ville avait été évacuée par la garnison allemande à la suite d'une attaque dirigée par le général Frossard. Les troupes françaises étaient restées depuis lors postées sur les hauteurs qui dominent la ville, sur la rive gauche de la Sarre, tandis que les hauteurs de la rive droite, qui forment au nord de la ville comme les gradins d'un vaste hémicycle, restaient au pouvoir des Allemands.

Dès le 5 août, les têtes de colonnes prussiennes s'étaient rapprochées de la Sarre, sans qu'on paraisse avoir eu connaissance de cette concentration au quartier général français.

Le 6 août, à une heure après midi, c'est-à-dire peu

d'instants après qu'à vingt-cinq lieues plus à l'est, le prince royal de Prusse avait attaqué le maréchal Mac-Mahon, une action distincte de la première, mais concertée avec elle, faisant partie du même plan de campagne et coopérant au même but, s'était engagée aux environs de Sarrebruck.

A une heure après midi, une attaque, qui paraissait d'abord sans importance, nous dit une dépêche française, fut engagée contre les troupes du 2me corps d'armée commandé par le général Frossard. Cette attaque était dirigée, paraît-il, par le général Kameke.

Les dépêches de Berlin disent que ce général tourna à l'ouest de Sarrebruck et trouva les Français occupant une forte position, appuyée aux montagnes près de Spicheren. Il n'en commença pas moins la lutte. Le général français ne vit, à ce qui semble, au premier moment, dans cette attaque qu'une simple démonstration. Cependant, les troupes prussiennes, s'embusquant dans les bois qui entourent Sarrebruck, se massaient à l'abri de leurs futaies et continuaient leur mouvement tournant sur la gauche française. Bientôt, le général Frossard s'aperçut que l'affaire était sérieuse; il appela à lui toutes les troupes placées sous ses ordres, et, de plus, deux divisions empruntées à d'autres corps.

Du côté des Prussiens, des renforts arrivèrent promptement au bruit du canon. Les divisions Burkenow et Stulpnagel vinrent soutenir la division Kameke et le général de Goeben prit le commandement de l'attaque. La 14me et la 16me division prussienne agissaient directement contre la ligne de retraite des Français sur Forbach, tandis que la 13me division, partie de Wehrden sur la Sarre, la prenait à revers par la vallée latérale de la Rosselle.

Le succès de cette double opération paraît avoir été complet. Le corps du général Frossard fut repoussé, coupé de sa ligne de retraite et rejeté dans une direction qui n'est pas encore connue.

A quatre heures du soir, l'action était terminée, et l'avant-garde de la 13me division prussienne avait fait son entrée à Forbach.

II

LA SITUATION DES ARMÉES

(Au 9 août.)

Les nouvelles qui nous sont transmises par le télégraphe ne nous apportent sur la position des armées belligérantes que des renseignements très-laconiques et dont il est naturellement impossible de contrôler l'exactitude. Nous essayerons cependant de les résumer rapidement pour aider nos lecteurs à se rendre compte de la situation relative des pièces sur ce vaste échiquier où se joue aujourd'hui le sort de la moitié de l'Europe.

On se rappelle que les Allemands ont en ligne sur cette frontière trois grandes armées : celle du Sud formant l'aile gauche, placée sous les ordres du prince royal et occupant le nord de l'Alsace et la rive droite du Rhin; celle du Centre commandée par le général Steinmetz, ayant son quartier général à Sulzbach dans la Bavière rhénane et son avant-garde à Sarreguemines et à Forbach; enfin l'armée du prince Frédéric-Charles qui forme l'aile droite allemande et qui n'a pas encore été engagée. D'après une dépêche officielle, le quartier général de cette armée se trouverait aujourd'hui à Blieskastel, dans la Bavière rhénane, entre Sarrebruck et Deux-Ponts.

L'armée française, de son côté, compte en première et en seconde ligne sur cette frontière six corps d'armée. Chacun d'eux représente en moyenne environ 50,000 hommes, ce qui fait en tout 300,000 hommes, auxquels il faut ajouter la garde impériale forte de trois divisions.

Voici, autant que nous pouvons le savoir par les renseignements télégraphiques, la position actuelle de ces sept fractions de l'armée française.

Le premier corps, commandé par le maréchal Mac-Mahon, était destiné, dans le principe, à défendre la rive gauche du Rhin. Il a eu son aile gauche repoussée à Wissembourg, et il a perdu à Wœrth une grande bataille qui l'a forcé à se retirer plus au sud. Il semble que le corps du maréchal Mac-Mahon se trouve posté aujourd'hui en avant de Saverne, la gauche et la droite appuyées aux Vosges, le centre sur le chemin de fer de Strasbourg à Nancy. Peut-être aussi, — si l'on en croit les dépêches qui ont suivi le combat de Wissembourg, — une partie des troupes de ce premier corps, celles qui formaient la division Abel Douay, se trouveraient-elles en ce moment sous le canon de Bitche, après avoir opéré leur retraite par une route de montagnes.

A la gauche du corps de Mac-Mahon, et dans la direction de Sarrebourg, se trouve très-probablement le 5me corps de l'armée française, celui que commande le général de Failly.

Ces deux corps, le 1er et le 5me, après avoir été trop longtemps séparés, doivent se donner la main pour défendre en commun l'accès de Nancy et les défilés des Vosges. Les troupes françaises massées sur ce point peuvent, en tenant compte des pertes faites à Wissembourg et à Wœrth, être évaluées sans exagération à environ 50,000 hommes. C'est du moins ce qui résulte d'une indication empruntée au *Journal des Débats*.

Dans cette même direction, c'est-à-dire sur la ligne de Nancy à Saverne, se trouvent, s'il faut en croire des renseignements qui paraissent offrir des garanties d'exactitude, les 50,000 hommes commandés par le maréchal Canrobert. Ce corps d'armée, le troisième de l'armée française, aurait été appelé en effet de Châlons-sur-Marne, sur la nouvelle des derniers événements, pour couvrir Nancy.

Entre cette ville et Saverne, il y aurait ainsi un corps de cent mille hommes, sans parler des deux divisions de dix mille hommes chacune qui forment la garnison de la place de Strasbourg. Total de l'armée du Rhin et des Vosges : environ 120 ou 130,000 hommes.

Le deuxième corps commandé par le général Frossard est celui-là même qui avait attaqué Sarrebruck et qui a été repoussé de cette ville le 6 août, à la suite d'un combat meurtrier. Il est probable que ce corps a subi de grandes pertes. Néanmoins, le *Journal des Débats* nous apprend qu'il compte encore 25,000 hommes et qu'il s'est réuni au corps du maréchal Bazaine. Ce dernier commandait sur la Moselle, près de Thionville, l'aile gauche de l'armée française et son corps d'armée (le troisième) n'a pas encore été engagé. Il compte avec celui du général Ladmirault, qui n'a eu que deux divisions au feu, un effectif de 80,000 hommes, auxquels il faut ajouter les 25,000 hommes du général Frossard et 25,000 de la garde impériale.

Toutes ces troupes, formant un total de 130,000 hommes, sont en ce moment concentrées sous les ordres du maréchal Bazaine qui, selon toute vraisemblance, a quitté sa position de Thionville pour se rapprocher de Metz et de Nancy.

L'armée française de la frontière du nord forme donc en ce moment de Thionville à Saverne un vaste arc de cercle dont la corde mesure de 25 à 30 lieues et dont la concavité regarde les défilés des Vosges, tandis que son sommet est à Nancy, avec une ligne de retraite centrale sur Vitry-le-Français, Châlons-sur-Marne et Paris.

Telle est, nous le répétons, autant que nous pouvons en juger par les dépêches de ces derniers jours, la position de l'armée française entre la Moselle et le Rhin.

De son côté, l'armée allemande, à la suite de ses derniers mouvements, forme un arc de cercle qui complète, pour ainsi dire, celui de l'armée française. Il commence à Sarrebruck et à Forbach pour se terminer à Haguenau, à peu de distance de Saverne. L'armée du prince Frédéric-Charles semble occuper les bords de la Sarre ; celle du général Steinmetz s'étend de Forbach à Sarreguemines ; enfin celle du prince royal occupe l'Alsace septentrionale jusqu'à Niederbronn et Haguenau. Une ou plusieurs divisions de cette armée se trouvaient encore hier sur la rive droite du Rhin et paraissaient suivre parallèlement, le long du fleuve, la marche du corps principal, en attendant une occasion favorable d'opérer leur passage.

Si l'on examine maintenant, en ne tenant compte que du terrain, les positions respectives des deux armées ennemies, il faut reconnaître que celle des Français, concentrés entre Metz et Nancy, avec l'appui de plusieurs forteresses dont une de première classe, est, tactiquement parlant, préférable à celle des Allemands dont les principaux corps sont séparés par les Vosges et par les forts de Bitche, de Petite-Pierre et de Phalsbourg. Dans le cas d'une victoire française, le corps du prince royal, à supposer qu'il continue à se porter en avant, aurait sa retraite gênée par les défilés des Vosges et menacée, en outre, par la forteresse de Strasbourg où 20,000 Français du corps de Mac-Mahon pourraient lui disputer le passage.

D'autre part, l'armée française semble parfaitement postée, soit pour défendre les défilés des Vosges, soit pour empêcher la concentration des trois armées ennemies, soit enfin, en cas de défaite, pour opérer sa retraite sur Paris, sans pouvoir être coupée de ses communications.

Ses généraux ont encore sous la main une force de 230,000 hommes au moins, qui, concentrée en un seul point et bien commandée, peut suffire pour gagner une grande bataille et reconquérir ainsi en un jour tout le terrain perdu depuis la prise de Wissembourg.

En présence d'une situation qui n'a rien de désespéré, il nous est difficile de comprendre le cri de détresse qui vient de retentir dans toute la France, et l'armement général de la nation qui, au point de vue stratégique, sera peut-être plus nuisible qu'utile. Il n'est pas très-facile, en effet, d'improviser en quelques jours une armée avec un million et demi d'hommes qui, de leur vie, n'ont manié un fusil, et de leur donner, avec l'organisation convenable, la solidité nécessaire. C'est une résolution bien grave que d'enlever d'un seul coup à un pays tous les agents de la production pour les exposer sur un champ de bataille, en présence de troupes exercées et pourvues d'une artillerie formidable. N'est-ce pas d'une part ruiner le pays et de l'autre embarrasser l'armée, tout en préparant, en cas de revers, d'irréparables désastres?

Ce sont là d'ailleurs des questions qu'il ne nous appartient pas de résoudre. Nous nous bornons à constater que, si l'on examine les choses de sang-froid et en théoricien, la situation de l'armée française ne paraît pas être aussi compromise qu'on s'est plu à la représenter. En effet, 230,000 hommes concentrés sous le canon d'une chaîne de forteresses peuvent encore facilement ramener la fortune sous leurs drapeaux. Ils peuvent, s'ils sont bien commandés, soutenir le choc d'une armée victorieuse, mais numériquement affaiblie par ses victoires, et qui ne compte probablement pas un chiffre supérieur de combattants.

C'est moins ici une question de stratégie qu'une question de vigueur dans l'attaque et de solidité dans la défense. Tant que cette épreuve décisive n'aura pas été faite, toutes les conjectures sur l'issue de la campagne sont prématurées et peuvent être démenties par l'événement.

Il est probable du reste qu'elle ne se fera pas attendre et que nous assisterons sous peu de jours au tragique dénoûment de ce drame diplomatique et militaire que nous avons vu se dérouler sous nos yeux avec une si incroyable rapidité.

III

LES ARMÉES DEVANT METZ

(Combat de Borny, le 14 août.)

Les nouvelles qui nous sont parvenues, dans la journée de lundi (15 août) et dans celle de mardi (16 août) sur les mouvements des armées belligérantes, sont très-incomplètes et fort obscures. Les dépêches de source française et de source allemande se contredisent de la manière la plus catégorique, puisque, d'après les unes, l'attaque des Allemands aurait échoué, tandis que d'après les secondes, cette attaque aurait atteint son but en rejetant les Français dans la ville de Metz. Du reste, ni les unes ni les autres ne nous apportent des renseignements précis sur les localités où aurait eu lieu le combat du 14 août. Les Français désignent bien ce combat sous le nom de Longeville-lès-Metz, mais il est difficile de croire que ce faubourg, situé sur la rive gauche de la Moselle, sous le canon de la place, sous celui du fort St-Quentin et du fort des Sablons, ait pu être le centre d'un engagement sérieux.

Les Allemands ne se sont certainement pas exposés dans une situation aussi dangereuse, et les hypothèses que publient à ce sujet quelques journaux de Paris ont toute l'apparence d'un roman militaire.

Essayons de dégager de ces dépêches le peu de renseignements précis qu'elles contiennent, en laissant aux événements le soin de rectifier nos appréciations.

D'après les dépêches françaises, l'armée que commande en chef le général Bazaine avait commencé le 14 août son mouvement de retraite sur la rive gauche de la Moselle. Cela semblerait prouver que cette armée ne se trouvait pas, comme on l'avait prétendu, concentrée depuis plusieurs jours sur la rive gauche de cette rivière.

Ce mouvement de retraite avait été précédé, selon l'usage, de reconnaissances faites dans les environs, et ces reconnaissances n'avaient signalé nulle part la présence de l'ennemi. Celui-ci, cependant, n'était pas bien loin, puisque, toujours d'après les renseignements français, au moment où l'armée effectuait son passage, elle fut attaquée avec vigueur par une colonne allemande.

Les renseignements reçus de Berlin nous apprennent que cette colonne était composée du 1er et du 7me corps d'armée, ce qui représente un effectif de 80 à 100,000 hommes.

Maintenant l'attaque a-t-elle eu lieu sur la rive gauche ou sur la rive droite de la Moselle?

C'est là ce que les dépêches ont oublié de nous apprendre. D'après le récit français, qui désigne le combat sous le nom de Longeville-lès-Metz, il semblerait que l'affaire ait eu lieu sur la rive gauche où se trouve ce faubourg. Mais la dépêche officielle prussienne est moins explicite. Elle se borne à parler des Français qui se trouvaient encore hors de Metz et qui auraient été rejetés dans cette ville. Cela veut-il dire que le mouvement de retraite a été intercepté, ou que les troupes qui se trouvaient encore en avant de Metz y ont été refoulées après un combat meurtrier? Sur ce point nous ne savons absolument rien, et le champ des conjectures reste ouvert. Disons seulement que, dans la première alternative, l'avantage obtenu par les Allemands serait très-considérable, stratégiquement parlant, tandis que, dans la seconde, tout se réduirait aux proportions d'un simple combat.

D'autre part, si l'on en juge d'après les renseignements transmis de Paris et de Berlin, la résolution prise par les généraux français de se replier sur Châlons-sur-Marne, en abandonnant Metz à elle-même, serait prouvée soit par le passage de la Moselle, soit par le départ de l'empereur Napoléon pour Verdun. Mais on ne peut se dissimuler que cette marche de flanc en présence d'une armée victorieuse est une opération très-hardie et sujette à bien des accidents.

L'intention des Allemands de couper aux Français leur ligne de retraite sur Châlons est indiquée par la marche en avant des troupes, et par les excursions de leurs éclaireurs qui battent le pays en tout sens, tantôt à Vigneulles, sur le flanc de l'armée ennemie, tantôt à St-Mihiel sur la Meuse, à Commercy, à Bar-le-Duc. Il n'est pas douteux que ces mouvements de troupes n'aient pour but de ralentir la marche en retraite de l'armée française et de laisser aux Allemands le temps de les gagner dans cette lutte de vitesse.

Réussiront-ils dans cette tentative? C'est ce que le temps nous apprendra. Une dépêche arrivée hier matin de Verdun, et que le *Journal officiel* du soir a publiée sous toutes réserves, signale une grande bataille qui aurait eu lieu le 15 août entre Metz et Verdun. Mais, en l'absence de renseignements plus précis, il est impossible de rien affirmer. Quoi qu'il en soit, cet engagement, s'il a eu lieu réellement, ne ferait que venir à l'appui de nos précédentes appréciations. Du reste, ces appréciations elles-mêmes reposent sur des hypothèses qui ont besoin d'être confirmées. Nous n'avons voulu aujourd'hui que préciser les faits indiqués d'une manière ou trop brève, ou trop vague, ou contradictoire dans nos renseignements télégraphiques.

IV

MARS-LA-TOUR

(16 août.)

Avant d'entrer dans le détail des opérations militaires qui ont eu lieu le 16 août sur la rive gauche de la Moselle, et dans lesquelles les Français et les Allemands s'attribuent également la victoire, nous devons d'abord mettre sous les yeux de nos lecteurs une courte description du champ de bataille. Nous nous aiderons pour cela du diagramme ci-contre, dressé d'après la carte de l'état-major français et représentant les lignes principales du terrain.

Trois routes différentes s'ouvraient à l'armée française en station devant Metz pour opérer sa retraite sur Verdun et Châlons-sur-Marne.

La première et la plus directe, partant de Longeville-lès-Metz et contournant le mont St-Quentin, passe par Gravelotte, Rezonville, Vionville, Mars-la-Tour, etc., pour arriver ensuite à Verdun.

La deuxième partant de Gravelotte, se dirige sur Conflans, Étain et les défilés de l'Argonne, pour aboutir au même point.

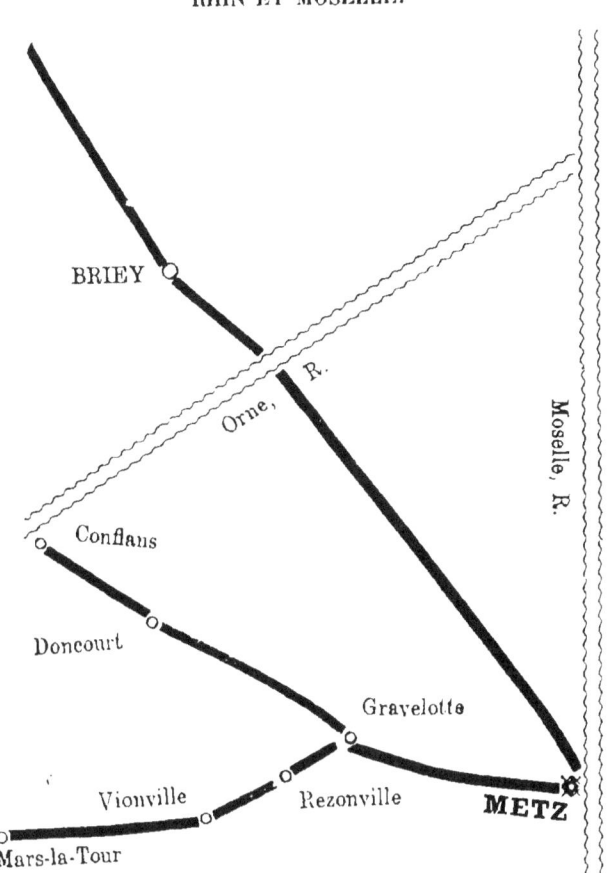

La troisième enfin, et la plus excentrique, se dirige au nord-ouest et va rejoindre Verdun après avoir fait un long détour par Briey, Rouvres et Étain.

La deuxième de ces routes passe la rivière de l'Orne un peu à l'ouest de Conflans, la troisième franchit cette rivière à Auboué, au sud-est de Briey, où elle rencontre une autre route venant de Thionville.

Nous laissons de côté pour aujourd'hui cette troisième route, qui ne paraît avoir joué aucun rôle dans la bataille du 16 août, pour ne nous occuper que des deux premières, celle de Conflans et celle de Mars-la-Tour.

Ces deux routes, comme nous l'avons dit, se bifurquent au village de Gravelotte qui forme ainsi le sommet d'un triangle dont la base est formée, entre Mars-la-Tour et Jarny, par un ravin où coule un ruisseau, affluent de l'Orne; sur la rive gauche de ce ruisseau se trouve un chemin à chariots conduisant de l'une des routes à l'autre, c'est-à-dire de Jarny à Mars-la-Tour.

L'intervalle entre la route de Conflans et celle de Mars-la-Tour est occupé par des ondulations de terrain dont l'élévation varie de 300 à 225 mètres, le point culminant de la pente étant sur la route de Mars-la-Tour qui, elle-même, s'incline graduellement à partir de Gravelotte. Quelques bois sont clair-semés sur la croupe de ces collines. De nombreux sentiers, parmi lesquels une ancienne voie romaine, les sillonnent de l'Est à l'Ouest et du Nord au Sud, reliant entre eux les villages de St-Marcel, Bruville, Jarny, Doncourt, Rezonville, Vionville et Mars-la-Tour, et les hameaux de Villers-aux-Bois, Urcourt, Butricourt, Greyère, Moncel-Château, etc. Deux ravins peu profonds où coulent de petits ruisseaux traversent cet espace de l'Est à l'Ouest et du Sud-Est au Nord-Ouest.

Ajoutons qu'entre Gravelotte et Metz, deux affluents de la Moselle dont les abords sont défendus par des bois épais, les bois de Genivaux, de Châtel et de Vaux, traversent la ligne de retraite de l'armée française. Leur lit profondément encaissé, leur rive gauche plus élevée que la rive opposée et le mont St-Quentin qui les domine constituent un obstacle sérieux à la marche d'un ennemi qui s'avancerait sur Metz par la rive gauche de la Moselle.

C'est dans l'espace ainsi limité que s'est livré le combat du 16 août.

Autant que nous pouvons en juger par les renseignements contradictoires que nous transmet le télégraphe, le plan des généraux allemands consistait à couper la ligne de retraite de l'armée française, à la rejeter sous les murs de Metz et à la retenir bloquée dans cette ville, pour empêcher sa jonction avec le corps de Mac-Mahon. C'est à ce plan de campagne que se rattacherait le combat du dimanche 14 août, destiné, selon toute apparence, à retarder le mouvement de retraite de l'armée française, en l'obligeant à faire front, afin de laisser aux troupes allemandes le temps d'effectuer leur passage sur la rive gauche de la Moselle.

Le 16 août, l'armée française se trouvait en retraite tout entière dans la direction de Verdun, et, quoique les dépêches n'en disent rien, il y a lieu de croire qu'elle s'était divisée en deux colonnes, l'une sur la route de Conflans et Étain, l'autre sur celle de Mars-la-Tour, afin d'accélérer sa marche vers Châlons et Paris.

Vers 9 heures du matin, une colonne allemande, le 5me corps (Pologne prussienne) de l'armée du prince royal, qui sans doute avait, depuis le 14, franchi la Moselle à Pont-à-Mousson, se jeta, à Vionville, sur le flanc de l'armée française et tenta de lui couper sa ligne de retraite.

Cette attaque fut suivie d'un engagement général

dans lequel on vit entrer successivement en ligne, du côté des Allemands, le 3me corps d'armée (général d'Alvensleben), le 10me corps, et enfin des troupes du 8me et du 9me corps, sous le commandement du prince Frédéric-Charles ; — du côté des Français, le corps d'armée du maréchal Canrobert (6me corps), ceux des généraux Decaen (3me corps), Ladmirault (4me corps), Frossard (2me corps), et la garde impériale.

Le combat a été sanglant ; il aurait duré 6 heures d'après un des récits, 12 heures suivant un autre. Les Allemands y auraient fait 2,000 prisonniers, et enlevé à l'ennemi 2 aigles et 7 canons.

C'est là tout ce que nous pouvons affirmer de certain d'après les dépêches télégraphiques.

Les détails manquent encore, et quant aux résultats de la bataille, la contradiction est complète entre les renseignements de source française et ceux de source allemande.

En effet, les deux armées s'attribuent la victoire et prétendent être restées en possession du champ de bataille. Cependant, si l'on réfléchit qu'il ne s'agit point ici d'une position nettement définie, mais d'un engagement dans lequel les deux partis en présence ont pu occuper successivement les mêmes points de terrain, suivant les incidents divers de la lutte, cette indication n'a pas toute l'importance qu'on serait tenté de lui attribuer au premier coup d'œil. Il est possible que certaines localités occupées d'abord par les Français l'aient été ensuite par les Allemands et *vice versâ;* mais il n'en résulte pas nécessairement que celle des deux armées qui s'est trouvée, au dernier moment, en possession de l'une ou de l'autre de ces localités, ait remporté la victoire. C'est par les résultats seulement qu'il sera possible de décider, en pleine connaissance de cause, laquelle des deux armées a lieu de porter à son actif la bataille du 16 août.

Quel était, en effet, le but essentiel des Français dans le mouvement qu'ils étaient en train d'opérer le matin du 16 août? — Protéger leur ligne de retraite contre la manœuvre tournante qui la menaçait, et marcher sur Châlons pour se joindre aux troupes réunies sur ce point par le maréchal Mac-Mahon.

Le but des Allemands était précisément inverse. En passant la Moselle à Pont-à-Mousson, et en se portant à droite sur le flanc de l'armée française, ils se proposaient de lui fermer la route de Verdun et de la rejeter sous les murs de Metz, où ils espéraient la tenir bloquée.

Le problème étant ainsi posé, la réponse à la question que nous indiquons ci-dessus ne saurait être douteuse, et quelques jours suffiront pour qu'elle puisse être donnée avec toute la clarté désirable.

Si l'armée du maréchal Bazaine reprend sa marche en avant un instant interrompue, si elle arrive à Verdun sans avoir subi d'échec, et si elle réussit à donner la main au corps de Mac-Mahon, il faudra en conclure que le combat du 16 août lui a été favorable. S'il en est autrement, c'est-à-dire, si nous la voyons stationner de nouveau sous les murs de Metz, sans reprendre son mouvement de retraite, alors et dans ce cas seulement, les armes allemandes pourront enregistrer en leur faveur un décisif et brillant succès.

Pour le moment, toute hypothèse à ce sujet serait prématurée. Placés entre des affirmations également officielles qui se contredisent, nous ne prendrons pas sur nous de trancher un pareil débat. Nous laisserons ce soin à un juge qu'on ne peut accuser de partialité : l'*événement*.

Post-scriptum

....19 août.

Les journaux français sont remplis de détails sur les combats du 14 et du 16 août.

Mais, à peu d'exceptions près, ces récits sont si incohérents et remplis de faits si contradictoires qu'ils se refusent à un résumé et ne peuvent être adaptés au terrain où les événements qu'ils racontent ont dû nécessairement se passer.

Une erreur de nom ajoute encore à toutes ces invraisemblances, car quelques-unes de ces feuilles, confondant le village de Vionville avec la place forte de Thionville, font arriver le général Steinmetz sur la droite de la route de retraite de l'armée française, tandis que le prince Frédéric-Charles l'aurait attaquée par la gauche. De là des descriptions absolument fantastiques et des inductions qui ne le sont pas moins sur la prétendue impossibilité où se trouveraient les corps de l'armée allemande d'opérer leur jonction.

De tous ces récits, le seul qui paraisse avoir un caractère d'authenticité et qui puisse être lu avec la carte sous les yeux, est celui que le *Temps* a reçu de son correspondant, M. Jeannerod.

Si l'on excepte les suppositions qui servent de conclusions aux lettres de M. Jeannerod et qui ont été écrites assez loin du champ de bataille, les détails qu'elles contiennent ont l'apparence de la vérité.

Le combat du 14, en particulier, nous semble être présenté sous son véritable jour, sauf une erreur sur un point accessoire, car ce n'était pas le prince royal, mais le général Steinmetz dont les troupes ont été engagées dans cette affaire, avec une partie de l'aile droite du prince Frédéric-Charles. Ce combat paraît avoir eu deux phases, l'une dans laquelle les forces françaises ont été rejetées dans Metz par les Allemands, l'autre où les feux croisés de l'artillerie des forts de Queleu et de St-Julien, entre lesquels des corps allemands s'étaient audacieusement engagés, ont arrêté leur marche en leur causant des pertes considérables.

Nous croyons, d'après l'ensemble des renseignements que nous avons sous les yeux, que telle est la vérité sur le combat du 14. Quant à celui du 16, l'événement ne paraît pas avoir justifié les espérances qu'il faisait concevoir à M. Jeannerod, si, du moins, nous en croyons la dépêche de source allemande arrivée aujourd'hui 19 et que rien jusqu'ici n'est venu contredire.

V

GRAVELOTTE

(18 août.)

Depuis nos dernières observations sur la position des armées belligérantes, de graves événements se sont accomplis devant Metz.

Suivant les dépêches officielles du quartier général du roi Guillaume, la journée du 18 août a vu se livrer entre Gravelotte et les hauteurs qui dominent la rive droite de la Moselle une grande bataille, la plus grande peut-être à laquelle nous ayons encore assisté depuis le commencement de la guerre, puisque toute l'armée française, à l'exception de deux corps, s'y serait trouvée engagée contre huit corps de l'armée allemande. Le roi Guillaume en personne commandait cette attaque formidable.

De tous les incidents de la lutte, nous ne savons absolument rien. On nous laisse seulement pressentir qu'elle a été excessivement sanglante et acharnée de part et d'autre, car, commencée à neuf heures du matin, elle ne s'est terminée, paraît-il, qu'à neuf heures du soir.

Le résultat de la bataille a été, suivant les dépêches de Berlin, aussi favorable que possible aux armes allemandes, puisqu'il aurait déterminé la retraite de l'armée française d'abord sous les murs de Metz, puis, à la faveur de la nuit, dans l'enceinte même de cette ville.

Interprété au point de vue stratégique, ce mouvement indiquerait que le maréchal Bazaine a renoncé pour le moment à l'espérance de s'ouvrir à travers les armées allemandes une route sanglante sur Châlons-sur-Marne par Verdun. Après s'être battu pendant cinq jours avec énergie, pour maintenir ses communications avec Paris et refouler les forces qui tentaient de les intercepter, il aurait été rejeté d'abord sur les hauteurs boisées qui dominent les routes de Briey, de Conflans et de Mars-la-Tour. Puis, l'ennemi le suivant jusque-là, il aurait dû chercher dans l'enceinte de la forteresse un asile singulièrement précaire et menacé. Enfermé de toutes parts dans un cercle de fer et de feu, coupé de ses communications avec le reste de la France, depuis l'occupation par les troupes allemandes des routes de Briey, de Conflans, de Mars-la-Tour, et, plus récemment, du chemin de fer de Thionville, il se trouverait en ce moment dans la situation la plus difficile où puisse se trouver un général : funeste conséquence d'une retraite commencée quelques jours trop tard, lorsque les forces allemandes avaient déjà passé la Moselle, et d'une marche de flanc à exécuter en présence d'un ennemi entreprenant et victorieux.

Tel est, d'après les dépêches officielles arrivées de Berlin, le résumé exact de la situation. Le plan de campagne commencé dans la journée du 14 par le combat de Borny, continué le 16 par la bataille de Mars-la-Tour, aurait pleinement abouti dans la journée du 18. Et ce plan de campagne est celui-là même que nous indiquions comme le plus probable, dans un précédent article. « Enfermer l'armée française sous les murs de Metz, la couper de sa retraite sur Châlons et continuer ensuite à marcher en avant dans la direction de Paris, tandis que des forces suffisantes stationneraient devant cette forteresse pour en faire le siége ou le blocus. »

Il faut ajouter que ces nouvelles venues du quartier général allemand ont été contredites à Paris.

Le comte de Palikao a déclaré au Corps législatif que les nouvelles de Metz ne confirmaient point la victoire dont se glorifiaient les généraux allemands, que la journée du 18 août avait été au contraire une journée heureuse pour les armes françaises, que les Allemands, attaqués par le maréchal Bazaine, avaient été repoussés et trois de leurs corps rejetés dans les carrières de Jaumont, situées à droite de la route qui conduit à Briey.

Cependant, une déclaration postérieure, insérée au *Journal officiel*, dit que les communications télégraphiques sont interrompues entre Metz et Paris, et que le plan du maréchal Bazaine n'a pas encore abouti ; mais cette dépêche ne nous représente point le maréchal comme enfermé dans Metz et coupé de sa ligne de retraite.

Placés entre ces affirmations qui se contredisent, nous ne pouvons songer à trancher le différend. Nous nous contentons de mettre les pièces du procès sous les yeux de nos lecteurs en leur laissant le soin de décider d'après leurs propres lumières.

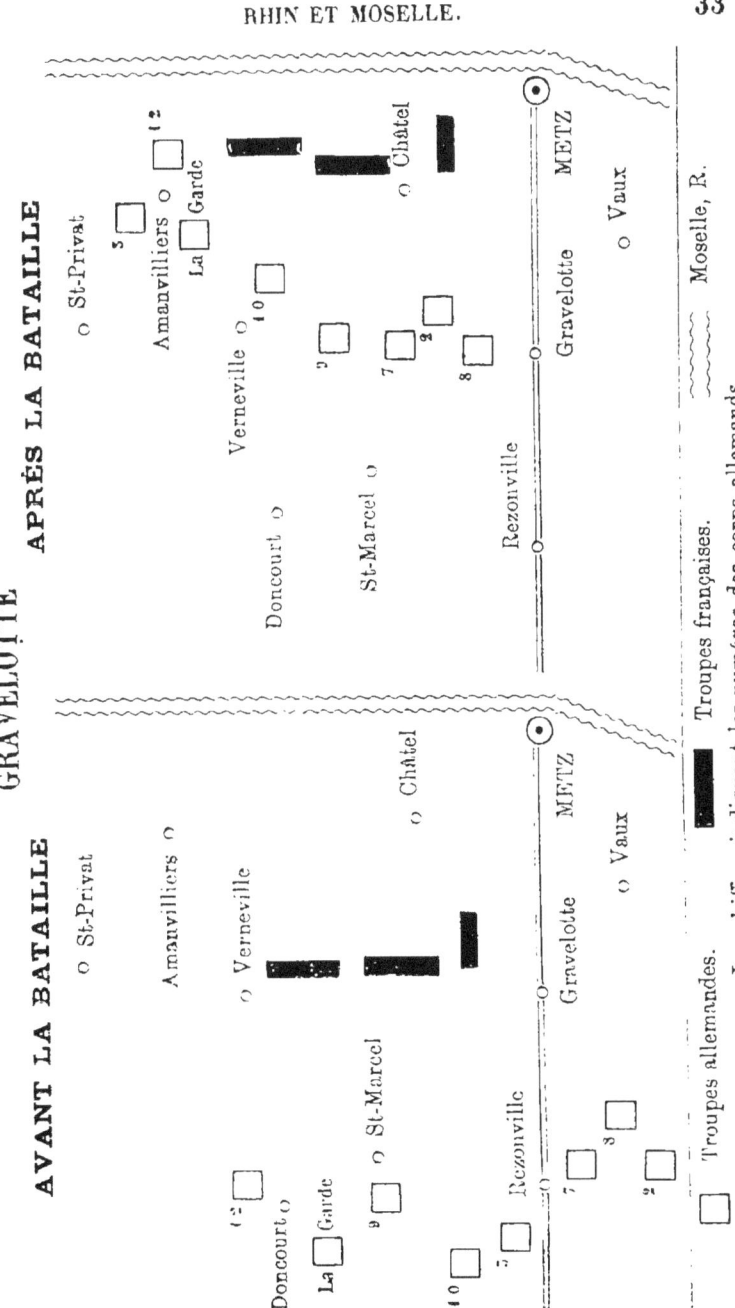

DEUXIÈME PARTIE

LES ARDENNES

I

LA SITUATION DES ARMÉES

(Au 24 août.)

Plusieurs jours se sont écoulés sans que nous ayons pu continuer nos études au jour le jour sur la situation des armées belligérantes. C'est que les renseignements nous faisaient défaut, les télégraphes de Paris comme ceux de Berlin gardant un silence inaccoutumé. Ce silence s'expliquait d'ailleurs, jusqu'à un certain point, par les nécessités stratégiques, les deux gouvernements désirant, et cela se comprend, ne pas divulguer d'avance les projets de leurs généraux. Or, en l'absence de documents officiels, nous n'avons pas voulu courir le risque d'égarer nos lecteurs en les lançant avec nous sur le terrain toujours aventureux des hypothèses. Notre seul but, dans ces rapides esquisses militaires, est d'interroger, avec la carte sous les yeux, les informations qui nous sont transmises, et d'en dégager les renseignements qu'elles paraissent contenir.

Les dépêches arrivées hier matin (26 août) sont

moins laconiques et nous apportent quelques détails nouveaux sur la situation.

Remarquons, tout d'abord, que le théâtre principal de la guerre semble, en ce moment, s'être transporté des environs de Metz aux environs de Châlons. C'est ce qui ressort du fait signalé par un télégramme de Berlin, que le quartier général du roi Guillaume a été transféré de Pont-à-Mousson sur la Moselle, à Bar-le-Duc sur l'Ornain, un affluent de la Marne. Bar-le-Duc est situé à peu près à égale distance entre Nancy et Châlons. Ce mouvement en avant du quartier général semble prouver que le gros des forces allemandes se porte maintenant dans la direction de Paris, en laissant un certain nombre de corps pour observer Metz, faire le siége ou le blocus de cette place et contenir l'armée du maréchal Bazaine.

Voici, en quelques mots, les principales routes qui se présentent à l'armée allemande pour effectuer sa marche sur Paris.

1° La route directe de Bar-le-Duc à Paris par Vitry-le-Français, Coulommiers et Meaux.

2° Une route partant de Bar-le-Duc et se dirigeant vers le sud par St-Dizier et Vassy jusqu'à Doulevent pour obliquer ensuite à l'ouest par Brienne vers Arcis-sur-Aube, Provins et de là au nord-ouest jusqu'à Paris.

3° Deux routes fort excentriques partant de Toul et de Nancy pour se réunir à Chaumont (Haute-Marne) et se diriger ensuite sur Troyes et Nogent-sur-Seine, où elles rejoignent la route précédente.

4° La route directe de Châlons-sur-Marne à Meaux par Épernay, le long de la Marne et du chemin de fer de Strasbourg.

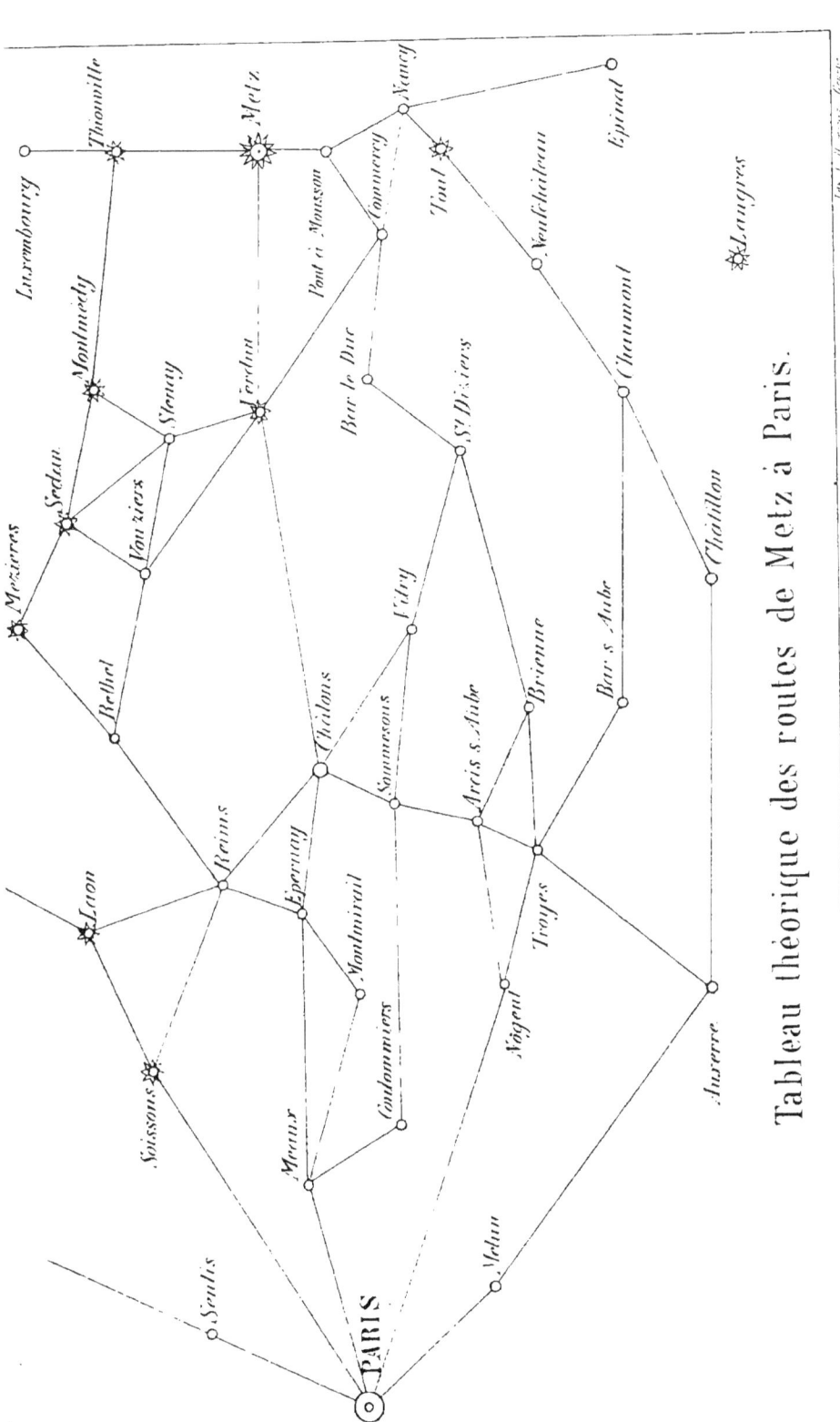

5° Une route située au sud de la précédente et passant par Vertus, Montmirail et la Ferté-sous-Jouarre, où elle rejoint la route d'Épernay.

6° Enfin, une route située plus au nord et passant par Reims pour rejoindre Paris par Soissons et Saint-Denis.

Ce réseau de routes, que l'on peut appeler parallèles à la direction de l'armée allemande, est coupé d'ailleurs par de nombreux chemins, routes ou sentiers allant du nord au sud, et pouvant établir entre elles des communications faciles et régulières. Château-Thierry, Meaux, Coulommiers et la Ferté-sous-Jouarre sont, en avant de Châlons, les principaux points d'intersection de ces deux réseaux, et présentent, par conséquent, une importance stratégique toute particulière.

Mais de tous ces centres, le plus sérieux, à ce point de vue, est incontestablement la ville même de Châlons, où se rencontrent cinq routes différentes et quatre lignes de chemins de fer rayonnant dans les directions de Meaux, de Reims, de Mézières, de Verdun et de Nancy.

Si nos lecteurs ont bien voulu suivre sur la carte les indications que nous venons de leur donner, ils pourront maintenant, aussi bien que nous, apprécier la situation et se rendre compte du mouvement des armées.

Nous rappelons que le quartier général du roi Guillaume se trouve en ce moment à Bar-le-Duc, au point précis où de la route principale de Châlons se détache la route de Vassy à Arcis-sur-Aube. L'armée allemande a-t-elle l'intention de se servir de cette route qui lui ferait faire un si grand détour vers le sud, c'est ce que nous ne sommes pas en mesure de décider. Il n'est cependant pas impossible qu'elle profite de l'absence de toute armée française sur son flanc gauche pour utiliser cette voie indirecte, au moins pour les transports énormes que nécessite sa nouvelle campagne.

La présence signalée par les dépêches françaises de nombreux éclaireurs allemands sur cette route, à Saint-Rémy, à Saint-Dizier, à Vassy, à Doulevent, à Brienne et même jusqu'à Chaumont, semblerait justifier cette dernière hypothèse.

Nous ne savons pas d'une manière précise où se trouve en ce moment le quartier général de l'armée du Sud, commandée par le prince royal. Mais puisqu'aux dernières dépêches, les vedettes de l'armée allemande étaient représentées comme se trouvant en avant de Châlons et ses éclaireurs comme s'étant montrés dans le voisinage d'Épernay, il y a lieu de croire que le gros des forces du prince royal se trouve en ce moment dans le voisinage immédiat de Châlons,

Quant au prince royal lui-même, des dépêches françaises signalent sa présence le 23 août à Saint-Dizier, au sud-ouest de Bar-le-Duc, au point de rencontre des routes qui conduisent de cette ville à Vitry-le-Français et à Vassy. Cette indication, si elle est exacte, ne nous apprend rien d'ailleurs sur la route que se propose de suivre le prince royal dans sa marche en avant.

Il semble vraisemblable qu'il se dirigera sur Châlons et que, dans le cas où il n'y rencontrerait aucune résistance, il se mettrait en mouvement sur Paris en utilisant les trois routes d'Épernay, de Montmirail et de Coulommiers par Sézanne. Des coureurs allemands ont été également aperçus dans cette dernière localité. Mais ce n'est là qu'une hypothèse et on la prendra pour ce qu'elle vaut.

Un problème d'une solution plus difficile est de savoir ce que se propose de faire le maréchal Mac-Mahon, s'il est vrai, comme l'ont annoncé des correspondances et des dépêches françaises, qu'il ait abandonné (soit définitivement, soit momentanément) la position de Châlons pour se retirer dans la direction de Reims. Ici la porte est largement ouverte aux conjectures.

Pour les uns, le projet du maréchal est de prendre une forte position sur les hauteurs qui avoisinent Reims et d'y offrir la bataille aux généraux allemands qui, ajoute-t-on, ne sauraient laisser, sans imprudence, sur leurs derrières, une armée aussi redoutable que celle du maréchal.

Pour d'autres, la retraite sur Reims ne serait que le prélude d'une combinaison hardie consistant à laisser le gros de l'armée allemande continuer sa marche sur Paris, tandis que l'armée de Châlons se porterait rapidement vers Metz par Mézières ou par Verdun, pour donner la main au maréchal Bazaine, l'aider à briser le cercle de fer qui l'entoure, et marcher avec lui au secours de la capitale qui, pendant ce temps, se serait défendue elle-même à l'abri de ses fortifications.

Enfin, d'après la troisième hypothèse, le maréchal Mac-Mahon, apprenant la marche en avant des troupes allemandes et craignant d'être débordé par sa droite, se serait porté en toute hâte sur Paris par la route la moins exposée, c'est-à-dire par Soissons, afin de se trouver à Saint-Denis au moment où les têtes des colonnes allemandes déboucheraient du côté de Meaux.

Ceux qui adoptent cette supposition allèguent, à l'appui, des raisons stratégiques qui ne sont pas sans valeur : ils affirment que, dans les circonstances présentes, le premier devoir d'un général placé comme l'est Mac-Mahon, est d'aller secourir la capitale et de concentrer sous ses murs tous les moyens de défense dont il peut disposer.

Nous ne nous prononcerons pas entre ces trois hypothèses, dont la seconde nous semble cependant la plus aventureuse. Nous laissons aux stratégistes de profession le soin de trancher la question.

Deux mots encore sur la situation de Metz. Tout ce qui se trame autour de cette ville est enveloppé, en ce moment, d'un silence mystérieux. Nous ne savons absolument rien non-seulement de ce qui s'y passe, mais encore de la force numérique des troupes qui s'y trouvent en présence.

Une dépêche de Berlin nous apprend seulement qu'*un certain nombre de corps* de la 1re et de la 2me armée restent devant Metz pour contenir les troupes du maréchal Bazaine. Or, comme les troupes du maréchal doivent être encore assez considérables, il est bien permis de supposer que les corps allemands laissés en arrière représentent un effectif très-respectable. Le blocus hermétique de Metz et de son camp retranché, sur l'une et l'autre rive de la Moselle, en présence d'une armée qui, malgré ses pertes, compte certainement encore une centaine de mille hommes, demande au moins un effectif double de celui des assiégés.

D'autre part, la marche en avant des armées allemandes n'a probablement eu lieu qu'après l'arrivée de nombreuses troupes fraîches; car la résolution de s'avancer sur Paris est, de quelque façon qu'on l'envisage, une entreprise très-sérieuse et qu'il serait téméraire de commencer sans avoir à sa disposition des forces supérieures. Une armée de cent cinquante et même de deux cent mille hommes serait, ce nous semble, tout à fait insuffisante pour un pareil but, surtout lorsqu'on a devant soi des troupes nombreuses sous les ordres d'un général aussi expérimenté que Mac-Mahon.

Il est donc permis de conclure de tout ce qui précède que l'armée allemande d'invasion compte en ce moment un chiffre de combattants bien supérieur à celui qu'elle offrait au début de la campagne. Il est inutile d'insister sur les difficultés que présentent la marche et l'approvisionnement, en pays ennemi, d'une pareille multitude. Cela se comprend de soi.

Toujours est-il que nous allons assister à l'une des plus grandes luttes de l'histoire moderne, et il est probable que les batailles qui se sont livrées jusqu'ici sur la Sarre, dans les Vosges et à Metz, n'égaleront point en importance celles qui sont sur le point de s'engager entre Metz et Paris. Le sort d'un immense empire est aujourd'hui plus que jamais livré aux chances d'une bataille heureuse et de l'habileté d'un général, car, malgré les revers successifs qu'a subis la France dans cette guerre, il est impossible de calculer l'influence qu'aurait sur l'issue de la campagne une victoire remportée sous les murs de sa capitale. C'est donc là que, très-probablement, se porteront, dans quelques jours ou quelques semaines d'ici, les coups les plus terribles et les plus décisifs.

II

LA SITUATION DES ARMÉES

(Au 25 août.)

Il nous reste à compléter, d'après les dernières nouvelles arrivées à Genève, les renseignements que nous avons donnés hier sur la position et le mouvement des armées.

Une dépêche de Bar-le-Duc, en date du 25 août, confirme que le quartier général du roi Guillaume a été transporté dans cette ville. Elle ajoute que, depuis que l'armée du maréchal Bazaine a été rejetée sur Metz et cernée sous les murs de cette forteresse, une partie des troupes employées à la contenir étant devenue disponible a été acheminée directement sur Paris.

En même temps, des dépêches venues de Paris annoncent la marche des troupes allemandes par Joinville et Vaucouleurs, deux points situés sur la route de Toul à Paris, en sorte que ces deux indications se complètent l'une par l'autre.

Nous croyons donc qu'il ne peut plus rester aucun doute sur la marche en avant des armées allemandes, et s'il fallait une nouvelle confirmation, nous la trouverions dans la nouvelle donnée par la *Gazette de la Croix*, qui annonce la formation d'une quatrième armée destinée à seconder le prince royal dans son audacieuse tentative sur Paris. Il est probable que cette armée se forme dans les environs de Metz et de Nancy, et que ce sont des avant-postes qui ont paru successivement à Vaucouleurs et à Joinville. Elle formerait ainsi la gauche de l'armée d'invasion.

Nous savons, en outre, par des renseignements de source française que le 25 août, à 3 heures après midi, des uhlans se sont présentés à Châlons-sur-Marne annonçant pour le jour même l'arrivée de 6,000 soldats allemands, et, pour le lendemain, celle du prince royal en personne, dont le quartier général se trouverait ainsi momentanément placé dans cette ville.

D'autre part, les dépêches françaises nous signalent l'apparition d'éclaireurs allemands sur le flanc droit de l'armée du prince royal, à Varennes, à Dun, à Stenay et jusque dans les environs immédiats de Montmédy.

Ne sont-ce là que de simples reconnaissances poussées à cent kilomètres de la ligne d'opérations, pour assurer la marche de l'armée contre toute surprise, ou bien ces groupes de cavaliers échelonnés dans cette direction annoncent-ils la marche d'un corps important par la route de Verdun? C'est ce qu'il est difficile de décider, en l'absence de plus amples renseignements.

Toujours est-il que si, comme quelques personnes le supposent, l'armée de Mac-Mahon est en marche pour aller porter secours au maréchal Bazaine, et opérer sur les derrières de l'armée prussienne, les routes par lesquelles elle devrait passer sont suffisamment éclairées.

Si le maréchal Bazaine arrive à sortir de la position difficile où il se trouve en ce moment, ce sera très-probablement par sa propre habileté et par l'énergie des troupes qu'il commande. Le départ d'une partie de ses adversaires lui offre une occasion dont sans doute il voudra profiter, et la tête de pont de Metz, qui lui permet d'agir à son gré sur l'une ou l'autre rive de la Moselle, rend un retour offensif de sa part moins difficile qu'il ne le semble au premier abord. Mais, dans tous les cas, le projet de diversion vers le Nord que quelques tacticiens prêtent au maréchal Mac-Mahon nous paraît d'une réalisation si difficile et si dangereuse, — en présence d'une armée qui s'éclaire et qui se garde comme l'armée allemande, — que, jusqu'à preuve du contraire, nous ne saurions le prendre au sérieux. En effet, au premier symptôme d'une manœuvre semblable, il semble que rien ne serait plus facile, pour l'armée du prince royal, que de se rabattre par une simple conversion à droite sur Mac-Mahon, et d'envelopper ainsi deux armées françaises entre trois lignes allemandes.

C'est là une de ces conceptions stratégiques qui peuvent réussir lorsqu'on a affaire à un ennemi lent ou inexpérimenté. Mais jusqu'à ce jour les généraux allemands n'ont pas donné lieu de leur adresser un semblable reproche.

Aussi nous semble-t-il infiniment plus vraisemblable que le maréchal Mac-Mahon se soit retiré du côté de Reims, non pour se diriger ensuite au nord et marcher au secours du maréchal Bazaine, mais pour opérer sa retraite sur Paris et très-probablement aussi pour menacer la ligne d'opération de l'armée allemande, obligée à son tour de gagner cette ville par une marche de flanc. Il est vrai que cette marche est protégée sur sa droite par la Marne, qui met l'armée allemande à l'abri d'une surprise et la garantit contre les mouvements offensifs venant de Reims ou de Soissons.

Au surplus, les événements marchent vite, et la semaine ne s'écoulera pas sans que les conjectures de toute espèce qui ont été faites sur le plan de campagne du maréchal Mac-Mahon aient été vérifiées ou démenties par les faits.

III

LA SITUATION DES ARMÉES

(Au 25 août.)

Dans nos précédents articles, relatifs à la situation des armées, nous avons indiqué trois hypothèses principales sur le plan de campagne qui pouvait être adopté par le maréchal Mac-Mahon.

L'une de ces hypothèses, celle d'après laquelle le maréchal aurait attendu à Reims ou dans les environs l'armée du prince royal, est aujourd'hui définitivement écartée, puisque les dépêches françaises nous ont annoncé l'évacuation de cette ville par le maréchal Mac-Mahon.

Des deux dernières alternatives, l'une nous semblait la plus conforme aux règles de la stratégie et avait par conséquent beaucoup de chances en sa faveur : c'était la retraite du maréchal vers Soissons et St-Denis pour couvrir Paris.

La seconde, c'est-à-dire la marche de l'armée française vers Rethel, Montmédy ou Verdun pour aller menacer les derrières de l'armée allemande en station devant Metz était, à nos yeux, moins probable, en raison des difficultés de son exécution et des embarras qu'elle créerait à l'armée française en cas d'insuccès.

Nous faisions remarquer à ce propos que cette marche vers le Nord, dont le résultat le plus immédiat était de séparer le maréchal Mac-Mahon de Paris et du reste de la France, était exposée à de graves dangers, en présence d'une armée qui se garde comme sait se garder l'armée allemande. Son service d'éclaireurs est fait avec une supériorité telle qu'il est impossible de compter sur les chances d'une surprise.

Au premier signal d'une diversion menaçante dans la direction du Nord et de l'Est, il était évident que les colonnes en marche, suspendant leur mouvement, devaient se porter sur leur droite, menaçant d'envelopper l'armée française ou de la rejeter sur la Belgique. Ces dangers sont d'une nature telle qu'ils ne pouvaient échapper à l'expérience et à la sagacité des généraux français. Mais nous savons aussi qu'il y a des circonstances dans lesquelles la stricte prudence doit céder devant des nécessités supérieures, et l'histoire militaire nous a montré plus d'un cas où les règles de la stratégie ordinaire ont été impunément violées par un général habile et entreprenant.

Ces réflexions sont motivées par les renseignements que nous apportent depuis deux jours les dépêches de Paris. Toutes sont unanimes à nous représenter le théâtre de la guerre comme tendant à se transporter vers le Nord dans la direction de Rethel et de Verdun. C'étaient d'abord des éclaireurs prussiens mis en fuite dans la direction de Montmédy, puis un corps de 10,000 hommes arrivé sous les murs de Verdun et repoussé par la garde nationale de cette ville, puis des corps de troupes allemandes s'avançant de Châlons sur Suippes, Rethel, Vouziers, Monthois, Grand-Pré, la Croix-aux-Bois, toutes localités situées dans le quadrilatère formé par les routes de Châlons à Mézières et à Verdun, de Sedan à Mézières et de Verdun à Sedan. Les détachements qui avaient été vus dans la direction de Troyes et de Chaumont revenaient en toute hâte sur leurs pas, pour rejoindre la principale ligne d'opération de l'armée allemande, celle de Nancy à Châlons. Enfin, nous savons de source certaine, qu'une ambulance française se trouvait, à la date du 25 août, près d'Attigny sur l'Aisne, sur la route de Rethel à Montmédy par Stenay, à quinze kilomètres environ à l'est de Rethel.

Que faut-il conclure de ces indications qui se multiplient depuis deux jours avec une insistance qui contraste avec le silence si longtemps gardé par le gouvernement français sur les opérations des armées? Le plan de Mac-Mahon est-il réellement, comme on nous le donne à entendre, de marcher sur Metz et de dégager ainsi l'armée du maréchal Bazaine? Ou bien Mac-Mahon aurait-il pour but de tromper l'armée allemande sur ses véritables projets, en lançant quelques troupes sur la route de Rethel et de Verdun, tandis que le gros de ses forces se porterait rapidement du côté de Paris pour couvrir cette capitale, retarder et même menacer la marche des Allemands sur Paris? Ce sont là deux hypothèses qui peuvent également se soutenir et sur lesquelles nous nous garderons bien de nous prononcer, n'ayant à notre disposition que des renseignements impossibles à contrôler. Nous avons seulement voulu éveiller l'attention de nos lecteurs et les préparer aux nouveaux événements militaires qui semblent devoir surgir de ces mouvements de troupes encore hypothétiques et mystérieux.

IV

LA SITUATION DES ARMÉES

(Au 28 août.)

Voici en très-peu de mots les quelques renseignements nouveaux qui nous sont parvenus depuis peu sur la situation des armées belligérantes. Ils ne sont ni très-clairs ni très-cohérents, et ils ne sont pas assez complets pour nous permettre de porter un jugement sur les graves événements qui paraissent sur le point de s'accomplir. La seule chose qui semble maintenant hors de doute, c'est la marche de Mac-Mahon, avec son armée, dans la direction de Rethel et de Vouziers où il a été suivi par une partie des armées prussiennes.

D'après des renseignements de source privée qui nous ont été communiqués, l'empereur, le prince impérial et le maréchal Mac-Mahon se trouvaient le 25 août à Rethel sur l'Aisne avec une armée que l'on évaluait à 160,000 hommes.

Aujourd'hui, une lettre adressée de Mézières au *Temps*, de Paris, par son correspondant spécial,

M. Jeannerod, nous représente le corps de Mac-Mahon comme ayant déjà dépassé Vouziers, sans nous dire dans quelle direction, mais probablement vers l'Est, du côté de Stenay.

Enfin, d'après une dépêche de Montmédy, adressée à l'*Étoile belge*, la ville de Stenay aurait été occupée dès le 26 par l'armée française.

De ces indications, qui, prises en gros, doivent être exactes, il résulterait que Mac-Mahon, après avoir quitté Reims, se serait dirigé au Nord, sur Rethel, qu'il aurait pris au sud de cette ville la route qui conduit vers l'Est à Vouziers, Stenay et Montmédy, sans doute avec l'intention de se porter ensuite vers Thionville et Metz pour donner la main au maréchal Bazaine.

D'autre part, des dépêches françaises et belges signalent la présence des Prussiens le 26 à Lamouilly (à 16 kilomètres au nord-ouest de Montmédy), aux environs de Longuyon, sur le chemin de fer de Montmédy à Thionville. D'autres dépêches nous apprennent que le 28 août ils se trouvaient à Vouziers et Buzancy (à mi-distance entre cette ville et Stenay), où ils auraient rencontré un corps de cavalerie française et engagé avec lui un combat dans lequel l'avantage serait resté aux Allemands.

En réunissant ces quelques renseignements, on arrive à conclure qu'en ce moment l'armée prussienne manœuvre de manière à opérer sur le flanc gauche et sur les derrières de l'armée de Mac-Mahon, dans l'espoir de la couper, de l'envelopper ou de la rejeter sur la frontière belge où des corps de troupes considérables viennent d'être réunis pour protéger la neutralité de ce pays.

Dans cette situation, et lorsque des armées aussi considérables sont à quelques lieues seulement l'une de l'autre, on peut s'attendre à un engagement général dans un délai très-prochain. Du résultat de cet engagement dépendra probablement le sort de toute la campagne, car si le plan de Mac-Mahon réussit et si le maréchal Bazaine peut sortir du camp retranché de Metz, les communications de l'armée allemande se trouveront très-sérieusement menacées, et sa marche en avant sur Paris bien compromise. En revanche, un échec subi dans la situation présente aurait pour les deux armées de Bazaine et de Mac-Mahon les conséquences les plus graves, et permettrait au roi Guillaume de reprendre, dans des conditions beaucoup plus favorables qu'auparavant, sa marche dans la direction de Paris.

V

CAMPAGNE DES ARDENNES

(Du 24 au 30 août.)

D'après les dépêches que nous avons reçues de Berlin hier matin, la manœuvre hardie du maréchal Mac-Mahon vers le Nord et vers l'Est n'aurait abouti qu'à un nouveau succès des armes allemandes. Il était difficile qu'il en fût autrement, nous l'avons déjà dit, en présence d'une armée aussi nombreuse que l'armée du roi Guillaume, aussi bien commandée et aussi bien servie par ses éclaireurs. Espérer dans de semblables conditions que 150,000 hommes pourraient dérober leur marche et se porter des rives de la Meuse à celles de la Moselle sans être aperçus ni attaqués, c'était là une espérance qui nous a toujours paru d'une réalisation bien difficile. Aussi avons-nous longtemps hésité avant d'admettre la réalité d'un projet qui pouvait avoir pour résultat de placer l'armée de Mac-Mahon dans la situation la plus dangereuse où une armée puisse se trouver, avec une frontière à dos, et pour ainsi dire sans ligne de retraite. L'événement aurait justifié ces prévisions, s'il est vrai, comme on nous l'annonce de Berlin, que l'armée de Mac-Mahon ait été rejetée sur la rive droite de la Meuse et acculée entre cette rivière et la frontière de Belgique. Examinons, en peu de mots, la série d'événements qui a dû précéder un semblable résultat.

Le 24 août, une forte avant-garde allemande était entrée à Châlons et avait déterminé le départ précipité d'un corps de cavalerie française resté en arrière-garde à peu de distance au nord de cette ville.

Ce départ, qui a motivé la surprise et la douleur des habitants de Châlons, avait très-probablement pour but d'annoncer au maréchal Mac-Mahon que le mouvement de l'armée allemande sur Paris se prononçait d'une manière indubitable. Une fois prévenu, le maréchal ne retarda pas d'un instant l'exécution de sa manœuvre vers Rethel, Mézières et Sedan, dans l'espérance sans doute d'arriver en vue de Metz, avant que l'armée prussienne se fût aperçue de son départ et eût songé à le poursuivre.

Ce plan, conçu avec plus d'intrépidité que de souci des obstacles, s'est trouvé déjoué par la promptitude avec laquelle les généraux allemands ont opéré leur changement de front dans la direction du Nord. Cette promptitude même prouverait qu'ils n'ont point été pris au dépourvu par la manœuvre de leur adversaire, mais que cette éventualité était déjà entrée dans leurs calculs stratégiques.

Voici sans doute comment les choses se sont passées :

A la première nouvelle de la marche de Mac-Mahon sur Rethel et Vouziers, l'armée du Sud, celle du prince royal, dont les têtes de colonne étaient entrées le 26 à Châlons, se porta sur sa droite du côté de Rethel et de Vouziers.

Pendant ce temps, l'armée commandée par le prince de Saxe, qui suivait la route directe de Metz à Verdun, continuait son mouvement dans la direction du N.-O. de manière à se trouver, dès le 28 août, faisant face à la Meuse et à Sedan.

Enfin une troisième armée, commandée par le général Steinmetz [1], formait l'échelon de droite de cette ligne fort étendue, son flanc droit appuyé à la frontière belge, de manière à barrer le passage à tout ennemi marchant dans la direction de l'Est.

Si nous avons bien compris les renseignements contenus dans les dépêches que nous avons reçues, les armées allemandes formaient ainsi le 28 août une ligne à trois échelons, s'appuyant par sa gauche à Attigny sur l'Aisne, et par sa droite à la frontière belge, du côté de Longuyon. Cette disposition permettait aux généraux allemands de porter à volonté leur effort sur l'une ou l'autre aile de l'armée française, dont le point de concentration était situé aux Grandes-Armoises, sur le plateau élevé qui s'étend sur la rive gauche de la Meuse, à une vingtaine de kilomètres en avant de Sedan.

Telle devait être la situation au moment où les deux armées se sont rencontrées, ce qui a eu lieu le 27 août, par le combat de cavalerie de Buzancy.

---

[1] Erreur. Les seules armées du prince royal de Saxe et du prince royal de Prusse ont pris part à la campagne des Ardennes. — *(Mars 1871.)*

Sur ce qui s'est passé après cette rencontre, nous en sommes réduits à des indications sommaires et qui semblent même tout d'abord un peu incohérentes. Nous croyons cependant qu'elles ne sont pas très-difficiles à concilier.

En effet, une première dépêche adressée par le roi Guillaume à la reine signale un combat dans lequel trois corps allemands auraient été engagés contre une partie de l'armée de Mac-Mahon. Ce combat aurait eu lieu le 29 août, près de Beaumont, et aurait eu pour résultat de rejeter les Français au delà de la Meuse, à Mouzon, en leur enlevant douze canons, plusieurs milliers de prisonniers et un nombreux matériel.

La seconde dépêche, beaucoup plus importante, se rapporte non plus à un combat d'avant-garde, mais à une grande bataille qui aurait eu lieu le 30 août, encore dans le voisinage de Beaumont, probablement contre le gros de l'armée française, occupant le plateau de Raucourt. Cette bataille aurait eu pour résultat, si l'on en croit la dépêche prussienne, la défaite totale du maréchal Mac-Mahon, qui aurait dû se retirer, vivement poursuivi, en laissant son camp entre les mains de l'ennemi.

Telle est du moins la manière dont nous interprétons les deux dépêches qui nous sont arrivées simultanément hier matin, car si elles se rapportaient à une même action, elles seraient tout à fait incompréhensibles. La localité de Beaumont, qui se trouve dans l'une comme dans l'autre dépêche, n'est point une difficulté sérieuse, dès que l'on admet que le corps rejeté le 29 au delà de la Meuse n'était point l'armée de Mac-Mahon tout entière, mais un simple corps, formant peut-être l'aile gauche de l'armée française. Le 30, la bataille s'est engagée sur toute la ligne contre les positions occupées par les Français, et c'est sans doute à cette action décisive que le roi Guillaume faisait allusion lorsque, dans sa dépêche à la reine, il annonçait « qu'il retournait au champ de bataille, pour poursuivre les avantages obtenus dans la journée du 29. »

Nous ignorons encore les détails relatifs à cette affaire, mais il semble permis d'admettre, dès aujourd'hui, que le plan de Mac-Mahon, qui consistait à se porter sur Metz et à dégager le maréchal Bazaine cerné sous les murs de cette ville, a été déjoué par l'active surveillance exercée par l'armée allemande et par la promptitude de décision de ses généraux.

Après avoir frappé ce grand coup dans le Nord et assuré ainsi ses communications contre le danger qui les a un instant menacées, l'armée allemande reviendra sans doute à son plan de campagne primitif.

On peut donc s'attendre à la voir reprendre à bref délai sa direction première et se répandre de nouveau, par les nombreuses routes que nous avons décrites, vers le centre de la France et vers Paris, son objectif principal.

VI

SEDAN

(2 septembre.)

Le télégraphe nous a apporté hier une nouvelle devant l'importance de laquelle pâlissent tous les événements militaires qui se sont accomplis jusqu'à ce jour. L'armée de Mac-Mahon, acculée entre la Meuse et la frontière de Belgique, vient de capituler, après six jours d'efforts héroïques, et l'empereur Napoléon, qui se trouvait dans ses rangs, a dû se rendre au roi Guillaume, son ennemi victorieux.

En présence d'une aussi grande infortune, nous, peuple neutre, spectateur attristé de la lutte, nous ne pouvons qu'éprouver une profonde et sincère sympathie.

Quel que puisse être le jugement définitif de l'histoire sur le règne dont nous contemplons aujourd'hui la chute, il serait injuste d'oublier les choses grandes et utiles qui ont été accomplies sous l'influence de Napoléon III. L'Italie affranchie de la domination autrichienne, la liberté commerciale proclamée malgré les résistances protectionnistes, sont des actes qui peuvent être cités avec éloge, même par ceux qui ont toujours condamné le système politique issu du coup d'État de 1851.

Singulier mélange d'aspirations généreuses et d'instincts libéraux avec une antipathie, en quelque sorte dynastique et traditionnelle, contre les institutions parlementaires, ce système a commis des fautes qu'il expie aujourd'hui de la manière la plus cruelle. Nous ne nous joindrons point à ceux qui, en ce moment de détresse, ne songent qu'à lui reprocher, en termes amers, des erreurs pour lesquelles il n'a trouvé que de trop nombreux complices. Nous préférons nous rappeler les rapports d'amitié et de bon voisinage que la Suisse n'a cessé d'entretenir avec l'empereur Napoléon et son gouvernement, sans que jamais, sauf en une seule occasion, nous ayons eu à nous plaindre de sa conduite à notre égard.

La catastrophe qui vient de terminer la première partie de la campagne de 1870 sera accueillie, nous n'en doutons pas, à Genève comme dans toute la Suisse, avec ce silence respectueux que l'on doit au malheur; car c'est encore un des priviléges de la neutralité que de pouvoir témoigner au vaincu la plus vive sympathie sans que cette émotion toute désintéressée puisse froisser en rien la légitime satisfaction du vainqueur.

En ce qui concerne plus directement notre journal, les Français présents au milieu de nous reconnaîtront peut-être aujourd'hui — ce dont ils ont paru douter par moments — que nos informations, puisées aux meilleures sources, étaient d'une exactitude scrupuleuse, et qu'en ne leur cachant pas la vérité, comme d'autres ont cru pouvoir le faire, nous remplissions envers eux comme envers tous nos concitoyens un devoir, le plus strict de tous, celui de la sincérité. Dans le cours de cette campagne si malheureuse pour la France, nous n'avons cherché à flatter personne; nous avons cherché uniquement à être *vrais* et nous croyons y avoir réussi. Ce sera notre règle invariable pour l'avenir, quels que soient les incidents qui peuvent se produire encore dans le drame émouvant et terrible auquel il nous est donné d'assister.

Quant à la France, bien qu'elle ait été jusqu'ici vaincue sur les champs de bataille, nous sommes de ceux qui ont toujours la plus entière confiance dans ses destinées. Nous savons que les peuples sont sujets à s'endormir dans la prospérité, mais que leur vitalité se retrempe dans le malheur. De ces douloureux enseignements sortira une France nouvelle, moins belliqueuse peut-être que l'ancienne, mais désireuse de chercher dans les arts de la paix, dans l'instruction populaire toujours plus abondamment répandue, dans le développement de l'intelligence, dans le jeu des institutions libérales, un abri contre de nouveaux orages et une gloire que ne sauraient menacer ni défaites ni déceptions.

C'est là le vœu que forme pour son avenir un peuple qui n'éprouve pour ce noble et aujourd'hui malheureux pays que les sentiments d'une affection séculaire.

VII

LES OPÉRATIONS MILITAIRES DEVANT SEDAN

I

Nous n'avons pas encore reçu les rapports officiels sur les mouvements stratégiques qui ont amené la défaite de l'armée de Mac-Mahon et la capitulation de Sedan. Mais, en recueillant les renseignements publiés en France, en Allemagne et en Angleterre sur ce sujet, on peut, ce nous semble, se rendre compte assez exactement, sinon du détail, du moins de l'ensemble de ces mémorables opérations. C'est le résultat de ce travail d'analyse et de comparaison que nous soumettons aujourd'hui à nos lecteurs à titre d'examen provisoire et en acceptant d'avance tous les changements que des informations plus complètes pourront apporter plus tard à nos appréciations.

C'est le 24 août que les têtes de colonne de la 3me armée allemande, commandée par le prince royal de Prusse, firent leur entrée dans la ville de Châlons, évacuée la veille par les dernières troupes de Mac-Mahon. Tout annonçait, à ce moment, l'intention des généraux allemands de marcher directement sur Paris. Le quartier général avait été porté de Pont-à-Mousson à Bar-le-Duc, et de nombreux courants de troupes s'écoulaient par les routes de l'Ouest et du Sud dans la direction de la capitale de France.

Que se passait-il alors au quartier général du roi de Prusse? Y croyait-on à la retraite de Mac-Mahon, retraite qui semblait commandée par les nécessités les plus pressantes? Voulait-on, par les apparences nettement accusées d'une marche en ayant, offrir au général français l'occasion de mettre à exécution son audacieuse tentative vers les forteresses du Nord? C'est ce que nous ignorons complétement, les généraux prussiens étant d'ordinaire très-sobres de semblables confidences.

Ce que nous savons, c'est que le jour même où le prince royal de Prusse faisait son entrée à Châlons, Reims était évacué par le maréchal Mac-Mahon qui dirigeait promptement le gros de ses forces sur Rethel et sur Vouziers, avec l'intention évidente d'opérer un mouvement tournant par le Nord, de marcher sur Metz et Thionville, d'y donner la main au maréchal Bazaine, d'écraser avec son aide les forces allemandes laissées devant ces forteresses et de menacer enfin l'armée déjà en marche sur Paris, en la coupant de ses communications. Ce plan, qui nous a toujours paru chimérique et dont les événements ont démontré la témérité, avait évidemment été concerté entre le maréchal Mac-Mahon et le maréchal Bazaine, à l'aide de communications mystérieuses dont nous n'avons pas le secret. Ce qui le prouve, c'est la sortie énergique tentée par les troupes de Metz du 31 août au 1er septembre, c'est-à-dire au moment précis où, suivant ces calculs, l'armée de Mac-Mahon aurait dû déboucher devant Metz par la route de Briey. Il serait difficile de voir dans la coïncidence de cette sortie avec les mouvements de l'armée de Châlons un simple effet du hasard.

La distance de Rethel à Metz est de 130 kilomètres, soit 30 lieues environ. Cette distance devait être franchie en six jours, ce qui n'a rien en soi que de très-praticable, lorsqu'on chemine loin de l'ennemi et que l'on n'a à combattre que les difficultés du chemin. Malheureusement pour le succès des Français, ils avaient affaire à un adversaire vigilant et parfaitement renseigné par ses éclaireurs, et ils n'avaient pas franchi la moitié de la distance qui les séparait de Metz et de Thionville, qu'ils se trouvèrent attaqués par leur flanc et obligés de faire front.

En effet, les généraux allemands n'avaient pas tardé à être instruits du mouvement de Mac-Mahon et de la route qu'il avait suivie. Leurs dispositions furent prises immédiatement pour se rabattre sur l'armée du maréchal et l'envelopper avant qu'il eût pu effectuer sa jonction avec Bazaine. Les têtes de colonne de la 3me armée qui avaient déjà dépassé Châlons et franchi la Marne furent rappelées et reçurent l'ordre de se porter à marches forcées sur Vouziers et Sedan, de manière à couper la ligne de retraite du maréchal et de lui fermer toute possibilité de rétrograder vers Paris. La distance de Châlons à Sedan étant de 90 kilomètres, et l'armée du prince royal ayant pris une part active à la bataille du 1er septembre, on voit qu'il n'y eut pas un moment de perdu, et que cette distance fut franchie en quatre jours environ, par étapes de cinq ou six lieues.

La 4ᵐᵉ armée, celle que commandait le prince royal de Saxe, était moins avancée dans son mouvement en avant. Elle n'avait pas encore dépassé la forêt de l'Argonne. Il lui fut donc très-facile de se porter, par un simple changement de front, à la rencontre des Français de manière à retarder leur marche jusqu'à l'arrivée du prince royal.

Du côté des Français, la marche, ralentie par un temps obstinément pluvieux et par diverses causes que nous n'avons pas à apprécier ici, n'avait pas été aussi rapide qu'elle aurait pu et dû l'être. Parti de Reims le 24 août, le 29 le quartier général n'avait pas dépassé Raucourt, à 40 kilomètres de Rethel, tandis qu'il aurait dû se trouver déjà au delà de la Meuse et à l'est de Stenay. Le gros de l'armée était, autant que nous pouvons le savoir, car les détails sont rares, campé aux Grandes-Armoises, sur la rive gauche de la Meuse, le corps de Failly se trouvant aux environs de Beaumont, tandis qu'un corps dont nous ignorons l'importance avait franchi la Meuse à Mouzon et pris position entre cette ville et Carignan.

Quant au quartier général du roi Guillaume, dès le 26, il s'était transporté de Bar-le-Duc à Clermont en Argonne, à l'entre-croisement des routes de Châlons à Vouziers et de Bar-le-Duc à Sedan, se trouvant ainsi à moins de 40 kilomètres des positions françaises.

Le 27 août, une première escarmouche de cavalerie à Buzancy avait tâté l'ennemi et reconnu sa ligne d'opérations.

Le 29 août, une rencontre de peu d'importance eut

lieu à Nouard, entre une avant-garde saxonne et une arrière-garde française. Le résultat en fut pour les Allemands la capture de quelques prisonniers. Mais c'est le lendemain, 30 août seulement, que les deux armées se trouvant en contact, sur un développement de six lieues environ, les opérations militaires commencèrent à prendre un caractère sérieux.

Le 30 au matin, le quartier général de l'armée française quittait Raucourt pour s'installer à la Humelle, ferme située sur une éminence, au sud-ouest de Mouzon.

Il y était arrivé depuis quelques heures, lorsque l'attaque commença du côté de Beaumont.

Voici quelle était, au moment de cette attaque, la position des armées en présence, autant du moins que nous pouvons en juger d'après le peu de renseignements souvent contradictoires que les journaux ont publiés à ce sujet.

Le gros de l'armée française devait se trouver encore, le 30 août, aux environs de Raucourt, s'appuyant à la Meuse par le corps du général de Failly, appuyé lui-même par un corps déjà campé sur la rive droite de la rivière, entre Carignan et Mouzon. Nous ignorons la composition des autres parties de la ligne française. L'événement a seulement démontré que le corps de Failly ne se trouvait pas suffisamment relié au reste de l'armée et qu'il pouvait être attaqué et battu sans que d'autres troupes fussent à portée de le secourir.

Quant à l'armée allemande, elle traçait de la Meuse à l'Aisne une vaste ligne dont la droite était formée par la 4me armée sous les ordres du prince royal de

Saxe et la gauche par la 3ᵐᵉ armée sous les ordres du prince de Prusse. Leur plan combiné était fort simple : il consistait à fermer à Mac-Mahon la route de Stenay et celle de Mézières, à le rejeter au delà de la Meuse, sous les murs de Sedan, entre cette rivière et la frontière de Belgique. C'est dans ce sens que les deux généraux allemands ont constamment manœuvré, et la bataille du 30 août a été le commencement de l'exécution de ce plan de campagne.

L'action s'engagea vers midi par la marche en avant du 4ᵐᵉ corps d'armée (Saxe prussienne) soutenu à gauche par le 1ᵉʳ corps bavarois, appuyé au bois de Petit-Dieulet, et par le 12ᵐᵉ corps (Saxe royale), qui opérait sur Létange. Le 4ᵐᵉ corps, en débouchant du bois, surprit le corps du général de Failly, imparfaitement gardé, le mit dans une complète déroute, lui enleva son camp, une partie de son matériel et s'empara du bourg de Beaumont sur la route qui conduit des Grandes-Armoises à Stenay et à Mouzon. A l'aile gauche, les Bavarois avaient également rejeté les Français au delà de la route sur les hauteurs de Yoncq et de la Besace.

Le résultat de cette journée fut de contraindre toute l'armée française débordée par son flanc à se retirer sur la rive droite de la Meuse, une partie par les ponts de Mouzon, le reste sous les murs de Sedan. Un feu d'artillerie dirigé des hauteurs de la rive droite couvrit cette retraite et arrêta la poursuite de l'ennemi. 23 canons, 3,000 prisonniers et la possession de la rive gauche de la Meuse furent le prix de cette victoire pour l'armée allemande.

Mais le résultat le plus important de cette journée

fut de rendre impossible tout mouvement de Mac-Mahon dans la direction de Metz et de l'obliger à accepter contre des forces supérieures une grande bataille devant Sedan.

Cette bataille, en effet, ne pouvait plus être évitée, du moment que l'ennemi occupait la route de Montmédy, interceptait celle de Rethel et menaçait de la manière la plus sérieuse celle de Mézières. Dans une semblable position, il fallait de toute nécessité se retirer dans l'enceinte de la forteresse de Sedan et y subir un siége dont l'issue ne pouvait être douteuse, ou risquer une nouvelle partie en défendant les positions très-fortes d'ailleurs qui se trouvent autour de Sedan. C'est à ce dernier parti que s'arrêta le maréchal Mac-Mahon.

II

Dès le 30 août, nous l'avons vu, les généraux allemands avaient réussi dans leur projet d'arrêter la marche de Mac-Mahon et de lui fermer, ou peu s'en faut, les deux routes de Metz et de Mézières.

La journée du 31 août fut employée, de part et d'autre, à se préparer à l'action décisive qui devait avoir lieu le lendemain. Les Français concentrèrent leurs forces autour de Sedan, tandis que les Allemands passaient la Meuse sur plusieurs points, protégeant leur passage par un feu d'artillerie dirigé sur Bazeilles et sur Sedan, des hauteurs de Remilly, de Wadelincourt et de Torcy. Il y eut beaucoup d'engagements partiels ce jour-là, mais aucune bataille dans le sens que l'on donne ordinairement à ce mot. Par conséquent, celle que signalèrent alors les dépêches françaises et dans laquelle Mac-Mahon aurait remporté la victoire, n'a jamais été livrée que dans l'imagination fertile des nouvellistes à sensation. La vérité est que toute la journée du 31 fut employée par les troupes allemandes à franchir la Meuse et à prendre les positions qui leur avaient été assignées pour la journée du lendemain. Le 31 au soir, ce mouvement était à peu près achevé et le champ de bataille du 1er septembre était prêt pour l'œuvre sanglante et terrible à laquelle il allait devoir sa célébrité.

La forteresse de Sedan est à cheval sur la Meuse, à peu près à l'endroit où cette rivière décrit, dans la direction du nord, un long circuit en forme de fer à cheval. Au delà de la presqu'île formée par la rivière et dans une position symétrique à celle de Sedan, se trouve le bourg et le pont de Donchery, que commandent de la rive gauche les hauteurs de Torcy. Toute la vallée de la Meuse au sud-est de Sedan jusqu'à Mouzon est une plaine facilement inondable, le long de laquelle surgissent, adossés aux collines, les villages de Balan, de Bazeilles et de Douzy.

A Bazeilles débouche un étroit vallon perpendiculaire au cours de la Meuse; dans le fond coule un ruisseau. Sur la rive gauche, formée de collines peu élevées, se trouvent les hameaux de Monville, la Moncelle, la Rapaille et Daigny ; sur la rive droite, le village de Givonne. Arrivé à ce point, le ravin se bifurque. Une des branches se dirige vers la Chapelle et le bois du Dos-du-Loup, l'autre contourne les hauteurs d'Illy et de Fleigneux. Du reste, toute la partie supérieure de la contrée est couverte d'épaisses forêts au delà desquelles, à quelques kilomètres seulement de la Chapelle, court la frontière de Belgique. Deux sentiers, partant de Givonne et d'Illy, conduisent, à travers les bois et le plateau de la Garenne, au village de Floing où ils rejoignent la route qui vient de Vigne-aux-Bois et de Donchery.

Telle est, décrite à grands traits, la topographie du terrain où s'est livrée la bataille du 1er septembre.

Pour que cette description soit complète, il faut y joindre l'indication sommaire des défenses de Sedan. Nous rappelons ici que cette forteresse, assez vaste pour contenir une nombreuse armée, se compose d'une enceinte bastionnée protégée, sur la rive droite de la Meuse, par des ouvrages avancés, bonnets de prêtre, doubles couronnes, etc., et renforcée en outre par une citadelle. Sur la rive droite, l'enceinte forme une sorte de camp retranché très-vaste où le village de Torcy s'élève au milieu de prairies basses et souvent couvertes d'eau. Du reste, tout cet ensemble de fortifications est commandé par les collines de la rive gauche du haut desquelles le bombardement de la ville peut être effectué sans difficulté, circonstance qui enlève à cette place de guerre presque toute son importance.

Il est probable d'ailleurs, et les renseignements sont d'accord sur ce point, que la place n'avait pas été approvisionnée en vue d'un siége et que son artillerie en particulier était loin d'être à la hauteur de si graves circonstances.

Cela dit, et en nous référant pour plus de clarté au petit plan topographique ci-joint, voici quel était, le matin du 1er septembre, l'ordre de bataille adopté par l'armée française.

SEDAN

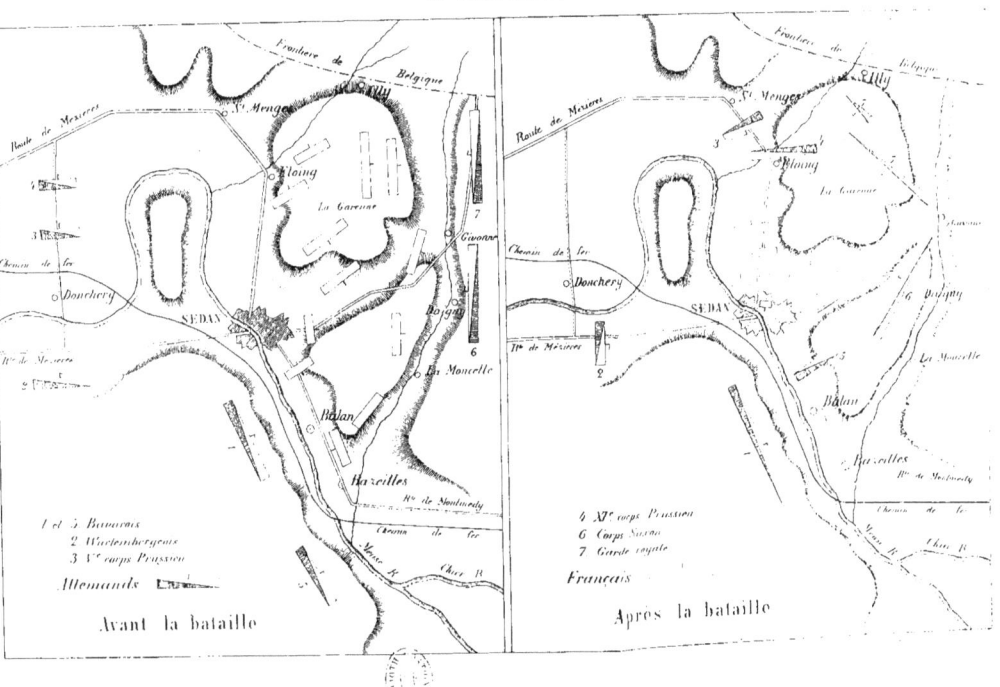

A l'aile droite de la ligne, le 12me corps (général Lebrun) observait la route de Montmédy, par Carignan, couvrant le chemin de fer et le passage de Bazeilles.

Au centre, le 1er corps (général Ducrot) occupait les hauteurs en face de Daigny, entre la Moncelle et Givonne. Le 5me corps (ci-devant de Failly, commandé maintenant par le général de Wimpffen arrivé la veille) était posté sur les collines qui dominent le Fond-de-Givonne, reliant le 1er corps au 7me corps.

A l'aile gauche, le 7me corps (général Félix Douay) s'étendait du village de Floing au calvaire d'Illy.

Cette ligne décrivant une courbe convexe autour de Sedan, se développait, sur une étendue de 5 kilomètres, à une distance moyenne de 4 kilomètres de cette ville. Elle occupait des positions naturellement très-fortes et le voisinage de la forteresse leur donnait un point d'appui d'une certaine valeur. Les clefs de la position se trouvaient aux villages de Floing et d'Illy situés, sur la hauteur, au nord et à l'ouest de Sedan, et au village de Givonne au nord-est de cette ville.

Les hauteurs occupées par les Français avaient une élévation maximum de 330 mètres, tandis que les collines opposées ne dépassaient pas 280 à 300 mètres, circonstance très-favorable à l'action de l'artillerie française. Mais ces avantages de terrain se trouvaient largement compensés par la supériorité du nombre acquise à l'armée allemande. En effet, si les troupes placées sous les ordres du maréchal Mac-Mahon comptaient, avant la bataille du 30 août, un effectif de 150,000 hommes, on peut admettre, selon toute vraisemblance, que le 1er septembre il ne pouvait guère mettre en ligne plus de 120,000 ou de 115,000 soldats, tandis que les deux armées allemandes réunies comprenaient ensemble de 200 à 250,000 hommes. Les Allemands l'emportaient en outre sur leurs adversaires par la supériorité de leur artillerie qui comptait au moins 600 bouches à feu, tandis que le chiffre des pièces de campagne tombées au pouvoir des Allemands après la capitulation de Sedan ne dépassait pas 400 pièces y compris 70 mitrailleuses.

L'armée du prince de Saxe occupait, depuis le 31 août au soir, les collines qui bordent du côté de l'Est le ravin de Givonne. Les Bavarois avaient pris position sur la rive gauche de la Meuse, en face de Bazeilles. Les Saxons occupaient la Moncelle et Daigny; la Garde, encore en marche, s'avançait vers Givonne; enfin le 5me et le 11me corps de l'armée du prince de Prusse qui, depuis la veille, avait passé la Meuse à Donchery, se portaient vers St-Menges et Fleigneux.

Toutes les hauteurs de la rive gauche de la Meuse, en face de Sedan, étaient occupées par les Bavarois et couronnées par une nombreuse artillerie destinée à canonner Sedan et à prêter son appui aux troupes engagées le long du ravin. C'est sur ces hauteurs que se trouvait le roi Guillaume et son état-major pendant la bataille du 1er septembre. Les troupes de la rive gauche ne prirent d'ailleurs aucune part aux événements de la journée, à l'exception d'un corps bavarois qui passa la rivière dès le matin et fut spécialement chargé de refouler l'ennemi du côté de Bazeilles.

Comme il est facile de le voir d'après ces dispositions, la bataille du 1er septembre devait se composer de deux opérations étroitement liées l'une à l'autre : une attaque de front sur la ligne de Bazeilles à Givonne et un mouvement tournant par Saint-Menges et Fleigneux. Si ces deux opérations venaient à réussir, l'armée française se trouvait forcément rejetée sous les murs de Sedan et enfermée de toutes parts dans un quadrilatère de fer et de feu. L'attaque de front était dévolue à l'armée du prince de Saxe, qui avait passé la Meuse à Mouzon et le Chiers à Carignan, soutenue par une partie du corps bavarois qui formait l'aile droite de l'armée commandée par le prince royal de Prusse.

Cette troisième armée, après avoir fourni les troupes placées sur la rive gauche de la Meuse, directement en face de Sedan, et laissé un corps wurtembergeois en observation près de Donchery, avait détaché en outre deux de ses corps, le 5me et le 11me, pour opérer, sur la rive droite, le mouvement tournant dont nous venons de parler, occuper les villages de Saint-Menges et de Floing, et donner la main, sur les hauteurs d'Illy, aux troupes de la quatrième armée.

Les choses ainsi concertées entre les généraux allemands, l'attaque commença le 1er septembre, au point du jour, du côté de Bazeilles. Le premier coup de feu fut tiré par les Bavarois qui venaient de passer la rivière près de ce village, sous la protection de leur artillerie.

La canonnade s'engagea immédiatement et se propagea, de proche en proche, sur toute la ligne, à travers le ravin de Givonne.

A cette heure matinale, un brouillard épais empêchait les Français d'apercevoir l'ennemi et dissimulait la manœuvre tournante que la garde royale était en train d'exécuter pour déborder leur gauche vers La Chapelle.

A 7 heures le maréchal Mac-Mahon, grièvement blessé, dut remettre son commandement au général Ducrot, qui ne tarda pas à être remplacé lui-même, d'ordre supérieur, par le général de Wimpffen. Il résulta de ces changements des mesures contradictoires et une certaine indécision dans les mouvements. Le général Ducrot, voyant sa gauche menacée, avait, paraît-il, donné l'ordre au premier corps, qui occupait Givonne, de se retirer sur le bois de la Garenne. Ce mouvement de retraite fut contremandé par le général de Wimpffen, qui ramena le premier corps dans ses premières positions vers Givonne.

Vers midi, le bruit du canon, retentissant du côté de Saint-Menges, annonça que les 5me et 11me corps de l'armée du prince royal entraient en ligne dans cette direction et que la retraite sur Mézières était devenue impossible.

La cavalerie française lancée à la rencontre de ces nouveaux ennemis se brisa contre un feu terrible, ne put réussir à les entamer et revint décimée. Les villages d'Illy et de Floing furent emportés, tandis que les troupes allemandes qui avaient occupé La Chapelle s'avançaient dans la direction de Givonne pour se réunir à celles qui débouchaient du côté de l'Ouest. C'est alors que la retraite commença à prendre les apparences d'une déroute. Devant ces masses d'hommes arrivant de tous les points de l'horizon et couronnant les hauteurs, toute résistance était devenue impossible. Une artillerie formidable, mise en batterie en avant de Givonne, balayait le plateau de la Garenne et faisait dans les rangs de cette malheureuse armée de terribles ravages. Trois batteries, envoyées sur ce plateau pour lui répondre, furent démontées en un clin d'œil. De l'avis de tous ceux qui ont été témoins de cette boucherie, les troupes massées sur ce fatal plateau y furent écrasées pendant plus d'une demi-heure sous une véritable trombe d'obus, de mitraille et de boulets. Un dernier effort tenté par le général Wimpffen, à la tête du 12ᵐᵉ corps et de quelques troupes détachées du 1ᵉʳ et du 5ᵐᵉ, pour s'ouvrir un passage sur la route de Montmédy, réussit à repousser un instant les Bavarois et à les rejeter au delà du village de Balan. Mais bientôt, des renforts arrivés aux Allemands refoulèrent l'attaque française et la rejetèrent sous les murs de Sedan.

La position n'était plus tenable. Il fallait renoncer à l'espérance de s'ouvrir un passage à travers cette muraille humaine. Le champ de bataille, si vivement attaqué et si noblement défendu, dut être abandonné, et l'armée française tout entière dut chercher un refuge dans l'enceinte de la forteresse, dont les bastions, dominés de toutes parts, ne lui offraient d'ailleurs qu'un abri précaire et illusoire.

Le cercle de fer s'était refermé autour de l'armée de Mac-Mahon et la capitulation était devenue pour elle, dans ces circonstances, la plus dure, mais la plus inévitable des nécessités. Aussi, à 4 heures du soir, la bataille était terminée et le drapeau parlementaire flottait sur les murs de Sedan. Quelques instants après, l'empereur se constituait prisonnier du roi de Prusse et la capitulation était signée.

Nous ne reviendrons pas ici sur ce dernier et douloureux épisode de la campagne des Ardennes. Nous nous bornerons à faire observer, en nous tenant au point de vue strictement militaire, que ce dénouement est la conséquence logique de l'imprudence commise par les stratégistes français lorsqu'ils ont cru pouvoir, en présence d'une armée supérieure en nombre, aguerrie, manœuvrière et admirablement bien commandée, abandonner leur ligne de retraite naturelle pour exécuter cette marche de flanc à deux pas d'une frontière inviolable. Le courage le plus héroïque ne peut plus, dans l'état actuel de l'art militaire, compenser les défauts d'un pareil plan et en racheter la témérité.

Si, au lieu de tenter une entreprise impossible, le maréchal Mac-Mahon se fût simplement retiré dans la direction de Paris pour joindre ses 150,000 hommes aux défenseurs de cette capitale, il aurait épargné à la France un revers presque irréparable et lui aurait rendu un service dont il est facile aujourd'hui de mesurer l'importance.

Les motifs pour lesquels il a cru devoir renoncer à ce plan si sage, si rationnel, nous échappent encore comme ils nous échappaient lorsque, il y a trois semaines environ, nous avons appris, sans y croire, la levée du camp de Châlons, le départ de Mac-Mahon pour Reims et sa marche rapide vers le Nord. Peut-être nous les apprendra-t-on un jour, ces motifs mystérieux; mais il nous semble, dès à présent, bien difficile qu'une telle entreprise puisse se justifier au point de vue de la simple raison stratégique. Ce ne serait pas d'ailleurs la première fois que la raison d'État aurait exercé son influence sur un Conseil de guerre et déconcerté de la manière la plus funeste l'habileté des généraux.

TROISIÈME PARTIE

PARIS ET METZ

I

LA STRATÉGIE ALLEMANDE EN 1870

I

La campagne de 1870 a, malgré sa courte durée, produit des événements militaires assez nombreux et assez importants pour qu'on puisse, dès aujourd'hui, en tirer quelques enseignements généraux au point de vue de la tactique et de la stratégie.

Déjà la guerre de 1864, si elle avait été étudiée de plus près, en dehors de toute idée politique et en restant sur le terrain exclusivement militaire, aurait pu apprendre aux adeptes de cet art qu'une révolution était en bonne voie de s'accomplir dans les procédés employés jusqu'à ce jour. Mais c'est en 1866 seulement que l'on commença à se douter de quelque chose. A cette époque déjà, les généraux prussiens avaient inauguré dans leurs mouvements le principe nouveau de la marche coordonnée remplaçant la simple marche en colonne, trop peu favorable à l'action rapide de grandes masses de troupes.

C'était un des principaux axiomes de l'ancienne stratégie que, dans une marche en présence de l'ennemi, on ne doit pas diviser ses forces sur un trop grand nombre de routes, car, disait-on en s'appuyant sur la tradition napoléonienne, « on s'expose ainsi à voir cette ligne trop vaste disloquée par les obstacles du terrain, attaquée et peut-être brisée en plusieurs tronçons par un ennemi entreprenant. L'aile droite ne pouvant se porter assez rapidement au secours de l'aile gauche, dont elle est souvent éloignée de plusieurs lieues, celle-ci pourrait être battue et coupée du centre, avant d'avoir été soutenue, et une troupe inférieure en nombre, mais habilement commandée, pourrait ainsi avoir raison d'une armée numériquement très-supérieure. »

Présenté sous cette forme, le principe reste absolument juste. Si l'on pose ainsi le problème : « Une armée de cent mille hommes, pouvant être surprise à l'improviste sur un de ses points par une armée inférieure en nombre, commet une imprudence en marchant sur un front étendu, » on aura émis une vérité incontestable et contre l'évidence de laquelle personne ne réclamera. Mais la question n'est pas vidée pour cela, car il reste à savoir s'il n'est pas possible de marcher sur un front étendu sans courir le risque d'être surpris par l'ennemi. L'axiome reste vrai dans une hypothèse donnée; il s'agit de déterminer s'il est d'une application aussi générale qu'on paraît le supposer dans la plupart des cours de tactique, toujours un peu trop enclins à donner à certaines règles un caractère absolu.

La mémorable campagne de 1866 a déjà fait à cette question une réponse éloquente, sinon décisive, celle de la victoire. On a vu, en effet, pendant cette campagne de quelques semaines, de fortes masses de troupes opérer sur des routes distinctes un mouvement concentrique destiné, s'il réussissait, à envelopper l'ennemi et à menacer sa ligne de retraite. Cependant les militaires de profession qui ne sont pas nécessairement les courtisans du succès, persistent à soutenir qu'une telle stratégie était imprudente et dangereuse, et que la victoire de Sadowa était une victoire remportée contre les règles.

On a reproché aux généraux prussiens d'avoir livré au hasard l'issue d'une bataille décisive, en ne concentrant pas toutes leurs forces avant d'aborder l'ennemi.

On leur a fait remarquer que, s'ils avaient eu à faire à un adversaire entreprenant, une double défaite subie successivement par deux corps d'armée aurait pu facilement remplacer la victoire qui a fondé la puissance politique de la Prusse. Que Benedeck, au lieu de rester immobile sous les murs de Königsgrätz, eût marché à la rencontre de l'un ou de l'autre des deux corps qui s'avançaient contre lui dans des directions différentes, et la fortune, toujours capricieuse dans ses faveurs, pouvait en un clin d'œil passer du camp de la Prusse dans celui de l'Autriche.

Tout cela est très-raisonnable, sans doute, mais les généraux prussiens avaient, de leur côté, de très-bonnes raisons à donner pour se justifier d'avoir vaincu malgré Hippocrate et Galien. Ils alléguaient, en particulier, le fait que leurs armées avaient toujours été reliées entre elles, que chacune d'elles était assez forte pour se suffire à elle-même, pour résister à une attaque et laisser à l'autre armée le temps d'accourir à son aide en menaçant le flanc ou les derrières de l'ennemi. Ils faisaient observer que des principes de prudence qui sont excellents appliqués à un détachement de cinquante mille hommes ne le sont plus lorsqu'il s'agit d'une véritable armée comptant cent mille hommes et au delà avec toute l'artillerie nécessaire. Une semblable armée, agît-elle seule, n'est pas, comme on l'a prétendu, à la merci d'une attaque; elle peut toujours refuser le combat et se retirer sur sa base d'opérations, en contenant par une forte arrière-garde les têtes de colonne ennemies.

Enfin, en ce qui concerne le danger que pouvait leur faire courir un ennemi entreprenant, les généraux prussiens répondaient, non sans une nuance d'ironie, qu'ils ne faisaient pas la guerre en théoriciens abstraits, qu'ils savaient parfaitement à qui ils avaient affaire, qu'ils en tenaient compte dans leurs calculs, et que, s'ils n'avaient pas craint la hardiesse de Benedeck, c'est qu'ils connaissaient parfaitement le général autrichien et son tempérament. Or, c'est pousser trop loin la prudence et le dogmatisme militaire que de vouloir empêcher un général de dresser ses plans de campagne, d'après la connaissance exacte qu'il doit avoir des qualités et des défauts de l'ennemi.

Ces arguments, vivement soutenus de part et d'autre, laissaient la question en suspens. Mais, tandis que les tacticiens étrangers persistaient à protester, au nom de la science, contre ce qu'ils appelaient l'imprudence de Sadowa, l'état-major prussien travaillait avec une louable ardeur à perfectionner l'instrument qu'il s'était donné, à développer sa nouvelle stratégie et sa nouvelle tactique, en s'aidant pour cela des leçons de l'expérience. Tandis qu'ailleurs, on attachait aux questions d'armement une importance peut-être excessive, à Berlin, on étudiait ce qui, bien mieux qu'une mitrailleuse ou un fusil perfectionné, assure le gain des batailles : on étudiait, au double point de vue de la tactique et de la stratégie, les champs de guerre sur lesquels on prévoyait que l'on serait bientôt appelé à combattre.

On ne se contentait pas de lire sur les plans et sur les cartes, d'envoyer en reconnaissance chez le voisin, qui allait devenir l'ennemi, de nombreux officiers d'état-major chargés de tout examiner et de rapporter, en guise de notes de voyage, des rapports détaillés, on faisait mieux et davantage, en dressant d'avance des plans de campagne en vue de toutes les éventualités possibles. Il en est résulté que, lorsque la guerre a été déclarée, à Berlin on était prêt au point de vue militaire, avant même qu'un seul homme eût été rappelé sous les drapeaux. On savait ce que l'on allait faire et comment on le ferait. On a dit que l'armée française ne s'était pas trouvée prête matériellement parlant, c'est-à-dire à ce point de vue des « boutons de guêtre » qui paraissait être le *nec plus ultra* de son malheureux chef d'état-major. Mais était-elle prête à un autre point de vue bien autrement important ? L'état-major avait-il un plan, avait-il choisi et jalonné son terrain, de manière à marcher à coup sûr, vers un but prévu ? C'est là ce qu'il serait bien difficile de soutenir après des revers si cruels et si persévérants.

Ce qui paraît probable, c'est que l'état-major français, fidèle, comme on l'est trop souvent en France et ailleurs, à la règle consacrée, se proposait de se porter en avant sur Mayence ou sur Coblence en marchant sur une seule route ou sur deux au plus, toutes forces réunies, et de pénétrer comme un coin de fer et de feu dans le flanc de l'ennemi.

Mais si ce plan a jamais été conçu, et il pouvait l'être par le premier sous-lieutenant venu, il a été promptement déjoué par la stratégie supérieure du général de Moltke.

Nous ne voulons pas revenir ici sur ces belles combinaisons qui ont amené successivement par un mouvement continu et concentrique l'investissement de Metz et plus tard celui de Sedan. Comme rigueur stratégique, nous ne savons trop ce qu'on pourrait trouver de plus parfait que de semblables opérations.

Il y a eu sans doute des erreurs de détail provenant des soldats ou des généraux; le combat du 14 août à Borny a coûté à l'armée allemande plus d'hommes qu'il n'était strictement nécessaire pour le but que l'on voulait atteindre : retarder de vingt-quatre heures la retraite de l'armée française. A Spicheren et à Gravelotte, peut-être le général Steinmetz a-t-il, par son ardeur presque juvénile, amené une effusion de sang inutile. Tout cela est possible. Mais il n'en reste pas moins vrai que les plans, dans leur ensemble, ont été exécutés tels qu'ils avaient été conçus, et que jamais état-major n'a moins livré au hasard et poussé plus loin cet utilitarisme militaire qui consiste à ne rien entreprendre sans un but précis et bien déterminé. Si jamais la science stratégique fut une réalité, c'est incontestablement dans cette campagne de 1870 qui marquera, il est permis de l'affirmer dès aujourd'hui, une ère militaire toute nouvelle.

II

Comment concilier la rapidité et l'aisance des mouvements qui réclament impérieusement la marche sur un grand nombre de routes, avec la sûreté de l'armée et sa puissance d'action? Voilà la question que nous venons de poser.

La manière dont les généraux prussiens ont résolu le problème est aussi simple qu'ingénieuse. Ils ont bientôt reconnu, avec leur analyse sévère, qu'en présence des perfectionnements apportés aux moyens de communication et de transport, l'ancienne marche en colonne n'était plus possible, et ils ont conçu cette grande idée de maintenir, dans la marche en avant, la ligne de bataille, en faisant progresser l'armée sur un front très-étendu. De cette façon, non-seulement on augmente la rapidité des mouvements, mais on évite l'encombrement, ce fléau qui a si souvent déjoué les combinaisons les plus habilement conçues, en retenant pendant des heures entières à la même place des troupes dont l'arrivée en ligne était indispensable au succès de la journée. Un convoi malheureusement engagé sur une route où il devait cheminer côte à côte avec de l'infanterie, a suffi pour compromettre tout un plan de campagne. On se rappelle qu'à Magenta, un incident de ce genre, en laissant la garde impériale française isolée aux prises avec de grandes forces autrichiennes, a failli changer l'issue de la bataille.

Et ce ne sont pas là de simples effets du hasard. De pareils accidents se produiront fatalement, toutes les fois qu'une armée nombreuse devra faire avancer, en même temps, sur une ou deux routes très-rapprochées l'une de l'autre, de longues colonnes de troupes avec les charrois nécessaires.

En s'affranchissant de cette routine, l'état-major prussien n'ignorait pas qu'il s'exposait à une autre espèce de danger, au danger que nous avons déjà signalé, d'être surpris par l'ennemi et de voir rompre sa ligne par un mouvement agressif vivement conduit. Mais cette objection, qui était tenue pour péremptoire par les vieux tacticiens, ne lui a pas paru sans réplique. Il a pensé qu'il y avait un moyen de parer à ces inconvénients, tout en conservant l'immense avantage de la marche coordonnée.

Au fond, le seul danger qu'il y ait à redouter pour une armée marchant sur un front étendu, c'est d'être surprise par une attaque hardie. Mais cette attaque, pour offrir quelque chance de réussite, doit avoir une certaine consistance; elle suppose des troupes nombreuses et de toutes armes. Ce n'est pas avec quelques tirailleurs embusqués au coin d'un bois que l'on peut espérer rompre une ligne formée de soldats exercés. Il faut une armée avec du canon; or, si rapide que puissent être ses mouvements, il n'est pas facile à une armée de dérober sa marche, pour peu que l'on soit sur ses gardes du côté de l'ennemi. Le problème se réduit donc à ceci : — « Comment une armée, marchant sur une ligne étendue, peut-elle être assurée contre toute chance de surprise, de manière à pouvoir toujours se concentrer en temps utile pour repousser une attaque dirigée sur l'un ou l'autre de ses points? »

Évidemment le système ordinaire des flanqueurs et des éclaireurs devient, dans cette hypothèse, tout à fait insuffisant. Ils ne cherchent pas l'ennemi assez loin pour pouvoir assurer à l'armée une protection efficace. Le danger qu'ils signalent est un danger immédiat, qui ne laisse pas le temps nécessaire pour effectuer de grands mouvements de troupes. En d'autres termes, ils ne font que constater la surprise, ils ne la préviennent pas. Rappelons encore ce qui s'est passé à Solferino, où les deux armées qui marchaient à la rencontre l'une de l'autre se sont trouvées tout à coup en présence, sans avoir eu le temps de s'apercevoir et se sont ainsi surprises mutuellement. Même lorsque ce service est fait par de la cavalerie, il reste toujours d'une efficacité contestable. Les soldats connaissent mal le pays, ils ne le fouillent pas d'une manière méthodique, ils n'aiment pas à s'éloigner du gros de l'armée dans la crainte de perdre leur direction et de ne pouvoir rejoindre.

L'idéal, pour une armée, serait d'être gardée par une légion d'hommes spéciaux, d'officiers instruits, connaissant la langue du pays, possédant d'excellentes cartes, très-détaillées, capables de faire un levé topographique et un rapport militaire, en outre supérieurement montés, qui formeraient en avant, en arrière, sur les flancs de l'armée, un vaste cercle mobile dont elle occuperait le centre. Une armée ainsi gardée n'aurait, on le conçoit, absolument rien à craindre des entreprises de l'ennemi. A l'abri derrière cette barrière vivante, elle pourrait s'étendre à son aise et dérouler ses vastes replis sur une ligne fort étendue sans en être pour cela affaiblie. La concentration pourrait toujours s'opérer au premier signal et être terminée en temps utile.

Mais ce n'est là qu'un idéal, et l'art de la guerre, pas plus que les autres arts, ne comporte la perfection absolue. On a cependant cherché en Prusse le moyen de s'approcher autant que possible de cette conception théorique, et l'on a cru le trouver dans la cavalerie légère instruite à cet effet et rationnellement employée.

L'emploi de la cavalerie a beaucoup varié, on le sait, aux différentes époques de l'histoire ; suivant le degré des perfectionnements militaires, tantôt elle a été l'arme par excellence, tantôt elle s'est vue reléguée au dernier rang, comme une brillante superfluité, bonne pour figurer dans les parades et pour précipiter, au besoin, la déroute d'une troupe débandée.

Aujourd'hui, il est évident que l'introduction, dans les armées, d'armes de précision et à grande portée rend de plus en plus précaire le rôle de la grosse cavalerie. Une charge à fond n'est plus possible contre une infanterie armée de fusils à tir rapide et soutenue par des batteries rayées et des mitrailleuses.

C'est une gloire d'autrefois à laquelle il faut renoncer. Qu'on se représente les fameuses charges de Ney sur le plateau du mont Saint-Jean, et qu'on suppose les carrés anglais armés de fusils à répétition. L'intrépide maréchal n'aurait pas eu la peine de ramener jusqu'à cinq fois ses hommes sur le célèbre plateau. Avant d'arriver au contact de l'ennemi, ils auraient été anéantis par cet ouragan de fer, contre lequel toute bravoure est impuissante. C'est ce qui est arrivé dans la bataille du 1ᵉʳ septembre, devant Sedan, alors que des régiments entiers de cavalerie française sont venus se briser contre des bataillons d'infanterie prussienne, qui les ont reçus par un feu terrible de mousqueterie, sans avoir même jugé nécessaire de se former en carrés. Aujourd'hui la grosse cavalerie est bien décidément morte; il faut en prendre son parti, car rien ne ressemble moins aux brillantes luttes du moyen âge que ces combats modernes où l'individu s'efface et où la destruction se fait méthodiquement, scientifiquement, comme s'il s'agissait d'une entreprise industrielle.

On se demande presque ce qu'un Ney, un Murat, un Augereau feraient sur ces champs de bataille. C'est aujourd'hui la carte et le compas qui remportent les victoires, et le général en chef demande à ses subordonnés plus d'obéissance que de génie et moins d'enthousiasme que de précision.

Pour revenir à la cavalerie, si elle a perdu beaucoup de sa force offensive, elle a acquis en revanche une importance immense au point de vue défensif, et c'est sur l'emploi raisonné de la cavalerie légère que repose, en quelque sorte, toute la stratégie allemande.

Supérieurement montée, plus admirablement exercée, elle forme sous les dénominations variées de uhlans, hussards, etc., une véritable armée d'observation manœuvrant tout autour de l'armée de combat et exerçant autour d'elle la plus active surveillance. Bien différente de ses homologues des autres pays qui font, à l'occasion, le service d'éclaireurs, la cavalerie légère allemande est spécialement dressée en vue de ce service, dont la campagne actuelle a suffisamment démontré l'importance.

Car s'il y a un fait acquis à l'histoire, c'est l'impression produite sur les populations envahies par cette ubiquité du uhlan, qui semblait être partout à la fois. Le uhlan, comme le hussard, suit dans ses pérégrinations, si capricieuses en apparence, un plan logique et régulier. Lorsqu'il se montre dans quelque village, c'est qu'il y a quelque chose à faire. Il sait où il va et il porte jusqu'aux extrémités de l'armée la pensée souveraine du général en chef.

Les officiers de uhlans et de hussards, ainsi qu'un très-grand nombre de leurs sous-officiers et de leurs soldats, sont des hommes instruits, parlant bien le français, rompus à l'étude de la topographie, et parfaitement capables de renseigner le général sur tout ce qui peut intéresser l'armée. C'est donc une troupe d'élite dans l'acception la plus légitime du mot.

Il est inutile de s'étendre bien longuement sur les avantages de cette organisation qui a pour premier résultat d'élargir presque indéfiniment le cercle dans lequel rayonne l'influence de l'armée. A 20 lieues, à 30 lieues de distance, ces infatigables cavaliers imposent aux populations effrayées la volonté du général ; ils lèvent des réquisitions et on les livre ; ils donnent des ordres et on leur obéit ; ils suppriment toute velléité d'organiser une résistance locale ; ils empêchent les municipalités de s'entendre en vue d'une action commune. On dirait, et cette apparence est l'expression même de la vérité, que chaque uhlan porte avec lui toute la puissance de l'armée. Il entre seul dans une ville, et il s'y trouve immédiatement chez lui, par droit de conquête. Les habitants effrayés se taisent. Ce soldat est pour eux toute une légion. Ils ne savent de combien de camarades il est suivi ; ils redoutent des représailles et ils s'avouent vaincus. Que ferait de plus un corps de cinq mille hommes ?

Quand une armée est ainsi gardée, elle n'a plus à craindre de surprises, et elle peut, en toute sécurité, prolonger ses ailes sur un front de plusieurs lieues, résolvant ainsi le grand problème stratégique dont nous parlions au début de cet article : « Concilier avec la sûreté la plus complète la plus grande rapidité dans les mouvements. »

Ce fait de nombreuses troupes de cavalerie employées à battre le pays sur un rayon étendu nous paraît être la principale innovation de la stratégie allemande. Sous tous les autres rapports, elle s'est bornée à appliquer avec une rigueur parfaite des règles déjà connues et sanctionnées par une longue expérience ; car on ne peut ranger au nombre des choses nouvelles cette tendance à envelopper l'ennemi en le tournant par ses ailes : elle a été, avec plus ou moins de succès, l'idéal de tous les généraux anciens et modernes. Mais ce qui ne s'était jamais vu auparavant, c'est une cavalerie aussi considérable, aussi habilement dirigée, couvrant d'un réseau aussi serré une aussi vaste étendue de terrain, sachant en faire l'exploration méthodique, établissant enfin tout autour de l'armée une sorte de circulation qui draine pour elle toutes les ressources du pays envahi.

C'est dans cette vaste organisation que le génie du général de Moltke comme celui du général de Roon se sont manifestés d'une manière éclatante. L'on peut dire que, sans cette cavalerie, l'invasion de la France et surtout l'investissement de Paris seraient deux opérations impossibles. Elle a permis à l'armée allemande de faire cet immense trajet, sans courir un seul instant le danger d'être surprise, et sans avoir à craindre ni pour ses subsistances ni pour ses lignes d'opération.

Ce n'est pas là du reste le seul progrès que cette campagne ait fait faire à la science militaire. La tactique y a trouvé des enseignements aussi bien et plus encore peut-être que la stratégie. Il suffit, pour s'en convaincre, de mentionner l'emploi si nouveau et si intelligent qui a été fait de l'artillerie soit comme soutien de cavalerie, soit surtout comme agent principal de destruction au début du combat. Mais c'est là un terrain que nous devons laisser aux militaires de profession ; ces questions techniques paraîtraient avec raison déplacées dans les colonnes d'un journal politique. Notre but dans cette étude était uniquement d'attirer l'attention de nos lecteurs sur les quelques principes nouveaux dont il nous semble que la guerre actuelle a enrichi la science stratégique. Et puisque les militaires ont toujours eu un faible pour les formules, ces principes pourraient, croyons-nous, se résumer ainsi :

1° La marche de plusieurs armées sur un front étendu n'offre aucun inconvénient et présente au contraire de nombreux avantages, à la condition que tous les points de la ligne soient complétement et parfaitement gardés.

2° Ce service d'observation ne doit pas être confié au premier venu. Il doit être fait par un corps d'élite, un corps nombreux et préparé de longue main par une instruction spéciale.

3° La cavalerie légère est très-bien qualifiée pour fournir cette armée d'observation, et c'est le meilleur emploi qu'il soit possible de lui donner. Mais il faut pour cela qu'elle soit très-nombreuse et montée sur des chevaux d'une qualité supérieure.

Si nous ne nous trompons, ce sont là des vérités que l'on peut regarder comme définitivement acquises.

Ce ne sont pas, nous le répétons, les seuls enseignements que la science militaire aura à tirer de cette campagne de 1870, où le calcul et l'organisation ont été poussés jusqu'à leurs dernières limites et ont remporté un des triomphes les plus éclatants qu'aient jamais enregistrés les annales militaires. La bravoure, sans doute, était égale dans les deux camps, mais le courage incontesté du soldat français s'est trouvé impuissant devant cette habileté supérieure qui ne laisse rien au hasard et qui poursuit avec une inflexibilité mathématique des plans savamment conçus et longuement médités. Produit d'un siècle calculateur et nullement enclin à l'enthousiasme, la stratégie allemande demande peu de chose à l'inspiration du moment. Elle pense qu'un général, responsable des milliers d'existences qui lui sont confiées, ne doit pas les exposer sur la chance d'un coup de dés. Aussi ne veut-elle jouer qu'à coup sûr, et ses combinaisons, suivies avec une persévérance que rien ne lasse, s'accomplissant à jour fixe, avec une régularité presque incroyable, ont démontré que le génie militaire n'a rien à perdre en s'associant au travail et à la réflexion.

II

LA SITUATION

(Au 15 septembre.)

Des renseignements encore fort incomplets qui nous sont parvenus ces jours derniers sur la marche des armées allemandes, on peut conclure qu'à la suite de leurs victoires de Sedan, ces armées se sont dirigées sur Paris par six routes différentes convergeant vers cette capitale. Nous allons les indiquer brièvement.

Et d'abord trois routes partant de Reims :

1° Au Nord, par Laon, Chauny et Compiègne, pour déboucher au nord de Paris vers Senlis et St-Denis. L'armée qui suit cette direction, après s'être emparée de Laon, le 9 septembre, aurait laissé un corps d'occupation à Chauny pour coopérer, s'il y a lieu, au siége de Soissons. Les têtes de colonne de cette armée se trouvaient, aux dernières nouvelles, au nord-est de Compiègne aux villages de Carlepont et de Tracy-le-Val, à 75 kilomètres de Paris.

2° De Reims à Paris par Fismes, Soissons, Villers-Cotteret, Crespy et Dammartin. Cette route rejoint la précédente vers Gonesse au nord de Saint-Denis. L'armée qui suit cette direction doit laisser un corps suffisant pour masquer Soissons. Ses têtes de colonne ont été signalées à Crespy, à Nanteuil, au Plessis-Belleville, à 35 kilomètres environ de Paris.

3° De Reims ou Châlons à Paris par Château-Thierry et les rives de la Marne, pour atteindre l'enceinte de Paris du côté de l'Est. Cette route, ne présentant sur tout son trajet que des villes ouvertes, ne pouvait opposer aucun obstacle au passage de l'armée. Aussi les têtes de colonne sont-elles fort avancées sur cette ligne, s'il est vrai qu'elles aient atteint Meaux et Lagny, et qu'elles se trouvent ainsi à 20 kilomètres environ de Paris. On a signalé leurs éclaireurs jusqu'à Noisy-le-Sec, sous le canon du fort qui porte ce nom. Mais cette nouvelle demande encore confirmation.

Indépendamment de ces trois routes, dont le point de départ se trouve à Reims et à Châlons, on peut, d'après les indications du télégraphe français, en signaler trois autres plus au Sud, mais il est plus difficile de les jalonner nettement, en raison du petit nombre de renseignements qui sont transmis de Paris sur la marche des troupes dans cette direction.

4° De Châlons à Paris par Montmirail et Coulommiers, menaçant la capitale du côté de l'Est et devant aboutir au confluent de la Marne et de la Seine. Les têtes des colonnes allemandes sur cette direction ont été signalées à La Ferté-Gaucher et à Coulommiers. Elles seraient ainsi à 50 ou 55 kilomètres de Paris.

5° De Vitry-le-François à Paris par Sommesous, Sezanne, Courgivaux, Nangis-sur-Seine et Melun, abordant Paris par le Sud-Est, le long du chemin de

Paris à Lyon. C'est la présence de ce corps d'armée qui a motivé la destruction, sur ses derrières, des ponts de Montereau et de Moret, et l'interruption des communications directes de la Suisse et de Lyon avec Paris. Les têtes de colonne allemandes seraient sur cette ligne aux environs de Melun, à 36 kilomètres de Paris.

6° Enfin, de Nancy à Paris par Neufchâteau, Joinville, Chaumont, Troyes, Nogent-sur-Seine et Provins. Les têtes de colonne de cette armée se trouveraient à Nogent-sur-Seine et à Provins, à 65 kilomètres de Paris. Son projet paraît être de rejoindre l'armée précédente et d'investir Paris par le Sud-Est et la rive droite de la Seine.

Si l'on récapitule les données encore un peu conjecturales, nous le répétons, que nous venons de résumer ici, on verra que l'armée prussienne se propose d'aborder Paris en formant un vaste arc de cercle s'appuyant par sa droite à la Seine au nord de Saint-Denis, par sa gauche au même fleuve vers Corbeil, et coupant toutes les lignes de chemin de fer qui rayonnent autour de cette capitale dans les directions du Sud-Est, de l'Est et du Nord-Est.

C'est ce qu'on peut appeler la première phase de l'investissement, puisque la moitié des communications de Paris se trouveront ainsi interceptées.

Du reste, les lignes que nous venons de tracer ne doivent pas être prises dans un sens trop absolu. Ce sont plutôt des axes de direction que des routes, attendu que les forces allemandes, pouvant s'avancer sans crainte, en l'absence de toute armée tenant la campagne, ont dû naturellement utiliser les nombreux chemins de traverse intermédiaires entre ces artères principales.

Pour compléter ce tableau sommaire de la situation actuelle des armées allemandes, nous devons rappeler que des forces importantes sont encore en station devant Metz, maintenant le blocus de l'armée enfermée dans cette ville, tandis que des corps moins considérables sont employés à masquer et à canonner les forteresses de Strasbourg, Bitche, Phalsbourg, Toul, Verdun, Thionville et Montmédy.

La possession de ces places fortes, celle de Metz, de Strasbourg et de Toul en particulier, est à peu près indispensable à l'armée allemande pour commencer le siége régulier de Paris. Les énormes transports en matériel et en approvisionnements que suppose une entreprise de ce genre seraient singulièrement gênés par la présence, sur les derrières de l'armée, de villes fortifiées entre les mains de l'ennemi. En outre, une armée de siége a besoin de s'appuyer à de fortes places de dépôt qui sont pour elle ce que le cœur est à la circulation du sang, si l'on nous passe cette comparaison physiologique. Elles reçoivent et elles donnent, elles sont le régulateur et le distributeur. Elles servent d'intermédiaire entre le bivouac et la patrie, entre l'objectif de la campagne et la base d'opérations. Pour toutes ces raisons, il nous paraît probable que les opérations du siége de Paris ne commenceront sérieusement qu'après la prise de Metz et celle de Strasbourg. A ce point de vue, l'on peut dire que l'énergique résistance de ces deux villes concourt, à cent lieues de distance et d'une manière très-efficace, à la défense de Paris.

III

LA DÉFENSE DE PARIS

Le *Times* a publié, il y a plusieurs jours déjà, une lettre intéressante de M. Henry Conybeare relative à la puissance de résistance que peut offrir la place de Paris. Dans les circonstances présentes, aucun sujet ne saurait être plus actuel que celui-là. Aussi croyons-nous devoir reproduire ici le travail de M. Conybeare qui, du reste, comme on le verra plus loin, exagère un peu les avantages de la défense et atténue un peu trop, en revanche, ceux de l'attaque.

« Il y a dans cette question, dit M. Conybeare, deux choses à considérer : y aura-t-il une défense sérieuse ? Paris tiendra-t-il assez longtemps pour donner le temps d'organiser l'insurrection militaire de la France?
« On admet généralement que cette organisation fait des progrès prompts et marqués, et il est reconnu que les Français surpassent toutes les nations par leur aptitude pour s'organiser militairement avec rapidité.

Les écrivains prussiens eux-mêmes sont d'avis que six semaines d'exercice suffisent pour faire un soldat d'une recrue française, et il y a plus de trois semaines que la garde mobile et d'autres soldats de la nouvelle levée s'exercent cinq heures par jour. On constate que la nation entière s'arme, et que les levées atteindront bientôt le chiffre de trois millions d'hommes, dont les deux tiers peuvent être considérés comme utiles. On attribue au général de Moltke cette parole que, si Napoléon ne voyait pas le Rhin le 21 juillet, il ne le verrait jamais; le général Trochu pourrait dire à son tour que, si le roi Guillaume n'entre pas à Paris à la fin de septembre, il n'y entrera jamais.

« Les choses étant ainsi, il est certain que Paris sera sérieusement défendu. Dès l'instant où les Français sont convaincus que le sort de la France dépend du nombre de jours pendant lesquels on retiendra l'ennemi sous les murs de la capitale, la population ne reculera devant aucun sacrifice pour arriver au résultat désiré.

« En Angleterre, cependant, on fait à cela deux objections : D'abord, on dit que Paris est trop peuplé et que par conséquent il est trop facile de l'affamer; ensuite on croit que la population d'une capitale aussi splendide ne voudra jamais se résigner à un bombardement.

« Quant à la première objection, en accordant même que Paris ne soit pas approvisionné pour un mois de siége, on ne peut espérer de l'affamer avant de l'avoir investi, et le circuit du *cordon* des forts est trop considérable pour permettre un investissement complet avec les forces que les Prussiens peuvent avoir à leur disposition. L'enceinte de ce cordon dépasse 26 milles, et le cercle de feu défendu par les lourds canons de marine dont on arme ces ouvrages porterait la circonférence d'investissement jusqu'à 40 milles environ.

« Or, en face de 150,000 hommes occupant ce cercle de forts et possédant l'avantage de lignes intérieures de communications, les Prussiens ne pourraient diviser leurs forces pour intercepter les communications de la place sans s'exposer à de grands dangers.

« Les Français paraissent considérer l'ouest et le nord-ouest de l'enceinte extérieure comme trop forts pour qu'on les attaque ; ils supposent que l'effort se portera sur les portions de l'enceinte qui sont situées au Nord et à l'Est entre la Seine à Saint-Denis et la Marne, près de son confluent avec la Seine, immédiatement à l'est et au sud du bois de Vincennes.

« Cette portion constitue une ligne de défense d'environ 9 milles de long, défendue par huit ou neuf forts isolés, avec de nombreuses redoutes dans les intervalles, tous armés, dit-on, de canons rayés du plus fort calibre qui soit employé à la guerre, et comme cette ligne de forts est éloignée de la Bastille et du boulevard de Magenta de 4 à 5 milles, auxquels il faut ajouter la distance que commanderont encore leurs énormes canons, il est évident qu'aucune portion de Paris en dedans des dernières barrières ne pourra être bombardée d'une manière effective avant que la ligne extérieure des forts ne soit forcée.

« Et si les ouvrages en terre élevés à la hâte qui défendaient le côté sud de Sébastopol ont pu retenir les Français et les Anglais pendant douze mois, est-il téméraire de s'attendre à ce que les ouvrages bien plus forts qui protégent Paris occuperont les Prussiens la moitié du même nombre de semaines? et quelles seraient les pertes des Prussiens après six semaines d'assauts infructueux?

« A Sébastopol, on n'avait des deux côtés que des canons à âme lisse ; à Paris, les canons, des deux côtés, seront rayés, mais les forts français seront armés de canons de marine du plus fort calibre, quelques-uns sont de 400 à 500 livres, tandis que les canons prussiens de siége n'envoient qu'un projectile de 57 livres, avec une charge d'un dixième. En outre, avec des chemins de fer endommagés sur leurs derrières, combien de semaines faudra-t-il aux Prussiens pour mettre un parc de siége en position contre St-Denis.

« On me dit que, d'après « l'arithmétique des siéges, » tels qu'on les faisait avant l'introduction des canons rayés, des forts tels que ceux dont Paris est entouré, devraient tenir six semaines ; mais quel sera l'effet de l'emploi des canons actuels pour prolonger la durée de la défense? Voici les données que j'ai pu recueillir à ce sujet.

« L'Armstrong de 110 livres a une pénétration de 21 pieds 3 pouces dans les ouvrages de terre ; celui de 40 livres, de 14 pieds 11 pouces ; celui de 32, à âme lisse, de 9 pieds 3 pouces. Le capitaine Boileau tire de ces faits les conclusions suivantes :

« Pour faire brèche dans un ouvrage de terre, un petit nombre de canons rayés est beaucoup plus utile qu'un grand nombre de calibre moindre. Dès lors, comme on peut s'attendre à voir toutes les forteresses armées maintenant de canons rayés équivalant pour la puissance de destruction et l'exactitude du tir à l'Armstrong de 110 livres, on voit que les anciennes règles relatives à l'épaisseur et au relief des parapets ont cessé d'être en vigueur, et que le *minimum* d'épaisseur à donner à un parapet est de 25 pieds, avec un relief de 10 à 12.

« En outre, il ne peut plus être question de 600 mètres de distance pour la première parallèle, avec les batteries qui s'y trouvent habituellement établies; mais il faudra commencer à une distance beaucoup plus grande; le progrès de la sape et des approches sera ainsi beaucoup plus lent; l'espace défendu en avant de la forteresse sera considérablement réduit; un front beaucoup plus étendu sera couvert par le feu de son artillerie, et nécessitera l'occupation d'un plus grand espace de terrain que cela n'avait été jugé nécessaire jusqu'à présent; enfin il reste un fait des plus importants qu'il ne faut pas perdre de vue, c'est que les canons de l'assiégé seront de beaucoup plus fort calibre que ceux des assiégeants.

« Ces conclusions, fondées sur l'emploi de canons de 110 livres, s'appliquent *a fortiori* à l'emploi de canons de 400 et 500 livres. L'impatience que manifeste la *Gazette d'Augsbourg* à l'égard d'une prompte marche sur Paris, avant que l'armement des forts avec l'artillerie navale soit achevé, est fort naturel, et il est possible que ce qui a déterminé la pointe hardie d'une partie de l'armée prussienne vers Paris soit le désir de couper les voies ferrées qui unissent la capitale avec les grands arsenaux maritimes. Pareillement, il se peut que Mac-Mahon ait eu l'intention, dans sa marche, d'attirer l'armée prussienne vers le Nord pour donner à Paris le temps de compléter ses armements.

« Il est certainement possible que le ministre de la guerre français n'ait pas profité de tous ces avantages; il l'est plus encore que la défense soit paralysée par des conseils divisés et des jalousies. Mais si les hommes qui sont aujourd'hui au pouvoir pouvaient seulement rivaliser avec l'énergie et la persévérance de l'ancien comité de salut public, il n'y aurait pas à douter un instant du résultat final d'un siége de Paris par l'armée prussienne. »

On voit que l'opinion de M. Conybeare se fonde, en grande partie, sur le fait qu'une place de l'étendue de Paris ne saurait être investie d'une manière complète, c'est-à-dire entourée de toutes parts d'un cordon ininterrompu de troupes suffisantes pour résister, sur chaque point, à une sortie de la garnison, et pour empêcher toute communication entre la place et le dehors. Cette impossibilité est évidente. Personne n'a jamais songé et ne songera jamais à établir autour de Paris une ligne de circonvallation ou un blocus complet comme celui, par exemple, de la forteresse de Metz[1].

Mais cet investissement est-il absolument nécessaire pour un siége comme celui que les Allemands sont sur le point d'entreprendre? C'est ce qu'il resterait à démontrer. Qu'un semblable investissement soit indis-

[1] Nous supposions alors que les abords de Paris et les hauteurs qui dominent les forts seraient efficacement défendus. Cette prévision ne s'étant pas réalisée, il en est résulté que nous avons assisté à une opération militaire réputée jusqu'ici presque impossible: le blocus hermétique d'une ville de deux millions d'âmes par une armée à peine égale en nombre au chiffre *officiel* de la garnison. — *Mars 1871.*

pensable pour une petite ville, c'est possible. Mais il ne faut pas oublier que l'augmentation dans la densité de la population n'est pas proportionnelle à la circonférence de la ville, mais à sa surface, c'est-à-dire qu'elle croît avec le carré du rayon. Une ville de cent mille âmes n'a pas une enceinte dix fois plus grande qu'une ville de dix mille et *vice versâ*. Mais si elle n'est pas dix fois plus difficile à investir, elle est dix fois plus difficile à approvisionner, en sorte qu'une interruption même partielle et momentanée dans ses communications aura pour elle des conséquences infiniment plus graves que pour la première.

Avec leur énorme cavalerie, sans emploi dans les opérations régulières d'un siége, les Allemands peuvent, il nous semble, sans trop de peine, intercepter plus ou moins toutes les routes, menacer tous les convois, surveiller l'approche des renforts, remplacer, en un mot, par cette ligne de circonvallation mobile et intelligente, l'investissement proprement dit qu'il serait impossible de réaliser autour de Paris. Si l'on accorde ce point essentiel, les conclusions optimistes de M. Henry Conybeare s'en trouveraient, sinon écartées, tout au moins considérablement modifiées.

Nous avons encore quelques erreurs de détail à relever dans cette étude si intéressante à certains égards. Ainsi M. Henri Conybeare nous paraît exagérer les avantages de la défense, soit lorsqu'il évalue à six semaines le temps normal pour la résistance des forts de Paris, dans l'hypothèse d'un siége régulier, soit lorsqu'il estime que la première parallèle devrait être ouverte à une distance *beaucoup plus grande* que 600 mètres. En ce qui concerne ce dernier point, l'exemple du siége de Strasbourg prouve que la première parallèle peut encore, malgré les progrès de l'artillerie, être ouverte à la distance normale de 6 ou 700 mètres, et quant à la durée du siége, il ne faut pas oublier que les forts de Paris sont de simples ouvrages bastionnés, dont la résistance régulière n'a jamais été évaluée au delà de quinze jours ou trois semaines.

Nous croyons que M. Conybeare va trop loin également lorsqu'il prend 25 pieds pour le minimun d'épaisseur des parapets et 10 à 12 pieds comme minimum de leur relief. Nous ne saurions nous expliquer la raison de ce dernier chiffre, et quant au premier, s'il a été admis récemment dans les fortifications d'Anvers, ce n'était nullement comme un *minimum*, mais au contraire comme un *maximum*, et, si l'on peut employer cette expression dans un pareil sujet, comme une chose de luxe, motivée sur ce fait que l'abondance de la terre est toujours une circonstance très-avantageuse aux assiégés.

Enfin, nous ne comprenons pas en vertu de quelle donnée M. Conybeare évalue à 4 et 5 milles la distance des forts de l'Est à la place de la Bastille, alors que la colonne de Juillet n'est pas à plus de 6 kilomètres des forts de Nogent et de Rosny, les plus excentriques de tous dans cette direction. Or 4 et 5 milles anglais représenteraient une distance de 6 kilomètres et demi à 8 kilomètres.

Ce qui est vrai, et ce que les derniers événements semblent établir, c'est que la puissance militaire incontestable que l'armée prussienne doit à son organisation supérieure n'a pas paru, jusqu'ici, exercer une influence appréciable sur la durée d'un siége proprement dit. On a vu, en effet, depuis quelques semaines, non-seulement des places de premier ordre comme Strasbourg, mais encore de moindres forteresses comme Toul, Phalsbourg et Bitche résister avec succès à toutes les tentatives faites pour les contraindre à se rendre avant l'ouverture de la brèche. En sera-t-il de même de Paris, la plus grande et la mieux défendue des places fortes? C'est ce que nous saurons bientôt. Mais, en tous cas, il nous semble fort peu probable que les généraux allemands commettent, comme le croit M. Conybeare, la faute considérable d'exposer leurs troupes dans des tentatives aventureuses et dans des assauts d'une réussite impossible. Du moins, la prudence et l'habileté dont ils ont fait preuve dans la conduite de cette guerre n'autorisent à fonder aucune espérance sur de semblables éventualités.

IV

LES ALLEMANDS DEVANT PARIS

(8 octobre.)

En réunissant les divers renseignements qui nous sont parvenus de Tours et de Berlin, nous pouvons nous faire une idée au moins approximative des positions occupées en ce moment par les troupes allemandes sous les murs de Paris. Nous disons *en ce moment*, parce que ces indications sont d'une nature essentiellement mobile et temporaire et qu'elles peuvent varier à chaque instant, selon les nécessités de l'attaque ou suivant les mouvements de la défense. Néanmoins, il est assez probable que, dans leur ensemble, les positions actuelles ont un caractère définitif en ce sens que, pendant toute la durée du blocus, les différents corps ne s'éloigneront guère des lignes qu'ils ont aujourd'hui pour mission d'observer.

En admettant cette supposition comme une vérité, voici dans quelles conditions topographiques l'état-major allemand a réalisé cette entreprise, réputée impossible, de l'investissement de Paris.

Le quartier général du roi Guillaume, qui se trouvait jusqu'à ces derniers jours au château de Ferrières au sud de Lagny, vient d'être rapproché de l'enceinte de Paris et transféré à Versailles. Ce déplacement de l'Est à l'Ouest indique-t-il que, dans l'opinion des généraux prussiens, les évolutions de l'armée pour se rendre à ses positions d'investissement seraient complétement achevées, et que les opérations du siége proprement dit seraient à la veille d'être ouvertes? Nous l'ignorons. Mais comme il en résulte que Versailles est devenu le centre de cette nouvelle phase de la guerre, c'est aussi cette ville qui servira de point de départ à notre rapide description.

En avant de Versailles, sur la rive gauche de la Seine, et à une distance de l'enceinte continue de Paris variant de 4 à 6 kilomètres, se prolonge entre Saint-Cloud à gauche et Clamart à droite, une chaîne de collines formant, autour du coude de la Seine, un vaste cirque dont la concavité, tournée vers le nord, enveloppe, sur l'autre rive du fleuve, les villages de Boulogne et de Billancourt. Ces collines ne sont pas très-élevées. Leur hauteur au-dessus de la plaine varie de 260 à 450 pieds. Ce n'en est pas moins une position stratégique importante, car elle domine d'une part l'extrémité Sud-Est de l'enceinte continue, le bastion du Point-du-Jour, de l'autre les forts de la rive gauche, Issy, Vanves, Montrouge et Bicêtre. Elle permet en outre d'établir des batteries de gros calibre qui contrebattent le fort du mont Valérien situé à moins de six kilomètres de Saint-Cloud.

L'importance de cette position, au point de vue offensif, n'avait pas échappé aux généraux chargés de la défense de Paris, car sous le ministère du comte de

Palikao, comme sous le gouvernement de la défense nationale, des redoutes en terre à grand relief et fortement palissadées avaient été construites sur plusieurs points de cette ligne, entre autres à Montretout, à Saint-Cloud, à Sèvres, et à Clamart. Une autre redoute, élevée sur la rive droite à Billancourt, est également destinée à défendre les abords de Paris dans cette direction.

L'arrivée des troupes allemandes et le combat du 19 septembre ont fait tomber en leur possession ces ouvrages avancés qui ne paraissent pas avoir été l'occasion d'une défense bien sérieuse. Une redoute allemande couronne maintenant le parc de Saint-Cloud, au lieu dit la Lanterne de Démosthènes, tandis que l'on travaille activement à la construction de batteries sur toutes les hauteurs qui dominent la ville de Saint-Cloud. Ces batteries armées de canons Krupp sont destinées à répondre au feu du mont Valérien.

Un peu plus loin, à l'Est, du côté de Sèvres, une autre redoute a été élevée en face de celle de Billancourt.

Ces positions si importantes de Sèvres et de Saint-Cloud sont occupées par le 5me corps prussien (général Kirchbach), et le 59me régiment en particulier est campé dans les bois de Meudon et sur les hauteurs de Sèvres.

A leur droite, en face des forts d'Issy, de Vanves et de Montrouge, que renforcent des ouvrages en terre construits dans leurs intervalles, se trouvent en première et en seconde ligne, les deux corps d'armée bavarois, sous les généraux de Tann et Hartmann. Ils s'étendent de Clamart à leur gauche jusqu'à la Seine.

à Choisy-le-Roi. Leur gauche est renforcée par un ouvrage très-important, construit par les Français et enlevé par les Allemands dans la journée du 19 septembre. Cet ouvrage, la redoute de Moulin-la-Tour, s'élève sur la droite de la route de Bièvre à Châtillon, en un point culminant, à 420 pieds au-dessus de la plaine. Il était primitivement ouvert à la gorge du côté de Paris, mais les Allemands se sont empressés de le retourner contre la place, et d'y établir des batteries blindées, afin de mettre ce poste avancé à l'abri d'un retour offensif de l'assiégé.

En avant du front des Bavarois s'étend le village de Villejuif avec une redoute que les Allemands ont enlevée, puis abandonnée à cause de sa position exposée sous le canon du fort de Bicêtre. Il paraît qu'elle a été occupée de nouveau par les troupes françaises.

Les deux corps bavarois occupent les villages de Clamart, Plessis-Piquet, l'Hay, Chevilly, Thiais et Choisy-le-Roi, formant une ligne longue de 10 à 12 kilomètres, ayant son centre appuyé à la ville de Sceaux. Les hauteurs ainsi occupées ont une élévation moyenne de 150 à 170 pieds au-dessus de la plaine. Elles ont en face d'elles les forts d'Issy, de Vanves, de Montrouge, de Bicêtre et d'Ivry, renforcés, comme nous le disions tout à l'heure, par quelques ouvrages de campagne.

A l'est des Bavarois, dans le delta formé par la Seine et la Marne, se trouve le 6me corps (général de Tumpling), appartenant comme les précédents à la Ire armée que commande le prince royal de Prusse. Il a, en face de lui, le fort Charenton, les redoutes de Saint-Maur, et, en deuxième ligne, le donjon de Vincennes dont les hautes tours gothiques apparaissent au-dessus des rives boisées de la Marne, à une distance de 10 à 15 kilomètres.

A la droite du 6me corps et directement à l'est de Paris, se trouve le 11me corps d'armée wurtembergeois (général Obernitz), qui forme l'aile droite de l'armée du prince royal de Prusse. Il s'appuie à la Marne, vers Gournay et Noisy-le-Grand, et observe sur l'autre rive de cette rivière le fort de Nogent et les redoutes de Fontenay.

Au delà de la Marne commence l'armée du prince royal de Saxe, ou IIme armée, dont l'aile gauche est formée par le corps saxon (général prince Georges de Saxe) s'étendant de cette rivière au canal de l'Ourcq et observant tous les forts de l'Ouest, ceux de Nogent, de Rosny, de Noisy, avec les redoutes de Fontenay, de la Boissière et de Montreuil qui complètent de ce côté la défense extérieure de Paris. Ces troupes occupent les villages de Gagny, Montfermeil, Clichy, Livry et la forêt de Bondy.

A la droite des Saxons, et enveloppant dans une vaste ligne courbe les forts du nord-est de Paris, Noisy, Romainville, Aubervilliers, etc., s'étend la garde royale commandée par le prince Auguste de Wurtemberg. Elle intercepte les routes des Petits-Ponts, de Senlis, de Soissons et les chemins de fer de Paris à Reims et à Amiens. Les villages de Dugny, du Bourget, du Grand-Drancy sont occupés par les troupes de ce corps. Suivant les dépêches françaises, il aurait jeté sur son front, entre le Bourget et le fort de la Courneuve, quelques ouvrages en terre qui auraient dû être abandonnés. Mais les rares indications que nous possédons sur tous les faits de guerre dans cette direction sont trop vagues et trop incohérentes pour qu'il soit possible d'en tirer aucune induction sérieuse.

Au nord de St-Denis, et donnant la main par sa gauche à la garde royale, se trouve le 4me corps. Il complète l'investissement du côté du Nord, intercepte les chemins de fer d'Amiens et du Havre et enveloppe les forts du Nord et de la Briche, en avant de St-Denis.

Enfin, à l'ouest du 4me corps, et formant l'aile droite de l'armée du prince royal, se trouvent des troupes du 13me corps que commandait le grand-duc de Mecklembourg-Schwerin, appelé récemment aux fonctions de gouverneur de Reims. Son successeur n'est pas encore connu. Ces troupes, postées à Épinay, à Argenteuil, à Bezons, couvrent tous les ponts de la Seine. Elles se seraient même établies à Genevilliers, où elles auraient transformé à leur usage une redoute construite par les Français et abandonnée par eux. Cependant d'autres renseignements représentent les Français comme étant encore établis à Colombes, dans un ouvrage de campagne. Nous ignorons si cet ouvrage est le même dont nous parlons ici et qui aurait été occupé par les Allemands. Un pont de bateaux jeté sur la Seine près de Bougival fait communiquer le 13me corps avec le 5me, c'est-à-dire l'aile droite du prince royal de Saxe avec l'aile gauche du prince royal de Prusse, et complète ainsi le blocus de Paris.

Les troupes que nous venons d'énumérer sont celles qui sont en première ligne. Elles forment un effectif d'environ 270,000 hommes, auxquels il faut ajouter 40 ou 50,000 cavaliers et un nombre à peu près égal de troupes de réserve, ce qui porterait l'effectif total de l'armée réunie sous les murs de Paris à 350 ou 400,000 combattants, répartis en deux armées, se rejoignant par leurs ailes, l'une au sud, l'autre au nord de Paris.

Outre ces forces considérables, l'Allemagne possède encore en ce moment trois autres armées : la IIIme devant Metz, sous les ordres du prince Frédéric-Charles; la IVme en Alsace sous les ordres du général de Werder; enfin une Vme armée sous les ordres du général Vogel de Falkenstein, qui se mettrait en marche en ce moment pour entrer en France et servir de réserve à l'armée d'invasion.

Quant aux desseins militaires de l'état-major prussien devant Paris, il est impossible de les deviner. Peut-être se bornera-t-il à un simple blocus, en partant de cette opinion assez plausible qu'une ville de *deux millions d'âmes ne peut jamais être approvisionnée d'une manière suffisante* pour soutenir un siège de quelque durée. Mais si les opérations effectives devaient être entreprises, tout semble annoncer qu'elles auraient pour objectif la partie Sud-Ouest de l'enceinte de Paris, celle qui forme un angle aigu coupé par la Seine, en face des hauteurs de Sèvres et de St-Cloud. Cette partie de l'enceinte est en effet celle qui se prête le mieux soit à un bombardement à distance, soit à un siège régulier. C'est du reste sur ce point que les troupes allemandes paraissent se concentrer aujourd'hui, et les travaux de terrassement qu'elles y opèrent annoncent l'intention de s'y établir solidement.

« De toutes parts, écrit-on à la *Gazette de l'Allemagne du Nord*, les environs de Paris présentent le spectacle d'une merveilleuse activité. Le soldat pioche et fouille la terre avec l'énergie d'un légionnaire romain. Sur de longues lignes, on voit se développer jusqu'à trois ou quatre rangées de fossés de tirailleurs. Les villas qui se distinguaient la veille par leur aristocratique élégance, sont crénelées, blindées et converties en blockhaus. Sur tous les points s'élèvent des barricades à rendre jaloux M. Henri Rochefort. Tout cela s'exécute d'ailleurs d'après un plan général, où chaque partie de fortification est prévue jusque dans ses moindres détails. Il est facile de juger d'après cela à quel point était poussée chez l'état-major prussien la connaissance topographique des environs de Paris. C'est une ville militaire qui s'improvise tout autour de la capitale de la France, et il n'y manque rien, ni agriculteurs ni industriels; le soldat recueille avec soin les céréales épargnées par la dévastation, il les charge sur des chars, bat le blé dans la grange, et se sert avec succès des nombreux moulins à vent qui agitent leurs ailes sur les hauteurs des environs de Paris. On exploite les jardins maraîchers, on arrache les pommes de terre, et, dans ce moment, l'on est occupé aux vendanges qui donnent un excellent résultat. »

On voit par ce qui précède que les Allemands ne se contentent pas d'investir Paris, mais qu'ils s'organisent de manière à s'assurer contre toute surprise, contre toute attaque venue du dehors. Et, pendant que l'infanterie, sous la direction du génie, remue des montagnes de terre, la cavalerie, forte de 40 à 50,000 hommes, continue à battre le pays et à faire bonne garde tout autour de l'armée. C'est elle que l'on voit apparaître un jour à Pithiviers, à Malesherbes, aux portes mêmes d'Orléans, le lendemain à Fontainebleau, le surlendemain à Épernon, constamment en marche et s'arrêtant à peine un jour dans chaque localité. Lorsqu'on embrasse dans sa pensée l'ensemble d'une pareille organisation, on s'explique comment le blocus de Paris a pu être hermétique, et comment l'on a dû chercher dans les airs un chemin que ni lignes de circonvallation ni uhlans ne pouvaient intercepter.

Nos lecteurs connaissent maintenant d'une manière suffisamment exacte la nouvelle situation de l'échiquier stratégique. Il ne leur reste plus qu'à attendre avec nous les importants événements militaires qui doivent, avant qu'il soit peu, en être la conséquence, à moins qu'une heureuse inspiration ne vienne conjurer à temps les maux d'un pareil siége. Mais, depuis trois mois, les aspirations pacifiques ont été si souvent et si fatalement déçues que l'on se prend à douter de tout ce qui a une apparence favorable, et que l'on ose à peine entrevoir la fin de si grands malheurs.

V

QUESTIONS STRATÉGIQUES

Les deux articles que nous avons publiés sur un point important de la stratégie allemande en 1870 posaient quelques questions nouvelles sur lesquelles pouvait s'engager une discussion. Nous recevons à ce sujet d'une personne fort compétente en ces matières, les observations suivantes, que nous croyons devoir reproduire, en les faisant suivre de courtes réflexions :

« J'ai lu avec intérêt les deux articles que vous avez publiés sur *la stratégie allemande en 1870*. Ils exposent très-clairement les vues générales et scientifiques que leur auteur croit pouvoir déduire de la guerre actuelle. Sur l'organisation, la discipline, le service des approvisionnements, l'art de s'éclairer par la cavalerie légère, je me sens convaincu par ses arguments que l'art de la guerre a pratiquement fait un grand pas.

« Toutefois, lorsqu'il s'agit des choses militaires, il est bon de ne pas trop se hâter de conclure de faits récents à des théories ou à des principes nouveaux. En effet, tandis que, dans les arts de la paix, l'observation peut se faire sur une grande échelle, et que les expériences peuvent se répéter de manière à permettre à un esprit analytique de distinguer entre des causes complexes et entre des effets variés, ceux qui se rapportent essentiellement les uns aux autres; dans l'art militaire, au contraire, les guerres étant *heureusement* trop rares pour que des faits analogues puissent se présenter souvent, il arrive *malheureusement* trop fréquemment que les théoriciens se laissent aller à tirer de ces faits des conséquences erronées. Combien, par exemple, n'a-t-on pas écrit et dit, pendant le siége de Sébastopol, que les escarpes en maçonnerie n'avaient désormais plus de raison d'être, et que le tracé d'une place forte n'aurait plus à l'avenir aucune influence sur sa résistance? On méconnaissait ainsi la véritable cause de la longue résistance de cette place. La guerre actuelle donne à ces assertions un éclatant démenti.

« Eh bien! dans cette guerre de 1870, je vois bien des faits répétés qui montrent l'avantage inappréciable d'une nombreuse et excellente cavalerie légère, dressée au service d'éclaireurs; je vois tous les jours l'avantage d'une discipline sévère et d'une stricte subordination, de la connaissance de la topographie et de la possession de bonnes cartes, de l'abondance dans les transports et de la régularité dans la distribution des vivres et des munitions.

« Mais en est-il de même pour ce qui concerne la stratégie proprement dite? Pouvons-nous conclure des faits de cette guerre que les principes reconnus précédemment relativement à l'ordre de marche, à l'unité du commandement et au groupement des unités tactiques étaient faux, et que, moyennant divers perfectionnements introduits dans le mécanisme des armées, de nouveaux principes, tels que la *marche coordonnée*, sont à la veille d'être reconnus?

« Je désire au moins présenter sur ce point une simple observation : je crois que l'auteur s'est un peu hâté de conclure. — Avec lui je reconnais que le raisonnement plaide en faveur de la théorie nouvelle qu'il présente, que l'emploi tout récent en campagne des chemins de fer et des télégraphes vient atténuer et même détruire les inconvénients d'un morcellement apparent en aidant à le coordonner, enfin qu'aucun fait, dans cette guerre, n'est propre à infirmer la nouvelle théorie.

« Mais c'est là tout. Je ne vois dans l'expérience de cette année qu'une sanction négative. En revanche, si l'expérience avait été fâcheuse, elle eût été concluante.

« En effet, que s'est-il passé? Trois armées de 200,000 hommes ou deux armées de 250,000 hommes environ, très-supérieures par le commandement, l'organisation, la discipline, l'instruction, les approvisionnements, la cavalerie et l'art de tirer parti de celle-ci pour s'éclairer, ont très-complétement vaincu une armée de 150,000 hommes environ, très-inférieure sous tous les rapports. — Sans doute le fait s'est reproduit deux fois, sans doute si l'armée ennemie n'avait pas été appuyée à une forteresse de premier ordre, il est probable que le résultat aurait été la première fois, comme la seconde, une capitulation.

« Mais, *expérimentalement*, qu'est-ce qui nous prouve qu'il n'y a point de danger à morceler ses forces en deux ou trois armées, puisque, dans ce cas-ci, les forces totales de l'ennemi étaient inférieures à chacune des armées coordonnées, et qu'à valeur égale il aurait pu être battu par une seule de ces armées? Qu'est-ce qui nous prouve que le brillant résultat obtenu n'aurait pu l'être si les corps d'armée prussiens n'avaient formé qu'une seule armée de 5 à 600,000 hommes?

« Nous avons vu devant Metz les différentes armées prussiennes arriver successivement en ligne le 16 et le 18 août absolument comme si elles avaient fait partie d'une colonne unique, et quant à Sedan, il est probable que si la marche des armées allemandes s'était trouvée coordonnée en deux ou trois colonnes convergeant sur Châlons au lieu de se trouver sensiblement échelonnées sur une colonne unique, le mouvement de conversion convergente sur Sedan, lequel n'était pas prévu, aurait été moins facilement exécuté et moins bien réussi.

« Ah! si nous avions eu le spectacle de trois armées de 100,000 hommes chacune, battant une armée unique et d'égale valeur de 300,000 hommes, je verrais dans ce fait un commencement de preuve expérimentale, et j'y verrais enfin une preuve complète si ces trois armées avaient eu affaire à un effectif et à une organisation supérieurs du côté de l'ennemi.

« Je tiens à répéter que l'objection que je viens de formuler ne porte absolument que sur la stratégie. Je désire que l'on comprenne bien que, si j'ôte quelque chose à l'évidence expérimentale de sa supériorité, c'est que je restitue une plus forte part du succès à l'art de scruter les mouvements de l'ennemi, à l'organisation, à l'effectif surtout.

« A mes yeux, *la conduite de la guerre* de 1870 présente un caractère essentiel que n'a pas suffisamment relevé l'auteur des articles. On y a si bien perfectionné la qualité et la puissance de l'outil, qu'il devient difficile de distinguer à l'usage ce qui est dû à l'habileté de l'ouvrier, et ce qui est dû à l'excellence de l'instrument. On voit bien que l'ouvrier n'a pas fait de méprise, mais on ne sait pas si un autre ouvrier, avec une autre méthode et en face de plus grands obstacles, n'obtiendrait pas du même instrument des résultats aussi satisfaisants. En d'autres termes, le caractère sur lequel je voudrais insister consiste dans la prudence et la prévoyance en vertu desquelles le général, qui est la véritable âme de l'armée allemande, a su porter à un tel effectif son matériel et ses troupes de toutes armes, sans jamais y rien laisser à désirer sous le rapport de la qualité, que, dans chaque rencontre, la supériorité des hommes et des bouches à feu aurait dû suffire à lui assurer la victoire. Cette prudence est aussi un hommage rendu à l'armée qu'il avait à combattre, et il faut reconnaître que, malgré *toutes ses supériorités*, l'abondance de ses réserves et la rigoureuse exactitude dans l'exécution d'un plan parfaitement conçu, la victoire lui a été plus d'une fois chaudement disputée. »

L'objection de notre honorable contradicteur se résumerait ainsi : — « La marche coordonnée peut se soutenir *a priori* par des raisons théoriques. Mais il n'a pas été prouvé encore expérimentalement qu'elle fût aussi exempte de dangers que vous l'avez prétendu. Pour que cette preuve eût été faite, il aurait fallu que l'armée allemande eût été numériquement égale à celle qu'elle avait à combattre. Alors, mais alors seulement, vous pourriez affirmer que la marche coordonnée a obtenu la sanction décisive de l'expérience. Jusque-là, il faut suspendre son jugement. »

Nous reconnaissons avec notre correspondant qu'à ce point de vue particulier, l'expérience de la guerre de 1870 n'est pas absolument concluante. Elle n'a pas prouvé par un exemple décisif, historique, qu'une armée marchant suivant le système coordonné ne pouvait être battue par une armée égale ou même inférieure en nombre. Mais ce qu'elle a prouvé, et c'est sur ce point spécial qu'ont porté toutes nos observations, c'est qu'il est possible pratiquement de concilier la marche coordonnée avec *l'absolue impossibilité d'être surpris*. L'exemple de la guerre actuelle est, à cet égard, aussi concluant que possible. Comment en effet supposer qu'un ennemi, assez nombreux pour être dangereux, aurait pu, dans un moment quelconque de cette campagne, franchir sans être vu ce cercle formidable d'éclaireurs formé autour de l'armée par 60,000 cavaliers? Sous ce rapport, nous le répétons, la preuve a été faite. Le système a été vu à l'œuvre et il a été vu fonctionnant avec une régularité admirable.

Voilà ce que l'expérience a prouvé. Le reste est du ressort du raisonnement. Pourquoi recommandait-on la marche en colonne? C'était pour éviter d'être attaqué par un ennemi entreprenant sur un point quelconque de la ligne de marche. Il n'y avait pas d'autre motif, car chacun reconnaissait les inconvénients sans nombre de la marche profonde.

Que cette attaque imprévue fût en même temps trop vivement poussée pour permettre à l'armée de se concentrer : voilà tout le danger. En d'autres termes, c'est parce que l'on ne se sentait pas suffisamment gardé que l'on n'osait marcher sur un front étendu. Or, après la campagne de 1870, il ne sera plus permis d'ignorer par quels moyens une armée peut être gardée, et il nous semble que, si cette démonstration a été faite, la cause de la marche coordonnée est gagnée d'avance.

Il n'est plus possible de la rejeter pour des raisons de sécurité, les seules qui pussent engager un général à se priver de ses avantages.

Du reste, sauf sur une question accessoire, il nous semble que nous sommes d'accord avec notre honorable correspondant, puisqu'il est le premier à constater l'excellence de l'instrument créé par l'état-major prussien, et il reconnaîtra peut-être avec nous que le système de la marche en ligne de bataille, accélérant considérablement les mouvements de l'armée, n'a pas été étranger aux résultats militaires obtenus sous les murs de Sedan. Si l'armée allemande a franchi en trois jours une distance que Mac-Mahon avait mis cinq jours à parcourir, la cause de cette rapidité ne doit-elle pas être cherchée en grande partie dans cette absence d'encombrement qui résulte du système coordonné?

C'est là tout ce que nous avons voulu démontrer. Nous n'avons jamais prétendu qu'une armée marchant sur un front étendu ne pourrait être battue, si elle se gardait mal. Nous avons posé tout autrement les termes du problème en montrant comment une armée doit se garder lorsqu'elle veut marcher sur un front étendu. Or à nos yeux, et nous le croyons aussi aux yeux de notre correspondant, c'est là un des enseignements les plus instructifs que l'on puisse tirer de la mémorable campagne à laquelle nous venons d'assister.

VI

LES COMBATS AUTOUR DE PARIS

(Du 17 septembre au 11 octobre.)

I

On nous saura gré peut-être de résumer ici rapidement les principaux faits de guerre qui ont eu lieu devant Paris ou dans ses environs, depuis l'investissement de cette place, c'est-à-dire depuis le 16 ou le 17 septembre. Il est possible, en effet, qu'au milieu de nombreuses dépêches, souvent contradictoires, nos lecteurs aient eu quelque peine à s'orienter exactement, et qu'ils n'aient pas conservé une vue d'ensemble très-nette des événements. Ce travail rétrospectif a pour but de venir en aide à leur mémoire, et, à ce point de vue, peut-être ne sera-t-il pas sans intérêt.

C'est vers le 16 septembre que les têtes de colonne prussiennes ont apparu d'une manière presque simultanée dans les vallées de la Seine et de la Marne, décrivant dans leur marche un vaste arc de cercle, au nord, au nord-est, à l'est et au sud de Paris.

Dès ce jour, en effet, on les signalait en même temps à Senlis, où ils enlevaient un train de wagons, à Dammartin et au Plessis dans la direction du Nord et du Nord-Est, — au Sud, à Corbeil, Ablon et Juvisy, où ils coupaient les fils du télégraphe. Dès le lendemain, 17, la ligne d'Orléans était interceptée entre les stations d'Ablon et d'Athis-Mons, par une canonnade dirigée de la rive droite de la Seine, et, presque au même instant, un détachement avec 50 canons passait le fleuve à Choisy-le-Roi. L'arc de cercle dont nous venons de parler se développait autour de Paris et prolongeait son aile gauche dans la direction de l'Ouest.

Le 18, de fortes colonnes de troupes passaient la Seine à Villeneuve-Saint-Georges, tandis que d'autres détachements, suivant de l'Est à l'Ouest le cours du fleuve, traversaient les villes de Provins et de Nangis, et se dirigeaient sur Melun.

Le chemin du Havre fut coupé ce jour-là près de Conflans. Dès la veille, celui de Paris à Pontoise ne dépassait plus Saint-Denis.

Le lendemain, 19 septembre, eut lieu le premier combat important de cette nouvelle phase de la campagne. Des récits assez complets de cette affaire ont paru, soit dans le *Journal officiel* français, soit dans les journaux allemands. Nous nous bornerons à rappeler les faits, en les dégageant de tout ornement inutile.

Bien avant l'investissement de Paris, avant même que l'armée de Mac-Mahon eût capitulé à Sedan, le génie militaire français avait compris la nécessité d'occuper solidement les hauteurs de la rive gauche, en avant des forts d'Ivry, de Bicêtre, de Montrouge, de Vanves, d'Issy et du Mont-Valérien. Dans ce but, une ligne d'ouvrages avancés, en terre, mais d'une construction solide et d'assez vastes proportions, avaient été établis sur cette chaîne de collines. Les redoutes de Montretout et de Bellevue (près de Sèvres), de Moulin-la-Tour (près de Clamart), de Moulin-Saquet et des Hautes-Bruyères (près de Villejuif), formaient ainsi, en avant de l'enceinte des forts, un véritable camp retranché, devant tenir l'ennemi à distance et protéger d'une manière très-efficace les approches de Paris.

Malheureusement pour les assiégés, la plupart de ces ouvrages ne purent être terminés en temps utile; néanmoins, dans l'état où ils se trouvaient, ils offraient déjà les éléments d'une défense sérieuse. Aussi ne peut-on s'empêcher d'éprouver une certaine surprise en constatant avec quelle promptitude ils ont été abandonnés. Celui de Montretout, en particulier, ne paraît même pas avoir été défendu, et il est tombé aux mains de l'assiégeant sans que, ni du côté allemand ni du côté français, il ait été fait mention de cette prise de possession.

Quant à la redoute de Moulin-la-Tour, sa prise par les Allemands a été le résultat de la journée du 19 septembre. Revenons maintenant à notre récit.

Le 19 septembre, au matin, un corps de troupes qui, suivant les dépêches françaises, aurait été fort de trois régiments de ligne, de quelques bataillons de garde mobile et d'une batterie d'artillerie, mais que les récits allemands évaluent à 4 divisions, soit de 30 à 40 mille hommes environ, sortit de la ligne des forts, sous les ordres du général Vinoy. Il suivit la route qui conduit de Paris à Versailles, en passant entre les forts de Vanves et de Montrouge et en traversant le bourg de Châtillon. Ce corps ne tarda pas à rencontrer, en avant de Bièvres, le 47me régiment de ligne prussien qu'il attaqua immédiatement.

Malgré l'infériorité du nombre, les Prussiens firent bonne contenance; ils réussirent à se maintenir et même à ramener l'ennemi jusqu'au carrefour des routes de Versailles à Paris et à Choisy-le-Roi. Cependant, leur situation devenait critique lorsque des troupes du 2me corps bavarois, avec l'avant-garde du 6me corps prussien, arrivèrent à temps pour les appuyer. La présence de ces renforts changea la face des choses. Une partie des troupes de Vinoy, le 1er zouave, se mit en pleine déroute et compromit ainsi la retraite de l'armée française. Celle-ci se réfugia derrière la ligne des forts, sans s'arrêter pour défendre, ne fût-ce qu'un instant, la forte redoute de Moulin-la-Tour, située sur le bord de la route où s'opérait sa retraite. On se contenta d'enclouer les canons, et les Allemands entrèrent dans la redoute sans coup férir. Il est impossible d'expliquer, autrement que par une panique, cet abandon d'un ouvrage d'une importance aussi capitale, puisqu'il est situé, comme nous l'avons dit, sur un point culminant et qu'il couvre de ses feux la route de Paris à Versailles. La possession de cette redoute, qui aurait considérablement gêné leurs mouvements et qu'il leur aurait fallu enlever, au prix des plus grands sacrifices, a été pour les généraux allemands une bonne fortune tout à fait inespérée.

Dans cette malheureuse journée, les Français avaient laissé aux mains de l'ennemi, outre les sept canons de la redoute, un millier de prisonniers.

Le second résultat de cet engagement fut l'occupation de Versailles par les Allemands, qui y entrèrent à la suite de pourparlers avec l'autorité municipale et sans avoir eu à tirer un seul coup de fusil.

Le lendemain de cette importante journée, une dépêche du roi Guillaume annonçait que l'investissement total de Paris était désormais un fait accompli.

Les journées du 21 et du 22 n'amenèrent aucun fait de guerre digne d'être mentionné. Les Allemands continuaient leurs évolutions, et chaque corps, en arrivant en ligne, s'installait de son mieux dans les positions qui d'avance lui avaient été assignées. La pioche et la pelle commencèrent immédiatement leur œuvre, et des masses énormes de terre, remuées par des milliers de bras, transformèrent comme par miracle la physionomie des environs de Paris.

Un nouveau combat, dont l'issue paraît avoir été plutôt favorable aux assiégés, fut livré dans la journée du 23 septembre.

A 3 heures du matin, la division Maud'huy, débouchant entre les forts de Bicêtre et de Montrouge, attaqua les hauteurs de Villejuif et réussit à s'y maintenir, après avoir repris les redoutes de Moulin-Saquet et des Hautes-Bruyères, occupées par les Bavarois. Cependant les dépêches allemandes affirment que ces deux ouvrages, situés directement sous le canon des forts de Bicêtre et d'Ivry, n'avaient jamais été occupés par l'assiégeant, et qu'ainsi les Français n'avaient pas à les reprendre.

Quoi qu'il en soit, les récits français s'accordent à représenter cette journée du 23 septembre comme ayant été heureuse pour leurs armes. Ils vantent en particulier la solidité et l'ardeur dont les gardes mobiles ont fait preuve en cette occasion. Mais il est difficile d'accepter comme digne de foi le récit du *Moniteur* qui, en parlant de ce combat, évaluait à 30,000 hommes les pertes des Allemands. Le récit du *Journal officiel*, qui réduit ce chiffre à 8,000, nous paraît encore fort exagéré. Quant aux dépêches de source prussienne, elles n'accusent que des pertes tout à fait insignifiantes.

Entre ces récits contradictoires, nous laissons à nos lecteurs le soin de décider. Ce qui est certain, c'est que les Français ont continué à occuper le plateau de Villejuif et que les redoutes qu'ils y avaient construites sont aujourd'hui encore entre leurs mains.

Le même jour, un engagement qui ne semble pas avoir eu une très-grande importance fut livré, au nord de Saint-Denis, entre un détachement français et des troupes du 4me corps prussien. Le résultat en fut la retraite des Français et l'occupation de Pierrefitte par les Allemands.

Enfin, dans cette journée fertile en escarmouches, on signale encore deux engagements partiels, l'un à l'est de Saint-Denis vers Drancy et le Bourget, entre le contre-amiral Saisset et des troupes de la garde prussienne, l'autre près de Sèvres, entre les troupes allemandes et des chaloupes canonnières françaises qui remontaient le fleuve de Saint-Valérien à Billancourt.

Du 25 au 29, aucun fait de guerre important. De nombreuses dépêches datées de Blois, d'Orléans, de Fontainebleau, etc., etc., signalent la présence de détachements prussiens dans plusieurs directions autour de Paris. Mais ces mouvements de uhlans et de hussards sont des manœuvres d'éclaireurs et de fourrageurs et ne se relient à aucune opération sérieuse. Un instant cependant, le 27, le bruit courut à Orléans qu'un corps nombreux s'avançait sur cette ville ouverte, et le général qui y commandait crut devoir se retirer sur la rive gauche de la Loire pour ne pas compromettre inutilement sa petite armée. Mais ce n'était qu'une fausse alerte et les 25,000 Prussiens que l'on annonçait se trouvèrent être un parti de uhlans qui battaient la campagne.

Devant Paris tout se borna, de la part des Français, à quelques reconnaissances dirigées tantôt vers le Nord, tantôt vers l'Est et le Sud. Chez les Prussiens, ces journées furent employées en concentrations de troupes et en travaux de terrassement.

La journée du 30 fut plus agitée. Une nouvelle reconnaissance pareille à celle des 19 et 23 septembre, mais plus énergiquement conduite, fut dirigée sur le centre de la position occupée par les Bavarois, en avant de Villejuif.

On se rappelle que cette position forme une ligne oblique dont la gauche est à Sceaux, et dont l'aile droite s'appuie à la Seine à Choisy-le-Roi. La ville de Sceaux, les villages de Bourg-la-Reine, l'Hay, Chevilly, Thiais et Choisy, forment les nœuds de cette ligne qui coupe transversalement le plateau de Villejuif.

C'est sur le village de l'Hay, occupé par le 23me régiment prussien, que se porta la principale attaque des Français débouchant par Arcueil et Cachan, entre les forts de Montrouge et de Bicêtre. Le 23me, après avoir fait une brillante défense, allait être forcé de se mettre en retraite, lorsqu'il fut soutenu par deux bataillons du 7me régiment de la 9me division bavaroise, venant à son secours de Bourg-la-Reine. En même temps arrivaient du côté du Sud le 1er et le 2me bataillon du régiment d'infanterie de Breslau qui, en entendant la fusillade, s'était hâté d'accourir de ses positions de Belle-Épine et d'Orly.

Au moment où ces renforts arrivèrent, les Français avaient emporté la plus grande partie du village dont l'extrémité sud-ouest était seule restée au pouvoir du 23me. Refoulés à leur tour, les Français se barricadèrent dans la partie nord du village où ils firent une courageuse défense. Les barricades enlevées d'assaut, et le village repris par les Prussiens et les Bavarois, les Français se retranchèrent dans les fossés entre l'Hay et Villejuif, et firent de là un feu terrible dans l'espérance de retarder la marche de l'ennemi. Chassés de cette nouvelle position, ils se rallièrent quelques pas plus loin derrière une houblonnière et ne se retirèrent dans leurs redoutes avancées et derrière la ligne des forts qu'après avoir défendu pied à pied tout leur terrain.

En même temps que ces événements se passaient au village de l'Hay, une autre attaque était dirigée sur l'aile droite des Bavarois, vers Choisy-le-Roi, où les Français s'efforcèrent de détruire les ponts jetés sur la Seine par les Allemands. Mais cette tentative fut déjouée par l'énergique résistance des deux régiments préposés à leur garde.

En somme, cette journée fait honneur aux troupes qui y étaient engagées des deux côtés, et, la retraite des Français, opérée avec ordre et solidité, mérite en particulier les plus grands éloges. Sur ce champ de bataille, si énergiquement disputé, le général Guilhem est mort en brave, et les Allemands, bons appréciateurs du courage militaire, lui ont fait les funérailles d'un soldat. Cette sortie, qui a coûté aux Français 1200 hommes tués ou blessés et 500 prisonniers, était commandée, comme celle du 19 septembre, par le général Vinoy.

Elle avait pour but, à ce qu'il paraît, d'après des instructions écrites trouvées sur le général Guilhem, de s'emparer de la Belle-Épine, sur la route de Fontainebleau, et de l'observatoire établi sur ce point par les Allemands. Mais ce but eût-il été atteint, il est douteux qu'un corps d'armée eût réussi à se maintenir dans une position aussi aventurée, avec le danger presque certain d'être coupé à son tour, cerné et enveloppé par des forces supérieures.

Les dépêches de Tours annoncent que le même jour une reconnaissance fut poussée vers Bougival, sous les ordres du général Ducrot, mais qu'elle se retira sans avoir rencontré l'ennemi.

II

Le combat du 30 septembre est le dernier fait de guerre important qui ait eu lieu sous les murs de Paris. Dès lors, tout s'est borné à des reconnaissances, à des escarmouches de cavalerie et de francs-tireurs ou à des fusillades d'avant-postes. Nous ne parlons pas de la canonnade que les forts du Sud et de l'Ouest ne cessent de diriger nuit et jour sur les hauteurs de Sèvres, de Meudon et de Saint-Cloud, dans l'espoir d'empêcher les Allemands d'y établir leurs batteries. Jusqu'ici, nous n'avons pas appris qu'un seul coup de canon ait encore été tiré du côté allemand sur les forts détachés ou sur l'enceinte de Paris. Mais le moment n'est pas éloigné sans doute où ce duel d'artillerie commencera entre les canons Krupp et les pièces de marine de fort calibre qui arment les forts d'Issy, de Vanves, de Montrouge et du Mont-Valérien.

Les journées du 1er au 9 octobre ne présentent absolument rien d'intéressant, car on ne peut donner ce nom aux innombrables petites dépêches annonçant de toutes les villes ou villages du Loiret, de Seine-et-Oise, d'Eure-et-Loir, etc., que l'ennemi a été vu dans telle ou telle direction, qu'il a fait ici des réquisitions, là rencontré sur son chemin des francs-tireurs qui l'ont mis en déroute. Ce sont des détails qui peuvent avoir leur intérêt à titre de renseignements, mais qui sont sans importance au point de vue militaire.

Nous considérons comme absolument apocryphe la nouvelle donnée par le *Constitutionnel*, d'après le récit d'un courrier arrivé à Tours, d'un combat livré le 7 à Bougival par le général Ducrot et dans lequel les Prussiens auraient subi une défaite totale et auraient dû abandonner leurs positions. Les dépêches postérieures à cette date ne font aucune mention de cet incident qui, s'il avait eu lieu réellement, aurait pu exercer quelque influence sur la situation de Paris.

Nous le répétons, ces neuf jours ont été vides de toute action militaire importante ; quelques reconnaissances du côté de la place et quelques escarmouches sur les flancs et sur les derrières de l'armée de siége, c'est à cela que se réduit leur bulletin. Ils sont, au point de vue militaire, une saison morte employée exclusivement aux opérations du blocus.

A partir du 9 octobre cependant, la guerre extérieure paraît prendre tout à coup un caractère plus sérieux. L'arrivée de M. Gambetta à Tours a pour résultat de modifier la tactique employée jusqu'à ce jour. On semble renoncer aux marches et aux contre-marches inutiles; les bandes de partisans, gardes mobiles, francs-tireurs, etc., se concentrent dans les environs d'Orléans, de manière à former, avec un certain nombre de troupes de ligne, une véritable armée destinée à marcher au secours de Paris.

Ces mouvements n'échappent point aux généraux prussiens, et, dès le 9, des avant-gardes considérables sont signalées dans les environs d'Etampes.

Le 10 octobre au matin, la brigade française de Longuerue, qui occupait avec quelques compagnies de chasseurs le bourg d'Artenay, est attaquée par des troupes supérieures et chassée de ses positions. Promptement secourus par le général Reyau avec cinq régiments, quatre bataillons et une batterie de huit, les Français essaient bravement de reprendre Artenay; mais tous leurs efforts sont inutiles, et, vers deux heures de l'après-midi, les deux généraux sont obligés de chercher un refuge dans les bois entre Artenay et Orléans. 2,000 prisonniers et 3 canons sont tombés à la suite de cette affaire entre les mains des Allemands.

Ce combat d'avant-garde n'était, du reste, que le premier acte d'une nouvelle entreprise militaire dirigée par les généraux allemands contre l'armée de secours qui était, paraît-il, en voie de formation sur les bords de la Loire.

Le 11 octobre, au matin, le général von der Tann, avec le premier corps d'armée bavarois et la 22me division de cavalerie et d'infanterie attaquait, sous les murs d'Orléans, des troupes françaises dont nous ignorons le chiffre exact, mais qui, à en juger par la durée du combat, devaient être assez nombreuses. La résistance paraît avoir été opiniâtre, et les faubourgs d'Orléans, celui en particulier qui se trouve du côté de la gare du chemin de fer, ont dû être utilisés par les Français pour arrêter la marche de l'ennemi et protéger leur retraite. C'est ce qui explique l'expression employée dans une dépêche de Berlin d'après laquelle Orléans, ville ouverte, aurait été prise d'assaut. Selon toute apparence, un combat de rues s'est engagé entre l'arrière-garde française et l'avant-garde allemande, et l'incendie du faubourg a été, comme il arrive en pareil cas, la conséquence de cette lutte.

La prise d'Orléans et la retraite de l'armée française sur la rive gauche de la Loire ont été le résultat, important au point de vue stratégique, de cette campagne de deux jours. Il est probable maintenant, qu'à moins d'un retour offensif, toujours difficile à effectuer avec un fleuve perpendiculaire à la ligne d'opération, l'armée de la Loire ne sera plus un danger, au moins immédiat, pour les 300,000 hommes occupés au siége de Paris.

En outre, Orléans est le centre naturel d'un pays d'une fertilité admirable, et, au point de vue des approvisionnements de l'armée, la possession de cette ville est un avantage qui n'est pas à dédaigner. Il est possible aussi que la présence des troupes allemandes à Orléans entraîne comme conséquence l'évacuation de Tours par la délégation du gouvernement français, et sa retraite dans une ville moins exposée, à Toulouse ou à Bordeaux. Or, il est à peine nécessaire de faire remarquer que ce déplacement ne contribuera pas à donner à la direction politique et militaire de la France l'unité qui depuis trop longtemps lui fait défaut et sans laquelle il ne saurait y avoir de résistance efficace.

Il est vrai que la place de Paris représente à elle seule un élément de défense très-important, et que, dût-elle se vouer à un rôle purement passif, elle pourrait, pendant plusieurs semaines encore, tenir en échec les forces de l'ennemi. Que serait-ce, si, passant à l'offensive, elle voulait sérieusement employer les forces dont elle dispose pour briser le cercle vivant qui l'étreint depuis près d'un mois!

Mais ici, nous nous trouvons en présence d'un inconnu dont il est bien difficile de pénétrer les mystères. Si nous en croyons les chiffres donnés par le *Journal officiel*, proclamés par M. Gambetta lui-même avec quelques variantes, il y aurait en ce moment dans Paris près de 600,000 hommes complétement armés, résolus à mourir pour la défense de leur pays. Les forts seraient pourvus d'une nombreuse et admirable artillerie servie par les meilleurs pointeurs du monde. Le corps de place serait complétement et fortement armé. Les ressources en munitions dépasseraient de beaucoup les besoins. Enfin, Paris serait en ce moment un vaste camp retranché contenant la plus forte armée qu'ait jamais connue l'enceinte d'une forteresse.

Dans ces conditions, il est impossible de ne pas se demander en quoi le secours des départements est nécessaire pour sauver Paris, puisque l'immense ville, cernée en ce moment par 300,000 hommes de troupes répartis sur une circonférence de 70 kilomètres, est parfaitement en mesure de se sauver elle-même. Le premier tacticien venu dira que, si les chiffres donnés par M. Gambetta sont exacts, et si l'enthousiasme est tel qu'on nous le décrit, il n'y a pas de ligne de circonvallation qui puisse arrêter l'élan de ces 600,000 hommes débouchant le même jour, à la même heure, sur plusieurs points de l'enceinte, sous la protection de leurs forts et marchant droit devant eux, de manière à couper l'armée d'investissement en plusieurs tronçons et à la mettre dans la situation la plus critique.

Une sortie bien combinée suffirait, avec des forces aussi considérables, pour écraser un ennemi même supérieur en nombre à l'armée de siége actuellement devant Paris, et qui ne peut, sur chaque point donné, concentrer rapidement plus de soixante ou quatre-vingt mille hommes. Les Parisiens ont pour eux l'avantage d'une position centrale, qui leur permet de se porter rapidement sur toutes les parties de la circonférence. Ils sont en un mot dans des conditions de défense tout à fait exceptionnelles, bien qu'il leur manque, il faut bien le reconnaître, deux éléments de succès : une cavalerie nombreuse et une forte artillerie de campagne. Mais le nombre des hommes et l'appui des forts compensent suffisamment ce désavantage relatif.

Il n'y a donc ici que deux alternatives : — ou bien les hommes qui dirigent la défense de Paris ont un plan de campagne tout prêt qu'ils se proposent de mettre à exécution sans aucun retard, et dans ce cas, bien qu'ils aient laissé à leurs adversaires le temps de se fortifier dans leurs positions, ils ont encore une chance de délivrer Paris et de remporter au moins une victoire ; — ou bien leurs forces sont moins considérables qu'ils ne le prétendent, et tout leur plan pour l'avenir se borne à lancer, comme ils l'ont fait jusqu'ici de petites sorties sur tel ou tel point des lignes ennemies, pour se replier ensuite derrière les forts, et dans ce cas, mais dans ce cas seulement, la situation de Paris devrait être considérée comme très-gravement compromise.

Une sortie vigoureuse et générale par deux ou trois cent mille hommes à la fois, débouchant simultanément à l'ouest de Paris par le Mont-Valérien, et au sud par les intervalles des forts d'Issy, de Vanves, de Montrouge, de Bicêtre et d'Ivry, pour attaquer de front et par son flanc gauche l'armée du prince royal de Prusse, est une entreprise qui n'a rien de chimérique, et il nous paraît impossible que les généraux français n'y aient pas songé, s'ils ont réellement à leur disposition l'effectif considérable qu'ils accusent dans leurs déclarations officielles. Il est difficile de calculer l'effet que pourrait produire une pareille entreprise. Elle coûterait, il est vrai, beaucoup de monde, mais dans le cas où elle réussirait, ce qui n'a rien d'impossible, ses conséquences stratégiques seraient telles que le sang versé serait largement payé par les résultats obtenus. Peut-être, la préparation lente et laborieuse d'un pareil plan est-elle l'explication la plus plausible de l'inaction des 600,000 soldats qu'on nous dit être enfermés dans Paris.

En résumé, il y a là un problème que nous ne nous chargeons pas de résoudre, obligés que nous sommes de nous en tenir aux documents officiels; or, pour des motifs faciles à comprendre, ce ne sont peut-être pas les meilleurs guides à consulter pour apprécier la vérité d'une situation. Si les prévisions les moins favorables devaient se réaliser, le temps qui éclaircit toutes choses nous apprendra peut-être un jour les causes cachées qui, paralysant les forces de Paris, ont donné au monde ce singulier spectacle d'une ville de deux millions d'âmes cernée et tenue en échec pendant un mois par 300,000 soldats. Serait-ce que l'organisation, la discipline sont à elles seules la plus efficace de toutes les puissances? Nous serions tentés de le croire, et l'exemple de toute cette campagne n'est assurément pas fait pour contredire cette appréciation.

VII

LES TRAVAUX DE DÉFENSE DE PARIS

(Au 18 octobre.)

Nous avons, dans de précédents articles, entretenu nos lecteurs des travaux offensifs entrepris devant Paris par les troupes allemandes. A cette étude, fort incomplète d'ailleurs, par insuffisance de renseignements, il manquait un élément indispensable, la connaissance des travaux défensifs exécutés par les assiégés. Nous sommes aujourd'hui en mesure de combler, en partie du moins, cette lacune, d'après des informations qui nous sont transmises de Tours et qui sont empruntées au numéro du 18 octobre du *Journal officiel* de Paris.

Au début de la guerre, alors que l'état-major français, partageant les illusions exprimées dans le Corps législatif, ne rêvait que victoires, marches en avant et conquêtes faciles, personne en France ne songeait à l'éventualité redoutable d'un siége de Paris. On se rappelle quelle indignation souleva dans le sein de l'Assemblée une timide allusion à la possibilité d'un revers. Cette supposition outrageante pour la France fut presque considérée comme une trahison. Avec de pareilles dispositions, il n'était guère probable que l'on eût l'idée de renforcer les défenses de Paris. C'était en vérité la dernière chose dont on crût avoir à se préoccuper.

C'est au lendemain seulement des journées de Wœrth et de Forbach que l'on commença à entrevoir, mais d'une manière peu sérieuse encore, la possibilité d'une attaque directe sur la capitale. Le ministère, présidé par le comte de Palikao, fit entreprendre, sous la direction d'officiers du génie, un certain nombre de travaux de terrassement destinés à fermer la trouée du Mont-Valérien et à défendre, sur la rive gauche de la Seine, les hauteurs qui dominent les forts du Sud.

On sait en effet que l'enceinte extérieure de Paris présente deux points faibles, l'un du côté du Sud-Ouest, où les forts d'Issy et du Mont-Valérien laissent entre eux un intervalle de plus de sept kilomètres, espace dominé en arrière par les hauteurs de Saint-Cloud, de Sèvres, de Meudon et de Clamart et très-imparfaitement battu sur plusieurs de ses points par les forts dont il s'agit. L'autre trouée se trouve du côté du Nord-Ouest, entre le Mont-Valérien et les forts de Saint-Denis, qui en sont éloignés de plus de douze kilomètres. Il est vrai qu'elle offre moins de prise à l'assaillant que la précédente, en ce sens que l'espace imparfaitement battu ne contient aucune hauteur dangereuse pour la ville, dont il est d'ailleurs séparé par la Seine, pareille à un large fossé s'opposant aux travaux d'approche.

Néanmoins, les ingénieurs militaires français comprirent qu'il était urgent de combler cette double lacune et d'occuper en même temps par de solides travaux les hauteurs du Sud-Ouest dont certains calculs fondés sur les anciennes portées de l'artillerie avaient trop négligé le pouvoir offensif.

Nous savions déjà que des ouvrages considérables avaient été entrepris sur quatre points principaux, à Genevilliers (Nord-Ouest), à Montretout (Sud-Ouest), à Châtillon et à Villejuif (Sud). Nous savions aussi que quelques-uns de ces travaux étaient restés inachevés et étaient tombés, presque sans coup férir, aux mains des troupes allemandes.

Le *Journal officiel* nous apprend que le plan primitif comportait l'établissement, sur ces quatre points, de véritables forts permanents, en maçonnerie, capables de jouer un rôle sérieux dans la défense de la capitale. Mais soit que les travaux n'aient pas été poussés avec une grande vigueur par le ministère Palikao, soit que la capitulation de Sedan ait trompé toutes les prévisions du génie militaire, le temps manqua pour suivre jusqu'au bout le plan projeté. On renonça aux escarpes maçonnées et l'on se contenta de construire de solides redoutes en terre. Encore deux d'entre elles purent-elles seules être terminées en temps utile, celles des Hautes-Bruyères et de Moulin-Saquet, situées près de Villejuif, en avant du fort de Bicêtre. Les redoutes de Montretout et de Genevilliers étaient encore inachevées au moment de l'arrivée des Allemands, qui les occupèrent immédiatement, et il ne paraît pas qu'elles fussent armées ni qu'elles aient été défendues.

Il nous semble cependant que la position de Montretout valait bien la peine d'être disputée sérieusement à l'ennemi, et nous éprouvons quelque difficulté à comprendre qu'un intervalle de plus de six semaines entre le combat de Wœrth et l'investissement de Paris n'ait pas suffi pour achever des ouvrages d'une si grande valeur défensive. Ce n'étaient certes pas les bras qui faisaient défaut; mais peut-être la confiance où l'on vivait alors, que les Allemands n'oseraient pas se risquer sous les murs de Paris, a-t-elle eu pour effet de ne pas communiquer aux travaux de fortification une activité suffisante.

Quant à la redoute de Châtillon ou de Moulin-la-Tour, comme l'appellent les bulletins allemands, elle a été, comme on sait, occupée dans la journée du 19 septembre par les Bavarois, et, depuis cette époque, elle a cessé de faire partie de la défense pour revêtir, au contraire, un caractère éminemment et dangereusement offensif. On se rappelle, en effet, que cet ouvrage, situé sur un point culminant, en face des forts de Vanves et de Montrouge, couvrant de ses feux la route de Versailles et menaçant les débouchés de Bagneux, a été, immédiatement après son occupation, complété et transformé d'une simple redoute de campagne en un véritable fort maçonné et casematé.

A Genevilliers, la redoute construite pour protéger le coude de la Seine paraît avoir été momentanément occupée par l'assiégeant; mais nous ignorons les détails de cette occupation, qui, du reste, n'a pas été de longue durée, puisque la presqu'île de Genevilliers est aujourd'hui complétement évacuée par les troupes allemandes. Celles-ci se sont retirées sur la rive droite de la Seine, où elles observent les ponts d'Argenteuil, de Bezons et de Chatou.

Les deux redoutes de Moulin-Saquet et des Hautes-Bruyères, les seules qui fussent achevées au moment de l'investissement, sont aujourd'hui en complet état de défense, et elles sont encore au pouvoir des Français. Les troupes assiégeantes, qui les ont momentanément occupées, n'ont pu s'y établir, à cause des forts qui les commandent. Elles forment la base principale de l'offensive française du côté du Sud. Réunies entre elles, et avec le fort de Bicêtre, par des chemins couverts, elles permettent aux troupes des assiégés de se masser sans être aperçues, pour opérer des sorties; elles leur servent de points d'appui pour l'attaque et protégent leur retraite. Ces deux ouvrages ont d'autant plus de valeur pour les assiégés que la possession leur en est assurée, au moins aussi longtemps que le feu des forts de Bicêtre et d'Ivry n'aura pas été éteint par les batteries prussiennes. La proximité de ces forts exclut, en effet, toute possibilité d'occupation permanente par les troupes ennemies.

A côté de ces ouvrages considérables, la défense a encore exécuté, sur divers points de l'enceinte de Paris, un certain nombre de travaux de moindre valeur. Le bastion du Point-du-Jour, en particulier, qui forme du côté du Sud un angle aigu, dangereux pour la défense, a été renforcé, en avant, par deux redoutes en terre, situées au bord de la Seine, à Billancourt, et, en arrière, par des barricades donnant plusieurs étages de feux, en même temps qu'elles jouent le rôle de traverses et protégent cette partie de l'enceinte contre le tir d'enfilade.

Ailleurs, du côté du Nord, une batterie, construite près de Saint-Ouen, protége de ses feux la presqu'île de la Seine et contrebat les canons allemands postés entre Épinay et Argenteuil.

Enfin, deux nouvelles batteries ont été établies en arrière de l'enceinte, sur les hauteurs de Montmartre et sur les buttes Chaumont.

Il va de soi que les nombreux villages et hameaux, qui se trouvent placés dans la ligne des forts ou dans leur voisinage immédiat, ont été mis en état complet de défense au moyen de palissades, de fossés, de créneaux, de blindages, et de toutes les ressources dont le génie militaire dispose en pareilles circonstances. On nous signale comme ayant été particulièrement l'objet de précautions de ce genre les villages de Suresnes, Puteaux, Courbevoie, Anières, dans la presqu'île de la Seine; Villetanneuse, une partie de Pierrefitte, Stains, la Courneuve, autour de Saint-Denis; Fontenay-aux-Bois et Nogent-sur-Marne, entre les forts de l'Est, ainsi que le village de Joinville, servant de tête de pont, au col de la presqu'île de Saint-Maur.

Au Sud, les villages d'Issy, Vanves et Ivry en arrière de la ligne des forts, ceux de Vitry, Villejuif, Arcueil et Cachan, en avant de cette ligne, ont été fortifiés avec tout le soin possible; aussi est-il permis de dire que l'enceinte intérieure de Paris est protégée vers le Sud par une triple ligne extérieure, dont les rares trouées ne sauraient livrer passage à l'ennemi. Chacun de ces villages forme à lui seul une petite forteresse qu'il faudrait emporter d'assaut, sans aucune espérance de s'y maintenir, vu la proximité immédiate des forts. Aussi est-il fort peu probable que les généraux allemands fassent aucun effort pour s'en emparer.

Il est, selon nous, infiniment plus probable que leur action offensive, si elle a lieu, consistera dans le bombardement simultané des forts de Vanves, d'Issy et du Mont-Valérien, que leurs canons de gros calibre leur permettent d'atteindre à distance, à l'abri de leurs tranchées et de leurs batteries casematées. En effet, bien que nous ne sachions rien de certain sur les travaux exécutés ces derniers temps par l'armée allemande, il y a lieu de croire qu'elle n'est pas restée inactive, et que de vastes cheminements creusés en arrière de leurs lignes ont frayé la route aux énormes pièces de siége qui doivent être mises en batterie sur les hauteurs de Sèvres et de Saint-Cloud.

Puissent les négociations pacifiques aboutir à un bon résultat, avant que de ces gueules innombrables et terribles, démasquées pendant la nuit, jaillissent la plus effroyable tempête de fer et de feu que le monde ait jamais vu fondre sur une malheureuse ville. Si émouvant que puisse être le spectacle de ce duel d'artillerie entre les forts de Paris et les batteries allemandes, espérons que l'histoire des siéges célèbres n'aura pas à enregistrer cette nouvelle destruction.

Nos lecteurs auront peut-être remarqué que les localités dont parle le *Journal officiel*, comme ayant été mises en état de défense par les Français, sont précisément celles qui se trouvaient mentionnées dans la dépêche de M. Gambetta, qui annonçait une vaste et victorieuse sortie des assiégés sur tous les points de l'enceinte de Paris.

L'article du *Journal officiel* que nous avons sous les yeux ne nous apporterait-il pas le sens réel de cette dépêche, assez difficile à comprendre dans la forme qui lui avait été primitivement donnée?

Il suffit, en effet, de jeter un regard sur la carte pour reconnaître que la plupart des localités nommées par M. Gambetta se trouvent sous le feu des forts, quelques-unes en arrière de leur ligne, presque toutes dans une position qui rendait leur occupation, même momentanée, par les assiégeants absolument impossible. Les sorties victorieuses du 12 et du 13 août, signalées par les dépêches de Tours, ne pouvaient donc avoir pour objet de reprendre des villages qui n'ont jamais cessé d'être au pouvoir des Français. Mais peut-être étaient-elles destinées à pousser une reconnaissance offensive en avant de ces positions, ce qui serait tout à fait conforme à la logique de la défense.

Nous croyons que, depuis l'investissement de Paris, c'est-à-dire depuis le 19 septembre, les positions respectives des deux armées n'ont subi aucun changement appréciable, les Français se fortifiant sous le canon de leurs forts, tandis que les Allemands occupent la ligne des hauteurs et leurs versants opposés à Paris.

Leurs avant-postes sont cantonnés dans quelques villages avancés, qu'ils ont pour mission de défendre en cas d'attaque, pour laisser aux troupes en arrière le temps de s'armer et de se concentrer sur le point menacé. Il en résulte que toute sortie qui ne comptera pas un nombre d'hommes très-considérable sera infailliblement repoussée, sans profit pour les assiégés. Il en pourrait être autrement si, comme nous le disions dans un précédent article, une sortie d'ensemble, par deux ou trois cent mille hommes à la fois, avait lieu, dans le même instant, sur deux points de l'immense enceinte, par exemple vers l'Ouest et vers le Sud, contre les positions de Meudon et de Saint-Cloud. Une entreprise de ce genre, bien combinée et vigoureusement conduite, ne s'accomplirait évidemment pas sans des pertes très-sérieuses. Mais, en cas de succès, ces pertes, fussent-elles immenses, seraient largement compensées par l'importance du résultat.

VIII

LA REDDITION DE METZ

(27 octobre.)

La reddition de Metz dont le télégraphe vient de nous transmettre la nouvelle est, après la capitulation de Sedan, l'événement militaire le plus considérable de toute la campagne. Au point de vue stratégique, les résultats en sont immenses et ses conséquences politiques échappent à toute prévision.

Au premier moment, il peut sembler incompréhensible qu'une armée, forte à l'origine, d'environ 200,000 soldats et qui, au moment de la capitulation, comptait encore 130,000 hommes en état de porter les armes, appuyée à une place forte de premier ordre, commandée par d'habiles généraux, protégée par une inondation et des forts détachés, n'ait pu réussir à sortir du cercle où l'enfermaient 200,000 hommes seulement, répartis sur une ligne trop étendue pour être partout également inviolable. Une rivière, la Moselle, coupant du Sud au Nord le cercle d'investissement, ajoutait encore aux avantages de la défense, en lui permettant de porter à volonté toutes ses ressources et tout son effort sur l'une ou l'autre rive, sans que l'assiégeant pût prévoir à l'avance sur quel point il allait être attaqué. Il ne faut pas oublier, en effet, que la forteresse de Metz n'est autre chose qu'une double et formidable tête de pont entre deux camps retranchés formés par les hauteurs de la rive droite et de la rive gauche avec les forts qui les dominent. Ces forts eux-mêmes, armés d'une artillerie à longue portée, battaient au loin le pays, en avant de la place, tenaient les grand'gardes ennemies à distance, facilitaient les sorties et protégeaient les retraites.

Malgré de si grands avantages, et malgré la circonstance exceptionnellement favorable que la place de Metz avait été largement approvisionnée au début de la campagne, l'armée du maréchal Bazaine a dû capituler, après un blocus de plus de deux mois. Chose singulière, cet intervalle de deux mois représente, à peu de chose près, le temps qui aurait été nécessaire pour le siége régulier de la place de Metz dans des circonstances normales, c'est-à-dire dans le cas où la ville et les forts n'auraient eu pour les défendre que leur garnison. La présence de l'armée de Bazaine n'a donc ajouté aucune force nouvelle à la défense; elle n'a eu d'autre résultat que de transformer le siége en blocus. Il est même permis d'admettre qu'avec une simple garnison de 20 à 30,000 hommes occupant la forteresse et le camp retranché, la reddition de la place n'aurait pas eu lieu dans un temps aussi court, en supposant la résistance vigoureuse et la guerre souterraine menée avec habileté. Ainsi, la présence d'une armée aussi nombreuse a eu pour effet de neutraliser les fortifications de Metz et de déjouer les calculs des ingénieurs. Il est évident, en effet, que la durée du blocus n'aurait été ni plus ni moins longue, si, au lieu d'être le chef-d'œuvre de Cormontaigne, Metz n'avait été qu'une place de troisième ordre, entourée d'une enceinte bastionnée et protégée en avant par quelques travaux de terrassement. Ce fait, très-logique dans sa bizarrerie apparente, méritait d'être signalé.

Quant à l'impuissance où s'est trouvée, pendant ces deux mois, l'armée française de s'ouvrir un chemin à travers les lignes allemandes, elle peut d'autant plus nous frapper que cette armée était une véritable élite dans toute l'acception du mot et qu'elle a donné en mainte occasion des preuves non équivoques de sa solidité et de son courage. Elle avait à sa tête un général renommé par son habileté stratégique, et — si l'on excepte la faute grave, commise presque au début de la campagne, d'une retraite tardive et d'une marche de flanc en présence d'un ennemi supérieur en nombre, — le maréchal Bazaine a montré dans toute cette lutte le talent d'un général et la résolution d'un soldat. Seul peut-être, entre tous les officiers français, il a su maintenir dans son armée cet esprit de discipline que les souffrances et les ennuis d'un siége tendent toujours à compromettre, et les nombreuses actions dans lesquelles ses troupes ont été engagées ont toujours été conduites avec prudence et vigueur. On n'y a vu surgir aucune de ces paniques soudaines et irrésistibles qui sont un symptôme certain de la décomposition d'une armée. Tout annonce au contraire que, jusqu'au bout, la confiance est restée entière entre le chef et les soldats.

Le brillant courage que l'armée de Metz a déployé

dans les journées du 14, du 16 et du 18 août, à Borny, à Mars-la-Tour et à Gravelotte, en disputant à l'ennemi sa ligne de retraite, ce courage s'est retrouvé, moins héroïque en apparence, mais également méritoire, pendant toute la durée de ce long siége.

Une rapide énumération de ce qui a été fait par la défense pendant ces 87 jours de blocus sufära pour mettre cette vérité hors de toute contestation.

L'intervalle du 18 au 31 août a été employé à fortifier les positions restées au pouvoir des assiégés et à réorganiser l'armée. Aussitôt que ce travail préliminaire a été achevé, nous avons vu recommencer la lutte sous une forme très-redoutable pour l'assiégeant. D'incessantes sorties dirigées au Nord et au Sud, sur la rive gauche et sur la rive droite de la Moselle, variant d'importance et de vigueur, mais ayant pour résultat de tenir l'ennemi sur un perpétuel qui-vive, de l'obliger à un continuel effort de surveillance, ont prouvé que l'armée de Metz comprenait parfaitement ses avantages et qu'elle était résolue à en profiter.

Quelques-unes de ces sorties ont eu plus d'importance que les autres et méritent d'être particulièrement signalées.

La première et l'une des plus considérables a eu lieu le 31 août, le jour même où le maréchal Mac-Mahon voyait échouer ses plans aventureux et devait replier ses troupes sous les murs de Sedan. Averti du mouvement tenté pour le délivrer, Bazaine fit un effort énergique pour sortir de sa prison, ou tout au moins pour retenir devant Metz l'armée du prince Frédéric-Charles. Portant donc toutes ses troupes sur la rive droite de la Moselle, il attaqua près du village de Noisseville, le 1ᵉʳ corps d'armée prussien commandé par le général de Manteuffel et la quatrième division de landwehr (général Kummer). L'attaque fut vive, la résistance opiniâtre; le combat dura toute la journée et une partie de la nuit suivante. Les positions en avant de Noisseville, enlevées d'abord par les Français, furent reprises par les Prussiens, avec des pertes considérables de part et d'autre. Ce ne fut que le 1ᵉʳ septembre au matin que les Français, après plusieurs retours offensifs, furent définitivement rejetés sous les murs de Metz. Le combat finit à l'heure même où allait commencer près de Sedan une bataille bien plus terrible et bien autrement importante pour les destinées de la France.

Le 3 septembre, une nouvelle sortie fut tentée contre les mêmes corps et dans la même direction. Les Français marchèrent bravement, la garde en tête, à l'assaut des positions allemandes et ne furent repoussés que vers le soir, après avoir perdu quelques milliers de soldats. Les pertes des Prussiens abrités derrière des fortifications de campagne ne dépassèrent pas 700 hommes.

A partir de ces deux engagements jusqu'à la dernière semaine de septembre, les hostilités semblent suspendues de part et d'autre, en vertu d'une sorte d'accord tacite. Les avant-postes des deux armées n'échangent plus que de rares coups de fusil, et le canon des forts envoie seul quelques obus sur les positions élevées où les Allemands ont établi leurs observatoires ou leurs batteries. Ce fut pendant ces loisirs que les assiégés inventèrent pour leur usage la poste aérienne qui joue maintenant un si grand rôle dans le blocus de Paris. Le premier ballon lancé de Metz le 9 septembre fut trouvé à Bogsberg, sur territoire badois.

Le 26 septembre, la canonnade recommence sur toute la ligne : les forts de Queleu, de St-Julien, ceux de Plappeville et de St-Quentin dirigent sur tous les points à la fois un feu terrible contre les villages ou les fermes isolées occupées par les assiégeants. Cette recrudescence se rattache sans doute à la question de l'approvisionnement de Metz qui commence à devenir insuffisant.

Dès ce moment, en effet, les sorties tentées par l'armée assiégée paraissent avoir pour but de ravitailler la place, autant pour le moins que de fatiguer et de harceler l'ennemi.

Le 27 septembre, une vive attaque est dirigée par les Français du côté de Courcelles, pour enlever les approvisionnements considérables réunis dans cette localité. 10,000 hommes environ, avec de l'artillerie de campagne, débouchent à l'improviste des forts de la rive droite, s'avancent du côté de Peltre et marchent à l'assaut des positions de Mercy-le-Haut et d'Ars-Laquenexy. Le premier de ces villages fut un instant occupé par les Français, et ils y firent prisonniers un certain nombre de tirailleurs appartenant au 55me de ligne. Ils réussirent également à s'emparer d'un troupeau de bœufs et à le ramener avec eux dans la forteresse.

D'après une dépêche de Tours, une sortie victorieuse aurait été faite le même jour par la garde impériale sous les ordres du général Bourbaki, du côté de l'Ouest. Les Prussiens auraient été mis en fuite et repoussés jusqu'à Briey. Les dépêches allemandes ne font aucune mention de cet incident. Nous nous bornerons à constater que, si cette sortie a été effectuée, elle ne pouvait être commandée par le général Bourbaki, puisque cet officier avait quitté Metz le 24 septembre.

Le 28, dans la matinée, un nouveau mouvement eut lieu dans la direction du Sud, près de Magny, mais sans résultat. Le même jour le village de Frescaty fut incendié par des obus lancés du fort St-Quentin.

Du 29 au 30 septembre, les Français, pour faciliter leurs mouvements offensifs, jettent des ponts de bateaux sur la Moselle en aval de St-Julien et sous le canon de ce fort. Du côté du Sud, ils jettent également un pont près du fort St-Quentin, mais, placé dans un endroit exposé, ce pont ne tarde pas à être détruit par le feu des batteries prussiennes.

Le 1er octobre, petite sortie du côté de Woippy, entre Metz et Thionville.

Dans la nuit du 3, une sortie combinée a lieu sur trois points à la fois, au Nord, au Sud et à l'Est, mais les assiégés sont repoussés partout avec de grandes pertes.

A dater de ce moment, toute l'histoire du siége n'est qu'une longue série d'escarmouches plus ou moins sérieuses qui se succèdent presque sans interruption et dont le but invariable est de permettre aux Français de fourrager en avant de Metz et sous la protection de leurs forts. Ils sont efficacement secondés dans cette tactique par les tronçons de chemin de fer qui sont encore en leur possession et dont ils se servent pour faire avancer leurs troupes et ramener leur butin.

Mais l'épisode le plus important de cette partie du siége a été le combat livré le 7 octobre entre Woippy et Maizières, entre une colonne considérable de troupes françaises et la division Kummer de landwehr appuyée par le 10me corps prussien.

Les journaux allemands ont raconté, d'après le récit d'un témoin oculaire, cette brillante affaire dans laquelle la bravoure et la ténacité ont été égales de part et d'autre, et où la landwehr prussienne en particulier a fait preuve d'une vigueur admirable.

Le résultat de cet engagement a été, comme toujours, de grandes pertes subies par les deux armées sans résultat appréciable, et la retraite des Français dans leur camp retranché. Jamais peut-être leur audacieuse entreprise n'avait été plus près de réussir, puisque, dans leur élan, ils étaient parvenus à refouler la première ligne ennemie et à s'avancer sur la route de Metz à Maizières jusqu'aux hameaux des Grandes-Tapes et de Saint-Remy, à 6 kilomètres de la forteresse. Cependant, alors même qu'ils auraient forcé le passage, il est douteux qu'ils eussent réussi à s'échapper du côté de Thionville, les hauteurs de la rive gauche de la Moselle étant au pouvoir des assiégeants et garnies d'une nombreuse artillerie.

Cette sortie paraît avoir été la dernière qui ait été tentée par les assiégés, car on ne peut ajouter aucune créance à la dépêche publiée à Tours, sous toutes réserves, il est vrai, et d'après laquelle, à une date indéterminée, le maréchal Bazaine aurait écrasé vingt-six bataillons prussiens et deux régiments de cavalerie. Il est probable que l'origine de cette dépêche doit être cherchée dans les bruits qui ont couru, aux environs de Metz, sur la lutte engagée à Woippy, dans laquelle, comme nous venons de le dire, les troupes françaises ont obtenu, tout d'abord, un avantage assez marqué.

Le 21 octobre, nous trouvons le général Boyer au quartier général du roi Guillaume, traitant sans doute des conditions de la capitulation, et le 27, c'est-à-dire deux mois et neuf jours après son investissement, la forteresse de Metz, avec l'armée qui la défendait, était contrainte, malgré tant d'efforts et de courage, de capituler devant un ennemi qui ne peut être vaincu : la famine.

Il n'y a dans cette capitulation rien qui ne puisse être considéré comme parfaitement honorable pour l'armée du maréchal Bazaine. Ces braves soldats ont fait tout ce qu'il était en leur pouvoir de faire pour échapper à cette triste nécessité. Ils ont subi les privations d'un long siége; ils n'ont épargné ni leur peine, ni leur vie; le nombre de leurs morts et de leurs blessés prouve suffisamment que, s'ils ont succombé, ce n'est pas faute d'énergie, mais parce que leurs efforts sont venus se briser contre une résistance aussi opiniâtre que leur attaque était courageuse, résistance qui avait pour elle l'avantage d'une organisation supérieure.

Dans les derniers jours de l'investissement, la famine commençait à régner dans Metz, et les nombreux déserteurs qui se présentaient chaque jour aux avant-postes allemands étaient dans un état de maigreur et de faiblesse qui pouvaient faire prévoir une prochaine capitulation. On savait d'ailleurs que la plupart des batteries de campagne, sans lesquelles aucune sortie ne saurait être efficace, n'étaient plus attelées, les chevaux ayant servi à l'alimentation de l'armée. Dans de semblables conditions, la résistance n'était plus possible et la reddition de la place devenait inévitable.

Il est inutile d'insister maintenant sur les conséquences militaires de la capitulation de Metz. La possession d'une place forte de premier ordre, parfaitement intacte, située sur sa principale ligne d'opération, est déjà pour l'Allemagne un avantage d'une immense portée. Mais ce n'est là que le moindre côté de la question. Il ne faut pas oublier en effet que la résistance de Bazaine immobilisait en Lorraine une armée d'environ 200,000 hommes. Cette armée devient dès aujourd'hui disponible pour se porter vers le centre de la France, appuyer les armées de l'Est, de la Loire ou du Nord, ou venir, au besoin, renforcer le blocus de Paris. Il suffit d'indiquer de semblables éventualités pour faire comprendre même aux esprits les moins versés dans les questions militaires, l'importance immense de cet événement.

Les plans de défense de la France ont été jusqu'ici établis plus ou moins sur l'hypothèse d'une résistance presque indéfinie de Metz. La chute de cette forteresse, que l'on ne soupçonnait pas devoir être si prochaine, modifie profondément la situation et appelle de nouveaux conseils. Il serait puéril de nier qu'elle augmente considérablement la puissance offensive de l'Allemagne. Puisse-t-elle ne pas accroître en même temps ses exigences ! Il nous semble, — désintéressés que nous sommes dans ces graves questions, — qu'à une fortune si brillante, il ne manque plus aujourd'hui qu'une seule gloire, celle de la modération. C'est une vertu qui doit être facile à pratiquer lorsque toutes les exigences du patriotisme sont satisfaites et que l'on est si incontestablement victorieux.

IX

LE MARÉCHAL BAZAINE ET LA REDDITION DE METZ [1]

Le *Moniteur* (de Tours) publie, au sujet de la capitulation de Metz et des faits qui l'ont précédée, un long rapport signé de M. E. de Valcourt, officier attaché au grand quartier général de l'armée du Rhin. Ce document n'est pas précisément un compte rendu authentique, puisque son auteur n'avait point qualité pour présenter un rapport détaillé sur la conduite de son chef; mais sa publication au *Moniteur* lui a conféré après coup une sorte de caractère officiel, au moins au point de vue du gouvernement de la Défense nationale. Rédigé d'ailleurs par un témoin oculaire, il con-

---

[1] Cet article avait été préparé pour le *Journal de Genève*, mais diverses circonstances ont empêché qu'il ne fût publié en temps utile. Nous croyons bien faire de le rétablir ici, non dans l'intention de prendre parti pour ou contre le maréchal Bazaine, mais dans le seul intérêt de la vérité, et à titre de discussion théorique.

tient plusieurs détails inédits et de nombreux éclaircissements sur des points restés obscurs jusqu'ici faute d'informations suffisantes.

Il est évident toutefois que l'auteur de cet écrit est fort peu disposé à présenter la conduite du maréchal Bazaine sous son jour le plus favorable. Les inductions qu'il croit pouvoir tirer de certains faits ne sont pas toujours conformes à la stricte logique et plusieurs d'entre elles pourraient même donner lieu à des interprétations contraires. C'est un réquisitoire dans lequel on a admis d'emblée la culpabilité de l'accusé et où toutes les circonstances à sa charge sont soigneusement commentées. Nous ne prenons pas encore parti dans ce débat. Nous attendons que les personnes inculpées aient à leur tour soumis au public les raisons de leur conduite. C'est de la comparaison de l'attaque et de la défense que pourra sortir une appréciation définitive. Jusque-là tout jugement sur une cause très-obscure et imparfaitement instruite serait téméraire et prématuré.

Les principaux griefs allégués dans le récit de M. de Valcourt contre le maréchal Bazaine au point de vue militaire peuvent se résumer ainsi :

1° Son inaction pendant toute la journée du 17 août a permis aux Allemands de concentrer des forces considérables sur la route que devait suivre l'armée du Rhin et de lui fermer ainsi la retraite du côté de Paris.

2° La sortie du 31 août n'a point été poussée avec assez de vigueur ; si le mouvement heureusement commencé pendant le jour avait continué pendant la nuit, Bazaine aurait pu forcer les lignes d'investissement et opérer dès le 1er septembre au soir sa jonction avec Mac-Mahon.

3° Depuis cette sortie du 31 août, aucun mouvement sérieux n'a été tenté pour forcer la ligne du blocus.

4° Le rationnement de l'armée de Metz n'a été organisé qu'au dernier moment et d'une manière insuffisante.

Il est singulier que l'on ne trouve inscrit nulle part dans ce rapport le reproche capital que l'on peut adresser au maréchal Bazaine au point de vue stratégique. Nous voulons parler de cette malheureuse indécision dans le plan de campagne qui lui a fait opérer sa retraite deux jours trop tard, alors que l'ennemi était déjà en force autour de Metz, et que sa présence rendait tout mouvement rétrograde excessivement dangereux. C'est là à nos yeux la faute véritable qui a été commise dès le début de cette campagne, et ce qui s'est passé depuis n'a été que la conséquence logique et en quelque sorte fatale de cette première erreur.

Quant à l'inaction de l'armée française pendant la journée du 17, elle ne nous paraît pas aussi inexplicable que l'affirme l'auteur du rapport. Une fois le maréchal Bazaine averti que l'armée allemande avait passé la Moselle et se disposait à opérer sur son flanc gauche, il était assez naturel qu'il ne voulût pas courir l'aventure d'une marche de flanc en présence de forces aussi considérables, et qu'il préférât attendre la bataille dans les fortes positions qu'il occupait sur les hauteurs dominant Gravelotte. Dans le cas où l'issue de cette bataille lui aurait été favorable, il lui aurait été beaucoup plus facile que précédemment de se frayer un passage à travers les lignes d'un ennemi affaibli et vaincu. Le résultat n'a pas répondu à ses espérances, mais il n'est pas juste de blâmer un général parce qu'il a échoué dans un plan qui était après tout assez sagement conçu.

L'auteur du rapport ne nous paraît pas mieux inspiré lorsqu'il reproche au maréchal de n'avoir pas fait, à tout prix, une trouée dans la journée du 31 août, et lorsqu'il énumère les conséquences qu'un semblable mouvement pouvait avoir. D'abord, il est fort douteux, pour ne pas dire invraisemblable, que l'armée allemande, même enfoncée sur un point, fût restée tranquille spectatrice du départ du maréchal. Ses 200,000 hommes n'auraient pas assisté l'arme au pied à ce défilé, et il y a tout lieu de croire qu'une retraite dans de semblables conditions aurait été une opération des plus périlleuses. Mais, en mettant de côté toutes ces considérations, comment peut-on soutenir sérieusement qu'en sortant de Metz dans la nuit du 31 août, le maréchal aurait pu opérer dans la soirée du lendemain sa jonction avec Mac-Mahon, sous les murs de Sedan? Il suffit de jeter un regard sur la carte pour reconnaître l'absolue impossibilité de cette hypothèse. En effet, de Metz à Sedan la distance est, en ligne droite, de 111 kilom., soit environ 25 lieues. Comment cette distance aurait-elle pu être franchie en une seule journée? C'est ce que l'on oublie de nous apprendre, et nous sommes vraiment surpris de trouver de semblables affirmations dans un rapport militaire qui devrait mieux tenir compte de l'arithmétique.

En revanche, on peut s'étonner que l'intervalle du

18 au 31 août n'ait pas été mieux employé par l'armée enfermée dans Metz et que le maréchal Bazaine ait laissé aux assiégeants le temps de se fortifier dans leurs positions. Mais peut-être nous répondrait-il en alléguant l'état de fatigue de son armée après les terribles journées de Mars-la-Tour et de Gravelotte et la nécessité de la réorganiser avant de la ramener au combat. Il n'est pas moins vrai que ces douze jours d'inaction ont singulièrement renforcé la situation de l'armée d'investissement.

Si, plus tard, une sortie générale n'a pas été tentée, il faut peut-être l'attribuer à la certitude qu'avait le maréchal que ses troupes, une fois en rase campagne, se trouveraient à la merci d'une armée supérieure en nombre, supérieure en discipline, en artillerie et se verraient forcées de capituler faute d'une ligne de retraite et faute d'approvisionnements. Il est vrai que, pour la France, il aurait mieux valu capituler en rase campagne, puisque la forteresse de Metz n'aurait pas été entraînée dans le désastre de l'armée. Mais n'est-ce pas alors que le cri de trahison aurait retenti dans toute la France? Combien de voix ne se seraient pas élevées pour reprocher au maréchal son audacieuse imprudence? Combien de stratégistes d'occasion ne se serait-il pas trouvé pour lui enseigner qu'une armée placée dans un camp retranché ne doit pas renoncer à la protection des forts pour courir les aventures? Enfin, comment demander à un chef militaire d'aller de lui-même au-devant d'un désastre? N'est-il pas au moins excusable de faire entrer dans ses calculs l'œuvre du temps et l'éventualité d'être secouru? D'ailleurs, en tenant jusqu'au bout, Bazaine immobilisait devant

Metz une armée de 200,000 hommes, tandis que le siége de la forteresse n'aurait pas demandé plus de 40 ou 50,000 soldats. Il reste donc encore à prouver que le parti adopté par le maréchal n'a pas été en définitive le plus sage et le plus avantageux pour la France.

Le seul reproche vraiment sérieux que ce rapport articule contre le général en chef de l'armée du Rhin, c'est la négligence qu'il paraît avoir apportée dans le rationnement de ses troupes. Ici, nous ne saurions trouver aucune circonstance atténuante, à moins que l'on ne fasse valoir cette considération qu'un soldat bien nourri est plus apte à combattre et plus en état de lutter avec succès. Mais, dans tous les cas, s'il y a dans ce fait un signe d'incapacité et d'imprévoyance, nous ne saurions y voir encore une preuve de trahison.

Encore une fois, nous ne prenons pas parti pour ou contre les accusateurs du maréchal. Nous nous bornons pour le moment à passer les arguments à la filière d'une critique impartiale. Or ceux qui ont été allégués jusqu'ici, au point de vue purement militaire, contre la conduite du maréchal, ne nous semblent pas assez concluants pour justifier un verdict aussi grave et aussi déshonorant. Ce n'est pas d'aujourd'hui que les généraux malheureux à la guerre sont accusés d'avoir trahi. Mais il est rare que la justice de l'histoire ait confirmé ces jugements formulés dans la première colère de la défaite. Au moins vaut-il la peine de ne pas se prononcer à la légère et de ne pas flétrir aujourd'hui, sans preuves suffisantes, ceux que l'on devra peut-être réhabiliter demain.

X

LA PRESSE ALLEMANDE ET LE BOMBARDEMENT DE PARIS

(1 novembre.)

Si nous en croyons les renseignements qui nous arrivent d'Allemagne, la redoutable éventualité du bombardement de Paris serait à la veille de se réaliser, dans le cas où, malheureusement, les efforts des puissances neutres pour arriver à la conclusion d'un armistice n'aboutiraient à aucun résultat.

On ne peut s'empêcher d'être douloureusement et profondément ému en pensant aux dangers qu'un bombardement, général ou partiel, dût-il se borner aux forts extérieurs, peut faire courir à une ville de deux millions d'habitants. Les bombes et les obus sont des agents d'une destruction aveugle; partout où ils frappent, ils portent l'incendie et la ruine; ils atteignent le vieillard ou l'enfant inoffensif, aussi bien que le soldat dont le devoir est de donner et d'affronter la mort. Aussi n'est-ce pas sans une profonde émotion que l'on peut envisager l'idée d'un bombardement pro[chain] de Paris.

Cependant le temps s'écoule, les préparatifs s'achè[vent], et si, dans quelques jours d'ici, les conseils d[e] modération n'ont pas prévalu dans les deux camps, l[e] monde civilisé aura beau se voiler la face : il faudr[a] bien, bon gré mal gré, qu'il assiste à cette nouvell[e] scène d'un drame terrible dont, hélas! ce ne ser[a] peut-être pas encore le dénouement.

Si nous pouvions conserver encore quelques illusion[s] à cet égard, le langage de la presse allemande suffirai[t] pour les dissiper.

Tous les journaux de ce pays, presque sans excep[tion], déclarent que, « sans la prise de Paris, il n'y [a] pas de paix possible avec la France, qui se considèr[e] toujours, par une longue habitude, comme étroitemen[t] liée aux destinées de sa capitale. » Le *Staatsanzeige[r]* de Berlin, journal officiel, dit que le siége de Paris[,] avec toutes ses conséquences, est une nécessité inévi[table]. Il ajoute que « les calamités d'un tel siége n[e] seront point imputables à l'Allemagne, mais à ceu[x] qui ont voulu faire de Paris une forteresse et qui, au[jourd']hui, après que tous les éléments de la résistanc[e] nationale ont été successivement anéantis ou dispersés[,] s'obstinent encore à attendre, derrière les muraille[s] de cette ville, une victoire irréalisable. »

Il y aurait beaucoup à répondre à ce raisonnement[;] avant tout on pourrait objecter que ceux qui tiennen[t] la paix dans leurs mains sont au moins aussi respon-sables que ceux qui ne peuvent se résigner à un[e] transaction qu'ils regardent comme déshonorante pou[r] leur pays. Mais ce n'est pas de cela qu'il s'agit ici.

Nous n'avons à nous préoccuper que des faits mêmes de la guerre, car des paroles officielles que nous venons de transcrire, il résulte clairement que les généraux allemands ont le ferme dessein de poursuivre jusqu'au bout leur entreprise stratégique et de briser la résistance que leur oppose en ce moment l'enceinte fortifiée de Paris.

D'un autre côté, on lit dans ces mêmes journaux : « C'est bien vainement qu'on voudrait se bercer de ces illusions qui ont fait tant de mal à la France. D'après les calculs les plus favorables, Paris n'aurait pas pour plus de deux ou trois mois de vivres : or, la rupture de ses communications avec l'extérieur remontant au 18 septembre, nous voici déjà arrivés à la septième semaine de l'investissement. Jusqu'à la dernière heure, les nouvelles de Metz n'ont-elles pas représenté ses défenseurs comme vivant dans l'abondance? C'est bien là le jeu de toute garnison assiégée : faire croire à de nombreuses ressources, de manière à inspirer de la confiance aux défenseurs et peut-être à décourager l'assiégeant, dont le moral peut se trouver ébranlé par la longueur et la fatigue extrême inhérente à l'opération d'un blocus.

« Le moment n'en vient pas moins où ces ressources s'épuisent et où il faut compter avec la faim. Si pareille extrémité est redoutable pour une place de guerre comme Metz, que ne doit-on pas craindre dans le cas où elle viendrait à se produire à Paris, avec une population si condensée, si insouciante du danger, si accessible à toutes les impressions! »

De ces appréciations opposées dont nous ne sommes pas en mesure de contrôler la valeur, on devrait conclure. ce nous semble, à l'inutilité d'un bombardement. S'il était vrai, en effet, que la place de Paris fût condamnée à se rendre dans le délai de quelques semaines il serait au moins inutile de procéder à cette œuvre de destruction qui avancerait de quelques jours peut-être la reddition, mais au prix de quels sanglants sacrifices!

Telle n'est point cependant la conclusion des journaux allemands. Confiants dans la supériorité de leur artillerie, ils admettent comme une chose certaine que le bombardement commencera dans un terme peu éloigné. Sans accepter comme démontrée cette supposition, et sans vouloir rien préjuger sur les résolutions arrêtées au quartier général de Versailles, nous ne pouvons cependant nous refuser à l'admettre à titre de simple possibilité.

Ce qui est certain, d'après les renseignements que nous possédons à ce sujet, c'est que des batteries destinées à battre les forts de l'Ouest et du Sud couronnent en ce moment toutes les hauteurs au sud de Paris. En est-il de même du côté du Nord et de l'Est? C'est ce que nous ignorons encore, mais les journaux allemands ne semblent pas mettre en doute que le bombardement ne soit général et n'ait lieu simultanément sur tous les points de l'enceinte de Paris.

Voici en effet ce que dit à ce sujet le *Staatsanzeiger* de Berlin :

« La seule explication du retard mis à l'attaque de Paris se trouve dans l'impossibilité de faire marcher plus vite les travaux préparatoires du siége. Les calculs primitifs portaient sur cette hypothèse qu'un bombardement *partiel* aurait lieu dès que le matériel nécessaire pour cela serait arrivé. On admettait que cette opération suffirait pour agir sur l'esprit de la population parisienne, et, après la prise de Toul, on pensait disposer de voies de transport assez rapides pour amener promptement devant Paris le chiffre restreint de pièces de siége et la quantité de munitions nécessaire pour procéder à cette canonnade. Mais ce projet n'a pas prévalu au grand quartier général prussien, parce qu'il a été reconnu que le bombardement partiel ne serait pas un avertissement et une mise en demeure assez énergique à la population de Paris, chez laquelle il laisserait subsister la plus grande partie des illusions dont elle se nourrit. Dès lors on s'est mis en mesure de réunir les éléments beaucoup plus considérables d'une action générale d'artillerie, à l'efficacité de laquelle rien ne résistera longtemps, selon toute vraisemblance. Mais l'exécution de ces mesures, en raison des difficultés à vaincre, exige naturellement un temps beaucoup plus long que celui qui aurait été requis dans la première hypothèse. Ce délai ne doit être accueilli par aucune impatience, puisqu'il résulte de la force même des choses, et en tout cas il n'a pour cause aucune hésitation politique. »

Si ces informations sont exactes, c'est donc bien d'un bombardement général que Paris serait menacé dans un terme que nous ne pouvons préciser, mais qui ne serait plus fort éloigné.

Vers le Sud, les points qui paraissent les plus dangereux pour la place, et où le génie allemand semble avoir concentré ses efforts, sont, d'une part, le plateau de Garches à l'ouest de St-Cloud, où de nombreux travaux ont été exécutés, de l'autre, les hauteurs de Meudon et celles de Châtillon, où la redoute de Moulin-la-Tour a été mise, ainsi que nous l'avons dit ailleurs, en complet état de défense. De ces points élevés qui dominent le Mont-Valérien, il est possible de canonner avec des pièces de gros calibre les forts de l'Ouest et du Sud, et en particulier ceux d'Issy, de Vanves, de Montrouge et du Mont-Valérien. La redoute de Châtillon en particulier n'est qu'à 2,000 mètres du fort de Vanves, et elle a un commandement d'environ 80 mètres sur l'emplacement de ce dernier. Des hauteurs de Clamart, les circonstances sont à peu près aussi favorables pour le bombardement du fort d'Issy, et celui de Montrouge a les mêmes dangers à craindre des positions de Bagneux. Il est évident que l'enceinte des forts eût été étendue jusqu'à cette chaîne de collines si, à l'époque de leur construction, l'artillerie rayée eût été inventée.

Toutes les lettres venues de Paris témoignent, relativement à ces batteries, d'une illusion qui ne saurait être partagée par l'état-major chargé de la défense de cette place. Dans toutes les discussions théoriques qui ont eu lieu sur les avantages relatifs de l'attaque et de la défense, le génie militaire français a constamment soutenu, avec raison selon nous, cette idée qu'à moins de circonstances tout à fait défavorables, l'assiégeant pourrait toujours réussir à construire ses travaux d'attaque et ses tranchées, malgré le feu des assiégés. Il suffit pour cela de commencer les travaux à distance convenable, de les entreprendre la nuit et de se défiler avec soin. Aussi les ingénieurs militaires qui président à la défense de Paris ne sauraient-ils partager la confiance de ceux qui attribuent le silence gardé par les assiégeants à l'impossibilité d'établir leurs batteries. Il est probable que ces batteries s'exécutent, et qu'elles s'achèveront, non sans pertes sans doute, malgré le feu terrible dirigé contre elles, presque sans interruption, par le canon du Mont-Valérien.

Ce qui a retardé l'exécution de ces travaux, c'est d'abord la nécessité de convoyer en pays ennemi et par des chemins complétement défoncés, une lourde et nombreuse artillerie; c'est ensuite l'obligation de construire, dans des conditions assez solides, pour résister au feu des forts et de leurs gros canons de marine, les ouvrages destinés à recevoir les pièces de siége. Si l'on en croit une correspondance adressée de Versailles à un journal allemand, les parapets de ces ouvrages présenteraient, au moins sur les points les plus exposés, l'énorme épaisseur de trente à quarante pieds.

On a vu d'ailleurs, par l'exemple de Strasbourg, que les conditions actuelles de l'artillerie permettent, grâce à l'angle de chute des projectiles, de battre en brèche, sans les voir, les maçonneries d'une place de guerre, sans que l'assiégeant soit obligé, comme autrefois, à venir établir ses batteries de brèche sur la crête des chemins couverts. Il ne serait donc pas impossible qu'après avoir écrasé de ses boulets explosibles les forts de l'enceinte extérieure, l'artillerie allemande, dans le cas où elle aurait eu l'avantage dans ce duel à distance, n'entreprît de faire brèche au corps de place lui-même en rapprochant quelque peu ses batteries des remparts de Paris.

Telles sont les espérances que nous trouvons exprimées dans les journaux allemands, et nous ne pouvons nier qu'elles ne s'appuient sur de solides calculs. Toutefois, il ne faut pas oublier non plus que ces calculs peuvent être à chaque instant déjoués par un vigoureux effort de la défense, c'est-à-dire par une sortie qui réussirait non-seulement à replier les avant-postes prussiens, mais à percer leurs lignes et à pénétrer jusqu'aux travaux de terrassement qui s'exécutent en ce moment sur la crête des hauteurs. Une semblable entreprise serait sans doute très-difficile à exécuter ; elle ne s'accomplirait pas sans des pertes très-sérieuses, mais c'est, à notre avis, le seul moyen militaire qui reste au peuple de Paris pour éviter un bombardement dont tout annonce l'imminence.

Heureusement toute chance d'arriver à un arrangement pacifique n'est pas encore perdu ; car, des deux côtés, des hommes éminents font de généreux efforts pour épargner au monde le spectacle de ce terrible désastre.

Puissent les tristes probabilités que nous venons de résumer, rester à l'état de déductions théoriques et céder bientôt la place aux espérances si longtemps attendues de la paix !

XI

LA RUPTURE DES NÉGOCIATIONS

(8 novembre.)

Les espérances que nous avaient fait concevoir, en même temps qu'à toute l'Europe, la nouvelle du vote de Paris et les négociations engagées à Versailles, viennent d'être brusquement et bien tristement déçues. Au moment même où tout s'acheminait en apparence vers une solution pacifique, le rappel de M. Thiers et la rupture des négociations sont venus nous apprendre que nous nous étions félicités trop tôt.

Il nous semblait pourtant que ce mot d'armistice n'aurait pas dû être prononcé, avant que l'on fût tombé d'accord au moins sur les principaux articles. C'est vraiment une chose cruelle que d'avoir excité pendant quelques heures des espérances qui devaient être suivies d'une semblable déception. On ne peut se représenter, sans une émotion profonde, l'état de toutes ces familles qui viennent de passer coup sur coup par ces alternatives d'angoisse et de joie, pour retomber presque aussitôt dans l'inquiétude et le désespoir. S'il devait en être ainsi, mieux valait cent fois les laisser à leur tristesse et ne pas les leurrer de ces décevantes illusions. L'habitude émousse toutes choses, même la crainte du danger ; mais c'est à la condition qu'aucune lueur soudaine ne viendra varier sa monotonie ; car ce contraste est trop pénible pour la nature humaine, et ceux-là mêmes qui, la veille, semblaient le plus résignés à leur sort, sont les premiers à perdre courage lorsque, pendant une heure seulement, on leur a permis d'espérer.

Il nous est impossible de décider encore à qui appartient la responsabilité de cette rupture. Chacun sans doute s'efforcera de la rejeter sur l'adversaire, en l'accusant de prétentions exagérées et en vantant sa propre modération. Il n'en saurait être autrement ; car dans des discussions de ce genre, il est rare que le vainqueur trouve le vaincu assez humble et que celui-ci à son tour consente à s'incliner devant les exigences du vainqueur. C'est un procès sans issue que l'histoire instruira, mais sur lequel elle aura bien de la peine à formuler un jugement définitif.

Autant que nous en pouvons juger, d'après les rares informations que nous possédons au sujet de cette affaire, la question du ravitaillement de Paris aurait été la principale sinon la seule cause de la rupture des négociations. Mais cela même ne nous apprend pas grand'chose, puisque nous ignorons sur quel point précis portait le débat. Nous ne savons s'il s'agissait d'un ravitaillement général ou d'un approvisionnement limité et jour par jour de la place de Paris.

En jugeant la question au point de vue purement théorique, en dehors de tout motif d'humanité, et telle qu'elle se présenterait par exemple dans un conseil de guerre, il nous semble difficile qu'une place assiégée depuis un certain nombre de jours puisse réclamer le bénéfice d'un ravitaillement complet. Ce serait, en effet, faire perdre à l'assiégeant l'avantage qu'il a obtenu au prix de mille fatigues, pendant la durée de l'investissement ; ce serait sortir de cette condition du *statu quo* militaire qui sert de base à toute proposition d'armistice. Aussi, jusqu'à ce que le contraire nous ait été démontré, il ne nous semble pas probable que le gouvernement de Paris ait réclamé une situation aussi exceptionnelle et qu'il en ait fait la condition *sine qua non* de toute suspension d'armes.

Il est beaucoup plus vraisemblable, en revanche, que la condition posée a été celle du ravitaillement limité de la place, au jour le jour, et pendant la durée de l'armistice, en sorte qu'à la reprise des hostilités les deux partis se seraient retrouvés l'un en présence de l'autre exactement dans la même situation qu'au moment où la trêve aurait été conclue.

Cette façon de comprendre le ravitaillement d'une place est parfaitement conforme au principe du *statu quo* militaire, et si le gouvernement de Paris a borné là ses demandes, il avait pour lui à la fois la logique et la tradition. Rien ne s'opposait, dans la pratique, à ce qu'une quantité de farine déterminée et un certain nombre de têtes de bétail fussent introduits chaque jour dans la place, sous le contrôle des troupes allemandes. Dans le cas où une semblable proposition aurait été repoussée par l'assiégeant, il serait difficile de croire à un désir bien sincère de sa part d'arriver à la conclusion d'un armistice.

Il est juste cependant de reconnaître qu'une suspension d'armes de 28 jours était, de la part d'une armée victorieuse et campée sur le territoire ennemi, une concession très-importante. Dans le cas où, contre toute apparence, cet armistice n'aurait pas été suivi de la paix, chacun de ces vingt-huit jours aurait eu pour effet de renforcer la défense aux dépens de l'attaque. On comprend donc que l'état-major prussien, pénétré de la responsabilité qui pèse sur lui, ait cru pouvoir, sans manquer à la modération, se montrer circonspect et même sévère sur certains articles de la suspension d'armes. Et pourtant, il faut bien le dire, il y a des cas où une imprudence faite à propos est le comble de la sagesse et de l'habileté. Mais ce n'est pas à nous à intervenir dans cette discussion, car notre faible voix, dont le seul mérite est d'être impartiale et modérée, risquerait fort de passer inaperçue dans ce conflit d'intérêts rivaux et de passions nationales surexcitées.

Contentons-nous de faire des vœux pour que cette épouvantable lutte arrive bientôt à son terme. En vérité, elle n'a plus sa raison d'être, et chaque jour qui s'écoule ne fait qu'aggraver les misères et l'exaspération du vaincu sans rien ajouter à la gloire du vainqueur. Chacun en Europe, excepté peut-être les chefs des belligérants, sent que le moment est venu d'en finir, et de ne pas remplir la dernière moitié du XIXme siècle par une guerre d'extermination, indigne du temps où nous vivons, indigne des deux peuples civilisés qui s'entre-déchirent sans profit pour personne. Oui, il est temps d'en finir, avant que d'un pays, naguère heureux et riche, il ne reste plus que des ruines appelant d'éternelles et implacables vengeances. Une conquête, fût-elle plus importante encore que l'Alsace et la Lorraine, serait trop payée à ce prix. C'est la civilisation moderne qui demande grâce. Il nous semble impossible que sa voix ne soit point entendue, et que ce beau mot de paix, qui vient de retentir comme un cri de joie dans toute l'Europe, ne trouve pas un écho dans ces mystérieux conseils où s'agitent les destinées des nations.

# QUATRIÈME PARTIE

LA LOIRE ET LE NORD

1

LA SITUATION MILITAIRE

(Au 8 novembre.)

Au moment où la rupture des négociations va rendre aux opérations militaires toute leur activité, il ne sera pas sans intérêt de jeter un rapide coup d'œil sur les positions occupées par les belligérants. Cette étude, que nous ferons aussi courte que possible, permettra de suivre avec plus de certitude les événements qui vont remplir cette nouvelle phase de la campagne.

Si l'on prend la peine de marquer sur une carte de France tous les points qui se trouvent en ce moment aux mains des troupes allemandes, on verra que le territoire envahi figure assez exactement un gigantesque fer à cheval, dont la convexité s'appuie à la frontière du Nord. La branche occidentale, qui comprend Versailles et Paris, se termine à Orléans, tandis que la branche orientale, formée par l'armée du général de Werder, suit la vallée du Doubs et celle de la Saône, pour aboutir à Dijon.

Cet immense arc de cercle n'embrasse pas moins de

22 départements; il comprend 24 places fortes, dont dix sont investies (Bitche, Phalsbourg, Thionville, Sierck, Montmédy, Longuyon, Longwy, Mézières, Belfort et Neuf-Brisach), et onze sont déjà tombées au pouvoir de l'ennemi (Strasbourg, Schelestadt, la Petite-Pierre, Lichtenberg, Marsal, Toul, Metz, Verdun, Sedan, Laon et Soissons). Le développement total de la zone envahie est d'environ 850 kilomètres, soit un peu moins de 200 lieues; sa puissance, soit sa largeur moyenne, est de 75 à 100 kilomètres. Elle est traversée dans toute sa longueur par une grande ligne ferrée qui court de l'Est à l'Ouest, avec deux bifurcations, l'une vers l'Est et l'autre vers l'Ouest, et qui se continue vers le Sud par les chemins de fer du Rhin et de la Saône.

Si l'on cherche à déterminer quelles sont les positions principales ou les nœuds stratégiques de cette vaste ligne d'opérations, on trouvera à l'Est la place importante de Strasbourg, servant de point d'appui à l'armée qui s'avance vers le Sud. Metz, Toul et Nancy forment, au centre, un triangle qui protége les communications des armées de l'Ouest, leur ligne de retraite et leurs approvisionnements. Verdun à l'Ouest, Soissons et Laon vers le Nord-Ouest, remplissent un rôle analogue bien que moins important. Ces deux dernières villes, aujourd'hui au pouvoir des Allemands, sont comme deux sentinelles avancées qui surveillent l'ennemi et le tiennent à distance respectueuse.

Ces précautions ne sont pas superflues, si l'on songe à l'énorme développement des lignes d'opération allemandes et à la difficulté de les tenir constamment à l'abri contre les tentatives d'une population hostile.

Que ces lignes soient coupées pendant un ou deux jours seulement, même sur une courte distance, et l'existence de toute l'armée de l'Ouest est gravement compromise, toute sa force devient impuissante ; elle se meurt comme une plante dont on a rompu la tige et qui ne peut plus puiser dans le sol les sucs dont elle se nourrit. C'est là évidemment le point faible de cette immense conception stratégique, si heureusement conduite jusqu'ici par le génie du général de Moltke.

Malgré toute l'habileté des chefs, toute la bravoure des soldats, elle n'est pas à l'abri d'une surprise, et il pourrait suffire d'une attaque hardiment menée par une bande de francs-tireurs pour rendre singulièrement précaire la situation de l'armée de Paris. Il est à présumer cependant que cet état-major qui prévoit tout n'a pas fermé les yeux sur cette chance, si peu vraisemblable qu'elle puisse lui paraître; des magasins considérables et bien approvisionnés ont dû être établis à proximité de l'armée, à Melun par exemple, à Meaux et à Versailles. Mais ce n'est là qu'un palliatif, et, pour avoir été prévu, le danger que nous signalons n'en est pas moins réel.

Essayons maintenant de déterminer, d'après les renseignements un peu décousus que nous possédons, les frontières du territoire envahi.

Nous laissons de côté l'Alsace et la Lorraine, aujourd'hui complétement au pouvoir des Allemands, à l'exception des forteresses de Neuf-Brisach, Phalsbourg, Bitche, Belfort, Sierck et Thionville, qui sont du reste investies, et qui, selon toute vraisemblance, ne pourront résister à des opérations poussées avec vigueur.

Vers le Nord, l'invasion s'étend le long de la frontière du Luxembourg et de la Belgique, où surgissent encore, comme des îles au milieu d'un fleuve débordé, les forteresses de Longuyon, Longwy, Montmédy, Mézières, Rocroy, Givet, etc. La plupart d'entre elles sont bloquées, mais nous n'avons pas appris jusqu'ici que les opérations de siége proprement dites aient été nulle part commencées; sans doute on juge inutile de sacrifier de nouvelles vies pour des acquisitions qui, stratégiquement parlant, n'ont qu'une importance secondaire.

A partir de Mézières, la ligne extérieure d'invasion se dirige vers l'Ouest par Saint-Quentin, Montdidier et Gisors, ayant en seconde ligne Laon, Soissons, Compiègne et Senlis, et en troisième Reims, Épernay, Château-Thierry et Meaux. C'est autour de Paris que la puissance d'expansion de la zone envahie atteint son maximum, puisqu'elle s'étend au Nord jusqu'à Gisors, à l'Ouest jusqu'à Mantes, Dreux et Chartres, au Sud jusqu'à Châteaudun et Orléans. On sait que, sur ces derniers points, se trouve concentrée une armée de plus de 50,000 hommes, sous les ordres du général von der Tann, destinée à observer les forces françaises de la Loire et sans doute à opérer vers le Centre et le Midi. Dans une position symétrique à cette armée qui fait face vers le Sud, se trouve, descendant vers le Sud-Ouest, mais à 200 kilomètres de distance, l'armée du général de Werder, qui a poussé ses têtes de colonne au delà de Dijon, jusqu'à Nuits et jusqu'à Saint-Jean de Losne, tandis qu'une partie de ses troupes doivent tenir en échec l'armée française de l'Est, et masquer Belfort et Besançon.

La destination de ces deux armées, celle du général von der Tann et celle du général de Werder, n'est pas encore parfaitement déterminée. Cependant tout semble annoncer qu'elles ne tarderont pas à marcher en avant et à élargir le cercle d'investissement, aussitôt qu'elles auront été renforcées d'une partie des troupes rendues disponibles par la capitulation de Metz.

En effet, suivant des informations d'origine allemande, mais sans caractère officiel, l'armée de Metz, divisée en deux fractions distinctes, de trois corps chacune, l'une sous les ordres du général de Manteuffel (1er, 7me et 8me corps), l'autre sous les ordres du prince Frédéric-Charles (2me, 3me et 10me corps), serait destinée à opérer dans deux directions opposées. Le général de Manteuffel marcherait vers le Nord, en appuyant son aile gauche à la forteresse de Laon et en tournant autour de ce pivot, de manière à opérer comme une sorte de râteau le long de la frontière de Belgique, chassant devant lui tous les corps français qui se trouvent entre l'Escaut et le Pas-de-Calais. De son côté, le prince Frédéric-Charles devrait marcher directement vers le Sud, avec Troyes pour point central et venir donner la main aux deux armées d'Orléans et de Dijon, en comblant le vide qu'elles laissent entre elles, des bords de la Saône à ceux de la Loire. Ce plan de campagne n'a rien que de fort vraisemblable, et nous en avons eu tout récemment la confirmation dans la dépêche annonçant l'arrivée de la 9me brigade d'infanterie (IIme armée, 3me corps) à Brétenay (Haute-Marne), à 5 kilomètres au nord de Chaumont.

Cette nouvelle armée, qu'on pourrait appeler l'armée

du Centre, serait, une fois les jonctions opérées, forte d'environ 200,000 hommes. Elle opposerait ainsi une barrière infranchissable à toutes les tentatives qui pourraient être faites dans la direction du Midi pour marcher au secours de Paris. Ce serait l'investissement porté à sa plus haute puissance : Paris entouré et séparé de la France par deux cercles d'ennemis. La ville de Bourges et celle de Lyon seraient très-probablement l'objectif le plus immédiat de cette formidable armée. La première avec sa position centrale, avec ses vastes dépôts militaires, est en effet un point stratégique important. Quant au siége de Lyon, cette seconde capitale de la France, il est pour ainsi dire, imposé par les nécessités de l'invasion. L'occupation de cette ville par les troupes allemandes, si elles réussissaient à y entrer, aurait pour effet de paralyser la défense et de couper la France en deux tronçons absolument séparés l'un de l'autre, dans l'impossibilité de s'entendre pour une action commune.

Quant à une marche directe du prince Frédéric-Charles, vers le midi de la France et Marseille par la vallée du Rhône, bien qu'il en ait été question à plusieurs reprises, c'est là, à nos yeux, une éventualité peu probable, au moins pour le moment. Nous ne croyons pas en effet que l'état-major allemand ait l'intention d'étendre encore sa ligne d'opération déjà suffisamment développée ; à quoi d'ailleurs cela pourrait-il lui servir ?

L'invasion du Midi ne pourrait guère avoir lieu que dans le cas où Paris aurait succombé ; les forces qui l'investissent deviendraient alors disponibles et pourraient se porter en avant. Mais nous n'en sommes pas encore là.

Dans l'état actuel des choses, les têtes de colonne allemandes se trouvent d'une part sur la Loire et de l'autre sur la Saône, séparées seulement, comme nous le disions, par une distance d'environ 200 kilomètres.

Les avant-gardes du général de Werder auraient même déjà dépassé Dijon et se trouveraient soit près de Chagny, point de rencontre des lignes ferrées de Nevers et de Lyon, soit, d'après d'autres informations, à Saint-Jean de Losne, au point de jonction de la Saône et du canal de Bourgogne. Au surplus, ces deux indications peuvent être vraies simultanément, rien ne s'opposant à ce que la marche sur Lyon ait lieu, selon l'usage de l'état-major allemand, par deux et même trois routes convergentes. On annonce d'autre part que les francs-tireurs se concentrent le long de la Saône, en sorte qu'une lutte sérieuse pourrait, avant qu'il soit peu, s'engager dans cette direction.

Il nous resterait, pour compléter cet exposé, à indiquer sommairement les positions occupées par les troupes françaises. Mais ici les renseignements nous manquent pour rien préciser. Nous savons seulement qu'il existe maintenant, outre l'armée de Paris renfermée dans l'enceinte de cette ville, quatre ou cinq armées distinctes, mais sur l'effectif desquelles nous ne possédons aucune information certaine.

L'une d'elles, l'armée de la Loire, dont on évalue le chiffre à 100,000 hommes, sous les ordres du général d'Aurelle de Paladines, se trouve répartie au sud de ce fleuve, entre Tours et Bourges, probablement avec des détachements à Gien, à Sancerre et à Nevers.

La seconde armée, celle de l'Ouest, est encore en voie de formation sous les ordres de M. de Kératry. Elle aurait, si l'on en croit un renseignement donné par le *Daily News*, son quartier général à Conlie dans la Sarthe; elle serait destinée à protéger les ports du Nord et de l'Ouest et sans doute aussi à faire un vigoureux effort dans la direction de Paris.

La troisième armée, celle du Nord, a son quartier-général à Lille. Elle compte, nous dit-on, 80,000 hommes et se trouvait récemment placée sous les ordres d'un chef distingué, le général Bourbaki. Mais, à la suite de la capitulation de Metz, cet officier a dû donner sa démission devant les préventions très-probablement injustes dont il était l'objet. Il est regrettable que, dans un moment aussi critique, en présence d'un ennemi entreprenant, de semblables divisions soient venues compromettre la solidité de la défense. Nous craignons que la démission du général Bourbaki n'ait pas eu pour conséquence de renforcer l'armée dont le commandement lui avait été confié.

A l'Est, une armée nombreuse, où l'élément volontaire paraît tenir une assez large place, défend la vallée du Doubs et celle de la Saône contre les troupes du général de Beyer. Elle est placée sous les ordres des généraux Michel et Garibaldi, et elle semble avoir son quartier général à Dôle. Une lettre de Mâcon publiée par le *Salut Public* annonce, il est vrai, le passage récent du général Garibaldi dans cette ville, se dirigeant du côté de Chagny. Mais cette nouvelle est démentie par une dépêche de Berne. Nous ne sommes pas en mesure de décider de quel côté est la vérité.

Après avoir soutenu quelques petits engagements contre les troupes badoises, l'armée de l'Est était rentrée, depuis plus d'une semaine, dans une période d'inaction assez inexplicable pour des troupes placées sous un chef aussi brave et aussi entreprenant que le célèbre capitaine italien. Il est vrai d'ajouter que les correspondances adressées au *Movimento* de Gênes font un tableau peu flatteur des ressources en hommes et en munitions mises à sa disposition par le gouvernement de la défense nationale. Du reste, cette période d'inaction serait arrivée à son terme, s'il est vrai, comme l'annoncent des dépêches de Beaune et de Seurre publiées par les journaux de Lyon, que des francs-tireurs appartenant à l'armée de l'Est aient rencontré les troupes allemandes près de Brazey, et aient remporté sur elles un léger avantage. Mais ces nouvelles sont trop confuses pour qu'il soit possible d'en tirer aucune induction certaine.

Enfin une cinquième armée, dite armée de Lyon, se recrutant des gardes mobiles, des francs-tireurs et des volontaires du Midi, aura pour mission spéciale de protéger cette ville et d'arrêter l'ennemi dans sa marche vers le Sud. Mais nous ignorons encore quels sont ses chefs et quel chiffre de soldats elle peut mettre en ligne.

Telles sont, autant que nous pouvons le savoir, les forces en présence dans les deux camps. D'un côté près de 730,000 hommes, — dont 300,000 autour de Paris, 200,000 au sud de cette ville, 100,000 dans le Nord et 130,000 environ assurant les lignes de communication et occupant les forteresses, — armée compacte, commandée par un chef de génie, fortement organisée, pourvue d'une formidable artillerie, constituant en un mot le plus redoutable instrument de guerre que l'histoire ait connu depuis la fin du premier empire.

De l'autre côté (si l'on en excepte l'armée de Paris, qui offre dans une position excellente, une masse considérable, 4 ou 500,000 hommes environ), de l'autre côté, disons-nous, nous trouvons des forces numériquement égales, mais disséminées dans cinq directions différentes, dans l'impossibilité de concerter un plan d'ensemble, composées de soldats fort braves individuellement, mais dont la plupart sont novices au métier des armes, manquant de cohésion, de confiance en eux-mêmes et dans leurs chefs, presque privés d'artillerie de campagne. Au point de vue purement militaire, l'issue de la lutte ne peut guère être douteuse. Mais il ne faut pas oublier aussi que ces hommes imparfaitement armés combattent chez eux, pour leur pays, et qu'ils sont animés du plus ardent patriotisme. Il y a là des éléments de force morale dont il est impossible d'évaluer l'importance *a priori* et qui ont parfois déjoué les plus savants calculs.

Malgré tant de revers, la France ne paraît point découragée; elle persiste à espérer un triomphe final qui la dédommagerait de tous ses deuils et de toutes ses ruines. Une semblable conviction, une foi si profonde dans l'avenir, a souvent forcé la main à la fortune. Mais quand cette espérance devrait être encore une fois déçue, ce n'en est pas moins un sentiment généreux entre tous, et ceux-là même qui ne sauraient le partager ne refuseront pas à tant de courage l'hommage de leur respect.

II

LA SITUATION

(Au 28 novembre.)

Au moment où d'importants événements militaires paraissent sur le point de s'accomplir dans un rayon variant de 100 à 200 kilomètres autour de Paris, il ne sera pas sans avantage de résumer ici rapidement les renseignements sur la situation des armées qui nous sont fournis, soit par les dépêches télégraphiques, soit par les journaux français. On sait, du reste, qu'un décret émané de la délégation de Tours a interdit à ces journaux de publier aucune nouvelle pouvant instruire l'ennemi sur les mouvements des troupes françaises. On ne sera donc pas surpris si notre résumé présente de nombreuses lacunes en ce qui concerne les positions occupées par les Français et si nous en sommes réduits sur ce point à des conjectures.

Nous sommes mieux informés par les dépêches de Tours sur les évolutions des Allemands.

Nous savons, en particulier, qu'une armée, celle du grand-duc de Mecklembourg, que la *Gazette de France* évalue à 80,000 hommes, chiffre peut-être exagéré, exécute depuis plusieurs jours un mouvement tournant sur la gauche de l'armée française, en suivant la ligne qui va de Chartres au Mans par Nogent-le-Rotrou, tandis qu'une autre colonne suivrait une ligne parallèle à la première et située plus au nord, par Mortagne et Alençon.

Peut-être cette seconde opération n'a-t-elle d'autre but que de protéger la première, en menaçant le camp de Conlie où se trouve concentrée l'armée de l'Ouest, sous les ordres de M. de Kératry.

La première colonne, après avoir marché sur le Mans, paraît avoir changé subitement de direction à mi-chemin entre cette ville et Nogent-le-Rotrou et s'être rabattue sur la Loire, en suivant une ligne oblique aboutissant à la rive droite de cette rivière soit à Tours, soit à Blois.

De récentes dépêches nous annoncent en effet l'occupation successive des villes de Mamers, St-Cosme, St-Calais, Mondoubleau et Savigny, situées dans les départements de la Sarthe et de Loir-et-Cher, entre le Mans et Vendôme. Les environs de cette dernière ville seraient envahis en ce moment par des corps allemands marchant tous, à ce qu'il semble, dans la direction du Sud, c'est-à-dire cherchant à tourner l'aile gauche de l'armée de la Loire et à la couper de sa retraite sur Tours. Une avant-garde aurait même apparu, si l'on en croit une dépêche toute récente, à Château-Regnault, situé à 27 kilomètres de Tours, sur la route de cette ville à Vendôme.

L'armée dont nous venons de résumer à grands traits le mouvement apparent formerait l'aile droite de l'armée allemande de la Loire.

Au centre, c'est-à-dire vers Toury et Pithiviers, se trouverait le corps d'armée bavarois placé sous les ordres du général von der Tann, qui occupe cette position depuis le 9 novembre, c'est-à-dire depuis le jour où il a dû évacuer Orléans. Nous n'avons pas appris en effet qu'il ait fait aucun mouvement à partir de cette date, et la présence d'un corps allemand dans cette direction est suffisamment prouvée par les petits engagements d'avant-postes qui ont eu lieu ces derniers jours du côté de Neuville-les-Bois, directement au nord d'Orléans.

Enfin, l'aile gauche de l'armée allemande formée par les troupes du prince Frédéric-Charles venant de Troyes et de Sens par Montargis aurait exécuté, depuis peu de jours, une marche en avant et occupé les bourgs de Ladon, Beaune-la-Rollande et Mézières en Gatine.

Si, comme cela paraît probable, l'armée française de la Loire s'étend en ce moment le long de la rive droite du fleuve, ayant Orléans au centre, l'aile gauche à Blois, l'aile droite à Gien appuyée au canal de Briare et couverte par le canal d'Orléans, les deux armées formeraient deux arcs de cercle exactement concentriques et séparés par une zone de 35 kilomètres de largeur seulement sur une longueur de 120 kilomètres environ.

Dans de semblables conditions, il semble impossible qu'un engagement général n'ait pas lieu à bref délai sur toute cette ligne de la Loire, où les forces en présence doivent être sensiblement égales des deux côtés, chaque armée ayant un effectif qu'on peut évaluer approximativement à 150 ou 160,000 hommes.

Au nord de l'armée de la Loire, les dépêches de Tours signalent la présence de troupes allemandes du côté d'Évreux et dans la vallée de l'Eure. Elles ont probablement pour mission de protéger l'armée de la Loire et celle de Paris contre toute attaque venant du Nord-Ouest.

En même temps, l'armée du général de Gœben exécute une marche offensive dans la direction du Nord. Du côté français, on évalue ses forces à 70,000 hommes. Elle a rencontré, le 27, à quelques lieues au sud d'Amiens, l'armée française du Nord commandée par le général Faidherbe. Après une bataille de plusieurs heures, les forces françaises ont été rejetées sous les murs d'Amiens, et une dépêche de Rouen, confirmée par une dépêche de Versailles, nous apprend que la conséquence de cette affaire a été l'occupation d'Amiens par les Allemands, occupation qui paraît avoir eu lieu dans la journée du 28.

Quant à l'armée du général de Werder, elle est toujours établie à Dijon, avec des détachements importants à Montbéliard, sous les murs de Belfort et le long de la frontière suisse. Elle a en face d'elle, vers le Sud, les volontaires de Garibaldi qui, si l'on en croit une dépêche allemande, aurait tenté ces derniers jours, du côté de Pasques, un mouvement tournant, mais cette tentative aurait échoué.

Telle serait, autant que nous pouvons en juger par les renseignements un peu décousus qui nous sont transmis, la situation militaire au 28 novembre.

III

LA SORTIE DE PARIS

(29 et 30 novembre.)

Les dépêches de Tours et de Versailles arrivées récemment signalent une grande sortie faite par 100,000 hommes de la garnison de Paris sous les ordres des généraux Trochu et Ducrot. Il est inutile de faire ressortir l'importance de cet événement militaire dont l'issue nous est encore inconnue à l'heure où nous écrivons.

Les dépêches qui nous sont parvenues, d'accord sur tous les points principaux, se contredisent sur le résultat de cet engagement. Les Français annoncent qu'ils ont conservé les positions conquises par eux sur la rive gauche de la Marne, tandis que les Allemands prétendent que, dans la soirée, la sortie, victorieuse pendant quelques heures, aurait été repoussée sur toute la ligne.

De quelque côté que soit la vérité, il nous paraît sinon certain du moins extrêmement probable que les journées du 29 au 30 novembre n'ont amené aucun résultat décisif. Tout fait présumer que la bataille, interrompue par la nuit, a dû être reprise le lendemain, et que la journée du 1er, peut-être même celle du 2 décembre, ont dû être employées à une nouvelle lutte, dont le résultat ne tardera pas à nous être transmis par le télégraphe.

En attendant, nous allons essayer de résumer pour nos lecteurs les renseignements incomplets que nous possédons, en y joignant une courte description du champ de bataille.

On sait déjà que la journée du 29 novembre a été signalée par un effort énergique de l'armée française de la Loire pour forcer les lignes prussiennes du côté de Montargis, mais qu'elle a été arrêtée dans ce mouvement offensif par les troupes du 10me corps d'armée prussien concentrées aux environs de Beaune-la-Rollande.

Il est à peu près hors de doute que ce mouvement du Sud-Ouest au Nord-Est avait été concerté entre le gouvernement de Tours et celui de Paris, et qu'il faisait partie d'une vaste combinaison militaire dans laquelle la garnison de Paris et l'armée de la Loire devaient marcher à la rencontre l'une de l'autre, se frayer un chemin à travers la double ligne prussienne d'investissement, se donner la main aux environs de Fontainebleau et peut-être offrir, après leur réunion, la bataille à l'armée allemande.

Ce plan hardi, presque téméraire, si l'on songe aux difficultés à vaincre, a reçu, le 29, un commencement d'exécution. Le matin de ce jour, presque à la même heure, l'armée du général d'Aurelle de Paladines attaquait les avant-postes du prince Frédéric-Charles, tandis que le général Trochu, sortant de Paris du côté du Sud et de l'Est, marchait à l'assaut des positions occupées par le 6me corps et par les Wurtembergeois.

Cette grande sortie, la plus considérable que les troupes de Paris aient tentée depuis le commencement du blocus, a eu lieu simultanément à l'est des forts de Nogent et de Vincennes et au sud du fort de Charenton, dans le delta formé par le confluent de la Seine et de la Marne. Huit ponts jetés sur cette dernière rivière ont permis de porter rapidement sur la rive gauche les forces importantes employées à cette opération.

Cette rive sinueuse est bordée par une chaîne de collines, dont la hauteur, variant de 40 à 80 mètres au-dessus du niveau de la plaine, est sensiblement égale à celle des collines de la rive droite. Là se trouvent les villages de Créteil (déjà occupé par les Français), de Mesly, Bonneuil, Cœully, Ormesson, Chennevières, Champigny, Villiers, Brie-sur-Marne et Noisy-le-Grand, positions dont la garde avait été confiée dès le début du blocus au corps d'armée wurtembergeois. Il avait à sa gauche le 6me corps prussien à Choisy-le-Roi, l'Hay, Thiais, Chevilly, et à sa droite le 12me corps saxon, sur la rive opposée de la Marne.

C'est contre ces positions que se sont avancées, le 29, les troupes de sortie du général Trochu, en même temps qu'une démonstration était faite au Sud de Bicêtre et d'Ivry contre les villages de l'Hay et de Choisy, afin de contenir les troupes du 6me corps et de l'empêcher de se porter au secours des Wurtembergeois.

Le combat du 29 ne paraît pas avoir été mené d'une manière bien énergique du côté des Français, car ils n'y ont engagé que deux divisions. Il n'a eu sans doute d'autre but que d'écarter de la rivière les avant-postes allemands et de permettre aux troupes massées sous le fort de Vincennes d'effectuer leur passage sans être inquiétées.

La 1re brigade wurtembergeoise, attaquée à Cœully et à Villiers-sur-Marne par une division française, fut d'abord délogée de ces positions ; mais elle réussit à les reprendre dans la soirée, avec le concours de la 7me brigade appartenant au 6me corps prussien.

En même temps, au sud de Charenton, la position de Montmesly était emportée par le général Ducrot et reprise plus tard par les Wurtembergeois.

Des chaloupes canonnières sur la Seine et la Marne appuyaient de leur feu le mouvement des troupes françaises.

Ainsi se termina cette première journée, dont le résultat paraît être resté indécis, chacune des armées bivouaquant le soir sur les positions qu'elle occupait le matin.

La canonnade continua pendant toute la nuit. Vers 11 heures du matin, le général Ducrot, chargé des opérations au sud de Charenton, attaqua de nouveau la position de Montmesly. Il l'occupa un instant et dut ensuite l'évacuer devant un nouvel effort de l'ennemi.

Mais le gros de la bataille paraît s'être porté du côté de Champigny, Brie et Villiers-sur-Marne, qui furent enlevés par les Français sous les ordres du général Trochu.

Les Wurtembergeois furent secourus sur ce point

par des troupes du 12me corps, qui passèrent dans ce but de la rive droite à la rive gauche de la Marne. Ils reçurent, en outre, des renforts du 6me corps prussien, et, avec leur aide, ils réussirent, selon une dépêche de Versailles, confirmée par une dépêche du général Tumpling, à reprendre le soir les positions perdues et à repousser l'ennemi sur toute la ligne.

Cependant cette version est contredite par une dépêche de Tours, affirmant que les troupes françaises conservaient le soir les positions enlevées par elles.

Quoi qu'il en soit, il est facile de comprendre que les résultats de ces deux journées ne sont point en rapport avec l'importance de l'effort tenté par le général Trochu. Ce n'est pas pour occuper les villages de Villiers, de Brie et de Champigny qu'il a fait passer la Marne à une armée de 100,000 hommes, et les termes mêmes des proclamations par lesquelles les deux généraux ont annoncé leur départ à la population de Paris, prouvent qu'ils poursuivaient un but stratégique beaucoup plus sérieux. C'est ce qui résulte également d'une dépêche de Tours, signalant un succès remporté le 1er décembre par un corps de l'armée de la Loire, dans la direction de Patay. Il y est dit très-clairement que ce mouvement offensif se liait à un plan d'ensemble, dont la sortie du général Trochu était un élément essentiel.

Ce plan n'ayant pas encore abouti, nous pouvons nous attendre à une nouvelle tentative pour forcer le passage. Il est possible qu'elle ait eu lieu à l'heure où nous écrivons, et, s'il en est ainsi, le télégraphe ne tardera pas beaucoup à nous en signaler l'important résultat.

Nous devons ajouter, pour être complet, que le 29 plusieurs fausses sorties avaient lieu en même temps sur divers points de l'enceinte d'investissement, pour empêcher l'ennemi de se concentrer sur les positions menacées; le 30, enfin, un corps de troupes, dont nous ignorons l'importance, avait fait, sous les ordres de l'amiral La Roncière, une sortie vers le Nord, et occupé, à l'ouest de Saint-Denis, le village d'Épinay.

Tel est, en aussi peu de mots que possible, le bulletin de ces deux journées, qui ne seront, selon toute vraisemblance, que le prélude d'une action beaucoup plus importante et peut-être décisive.

IV

LA SITUATION

(Au 5 décembre.)

La multiplicité des dépêches qui nous parviennent, soit de Tours, soit de Berlin, les unes entièrement nouvelles, les autres se rapportant à des événements déjà connus qu'elles complètent, rectifient, augmentent d'épisodes inédits, a pour conséquence un peu d'obscurité et de confusion. Il faut, en effet, un certain degré d'attention pour retrouver sa route dans le détail de ces nombreux combats, où chacun des partis s'attribue la victoire.

Nous allons essayer, selon notre usage, de résumer pour nos lecteurs les événements de ces derniers jours, en soumettant à une rapide analyse les dépêches officielles que nous avons sous les yeux.

Bien que les opérations militaires sur la Loire et sur la Marne fissent, ainsi que nous l'avons dit déjà, partie d'un même plan de campagne conçu dans le but de délivrer Paris, il convient cependant, pour plus de clarté, d'examiner séparément ces deux actions très-considérables. Cela est d'autant plus admissible qu'elles sont restées en fait complétement distinctes, l'armée du général d'Aurelle de Paladines et celle du général Ducrot ayant combattu à 90 kilomètres de distance, ce qui équivaut à 3 journées de marche, l'une de l'autre. Commençons par les combats devant Paris.

I

Il paraît certain maintenant que les dépêches françaises avaient raison lorsqu'elles affirmaient qu'à la suite des journées du 29 et du 30 novembre, les troupes du général Ducrot étaient restées en possession de Brie-sur-Marne et de Champigny.

Ces villages sont, comme on sait, situés sur la rive gauche de la Marne et sous le canon du fort de Nogent, ce qui en rendait la défense assez laborieuse pour les Allemands. Le village de Champigny est, en outre, situé à la gorge d'une presqu'île de la Marne, dont la convexité est tournée du côté de Paris, et cette position, qui permet des feux croisés, avait été fort habilement choisie comme objectif principal par le général Trochu.

La journée du 1er décembre se passa sans lutte sérieuse. Des deux côtés, on faisait avancer des renforts, et l'on se préparait à l'action décisive qui devait avoir lieu le lendemain. C'est, du reste, ce que nous avions prévu dans nos courtes réflexions au sujet de la sortie de Paris, et, en vérité, il n'était pas difficile de deviner qu'une entreprise comme celle du général Trochu ne pouvait pas être l'œuvre d'une seule journée, mais que, pour franchir des lignes aussi solidement établies que celles de l'armée allemande devant Paris, il fallait se résigner d'avance à d'énormes sacrifices et s'attendre à de formidables retours offensifs.

En effet, dans la matinée du 2, les Wurtembergeois, appuyés par le 2me corps d'armée prussien et une division saxonne, attaquèrent les positions qui leur avaient été enlevées le 30 par le général Ducrot et réussirent à les reprendre. Mais vers 10 heures, les Français reçurent des renforts, des troupes nombreuses ayant de nouveau franchi la Marne pour marcher à l'assaut des positions de Brie, Villiers, Cœully et Champigny. La lutte doit avoir été vive; elle ne se termina qu'à 3 heures et demie du soir. Le résultat matériel de la bataille fut, paraît-il, indécis, en ce sens que le village de Champigny serait resté en partie entre les mains des Français. Mais les Allemands avaient cependant le droit d'enregistrer cette journée comme leur étant favorable, puisqu'ils avaient réussi, pour la troisième fois, à briser l'élan de l'armée française. Ils avaient ainsi déjoué le plan stratégique du général Trochu, qui consistait à franchir leurs lignes pour donner la main à l'armée de la Loire, aux environs de Longjumeau.

La journée du 3 fut absolument tranquille. Des positions occupées par les Allemands, on voyait de nombreuses troupes se masser dans le bois de Vincennes, ce qui semblait annoncer une nouvelle sortie pour le lendemain. Mais cette prévision ne se réalisa pas, car le dimanche, 4 décembre, les Français repassaient sur la rive droite de la Marne et rompaient eux-mêmes les ponts qu'ils avaient jetés sur cette rivière.

Ainsi s'est terminée cette nouvelle phase des opérations militaires devant Paris. Le général Trochu semble avoir renoncé à exécuter, pour le moment, son plan de sortie vers le Sud-Est, ce qui ne veut pas pas dire qu'il n'essayera pas de se frayer un passage sur un autre point. Seulement, les événements de la Loire qu'il nous reste à résumer diminuent de beaucoup, il faut le reconnaître, ses chances de réussite. Franchir les lignes ennemies, même avec 100,000 hommes, en sachant d'avance qu'on ne trouvera au delà ni armée pour vous soutenir, ni approvisionnements pour vous permettre de tenir la campagne, ce serait, selon nous, courir au-devant d'une catastrophe certaine; et les avantages d'un pareil plan ne paraissent pas en compenser les dangers.

II

Nous avons laissé l'armée française de la Loire en avant d'Orléans, ayant sa droite à Gien, son centre à Orléans et sa gauche vers Blois. En face d'elle, à quelques lieues de distance, se trouvait l'armée allemande, formant un vaste arc de cercle et tendant déjà, suivant les traditions du général de Moltke, à déborder les ailes de l'ennemi. Les deux armées paraissaient à peu près égales en forces, peut-être même la supériorité numérique se trouvait-elle du côté des Français, dont une communication officielle du ministre de la guerre évalue le chiffre à 200,000 hommes avec 500 canons. L'armée allemande, formée par les corps réunis du duc de Mecklembourg et du prince Frédéric-Charles, ne devait guère compter au delà de 130,000 hommes; mais c'étaient d'excellentes troupes, rompues depuis longtemps au métier des armes et aguerries par cinq mois de campagne. Cette circonstance compensait et au delà la différence du nombre, car l'armée du général d'Aurelle, formée en grande partie de nouvelles recrues, était, sous ce rapport, dans des conditions beaucoup moins favorables que celles de l'ennemi.

Entre deux armées placées ainsi face à face, la lutte ne pouvait tarder. Elle commença le 1er décembre, et fut d'abord favorable aux Français. Un détachement bavarois, qui s'était avancé du côté de Patay, fut attaqué par des forces supérieures et obligé de se replier sur le gros de l'armée. Tout l'honneur de ce premier engagement fut attribué à l'amiral Jaureguiberry.

Le lendemain, 2 décembre, les Bavarois du grand-duc de Mecklembourg prirent à leur tour l'offensive. Les Français, attaqués en avant de Bazoche-les-Hautes, furent rejetés sur Loigny et sur Artenay. De nombreux prisonniers et onze canons tombèrent entre les mains de l'ennemi. Parmi les prisonniers se trouvait le général Sonis, blessé en combattant à la tête de son corps d'armée.

Le 3 décembre, l'aile gauche allemande, sous les ordres du prince Frédéric-Charles, en se portant sur sa droite pour appuyer le mouvement du grand-duc de Mecklembourg, rencontra à son tour les Français près de Chilleurs-aux-Bois et de Chevilly et les rejeta sur Orléans.

Dans la soirée du même jour, les deux armées réunies s'emparaient du faubourg Saint-Jean et de la gare du chemin de fer, après un combat dans lequel elles avaient conquis sur l'ennemi 1,000 prisonniers et 30 canons.

Telle était la situation, le matin du 4 décembre, lorsque le général d'Aurelle de Paladines, après avoir d'abord résolu d'évacuer Orléans, se décida subitement à défendre cette ville en y concentrant quatre corps d'armée. L'évacuation, dans la situation où se trouvaient les choses après les combats du 2 et du 3, aurait été une mesure de prudence. Nous ne saurions donc partager l'opinion du ministre de la guerre, qui prescrivait au général en chef de tenir ferme dans une ville ouverte, avec une rivière à dos et avec la chance d'une retraite difficile.

Nous croyons qu'il eût été plus sage de transporter, dès le matin du 4, l'armée tout entière sur la rive gauche de la Loire. C'était, il est vrai, s'éloigner de Paris et renoncer à des projets dès longtemps caressés. Mais quand la nécessité militaire est là, quand il s'agit du salut d'une armée, un général, digne de ce nom, n'a pas à hésiter. L'événement prouvera, nous le craignons, que le plan proposé en premier lieu par le général d'Aurelle était dicté par la prudence, et que son exécution immédiate aurait évité peut-être à la France de nouveaux malheurs.

Nous sommes encore sans détails bien précis sur ce qui s'est passé dans la journée du 4, devant et dans Orléans. Nous savons seulement que des partis de cavalerie prussienne étaient parvenus jusqu'à Beaugency, et interceptaient les communications avec Tours. Le soir, probablement à la suite d'engagements dont nous ne connaissons pas l'importance, les Allemands proposèrent au général Pallières, qui commandait à Orléans, une convention tendant à l'évacuation de cette ville. Cette convention fut acceptée, et nous croyons que l'opinion publique ne blâmera pas le général Pallières, pour avoir, dans ces tristes conjonctures, épargné à la population d'Orléans, déjà si cruellement éprouvée, les désastres d'une prise d'assaut.

A minuit, les Allemands faisaient leur entrée à Orléans, terminant ainsi par une brillante victoire cette nouvelle phase de la campagne.

Le même jour, si l'on en croit une dépêche de Tours, la ville de Rouen était occupée par le général de Manteuffel.

Quant à l'armée de Paris, les dernières dépêches nous la montrent concentrée à Créteil, au sud de Charenton, ce qui laisserait supposer son intention de reprendre prochainement l'offensive.

V

LA SITUATION

(Au 23 décembre.)

I

Depuis la grande sortie de Paris et la reprise d'Orléans par les troupes allemandes, c'est-à-dire depuis le 5 décembre, il ne s'est produit que des faits de guerre d'une importance secondaire, suite logique des événements antérieurs.

Après avoir brillamment combattu le 28, le 29 novembre et le 2 décembre, l'armée de Paris s'est retirée derrière la Marne, où elle est restée inactive pendant plus de deux semaines. On pouvait prévoir cependant que cette inaction ne serait que momentanée et que le général Trochu tenterait prochainement un nouvel effort sur quelque point des lignes ennemies. C'est ce que semblaient indiquer les mouvements d'artillerie et les travaux de fortifications qui ont été signalés récemment sur diverses parties de l'enceinte, en particulier dans la presqu'île de la Marne, en avant de Vincennes, et sur le plateau d'Avron, en avant du fort de Rosny. C'est ce qu'indique plus sûrement encore la nouvelle venue de Versailles et confirmée par un ballon arrivé de Paris, d'attaques que les Français ont dirigées le 21 et le 22 contre les positions occupées au nord, au nord-est et à l'est de Paris par la garde royale et le 12me corps saxon.

Quant au résultat probable de cette nouvelle sortie, il est difficile de supposer que les espérances du généralissime français puissent aller au delà d'un succès tactique. Il peut s'emparer de quelques localités occupées par l'ennemi aux environs immédiats de l'enceinte, lui faire subir des pertes considérables, enlever ou enclouer ses canons, peut-être même, ce qui serait plus important dans les circonstances actuelles, s'emparer d'un convoi ou d'un dépôt de vivres. Mais il semble que le moment soit passé d'obtenir un avantage décisif. La défaite de l'armée de la Loire rend pour le moment beaucoup plus difficile à l'armée enfermée dans Paris de débloquer cette place et de remporter une victoire dans le sens stratégique de ce mot. Malgré cela, nous le répétons, il est naturel que le général Trochu accorde à ses troupes, à la gloire de la défense parisienne, cette nouvelle sortie, dût-elle aboutir aux mêmes résultats que celle du 2 décembre. Telles sont les tristes nécessités de la guerre; elle ne compte pas, elle ne peut pas compter le nombre des victimes, lorsqu'il s'agit de sauver l'honneur du drapeau.

De leur côté, les Allemands paraissent faire en ce moment de grands préparatifs en vue d'une éventualité redoutable: le bombardement des forts de Paris. Longtemps on a pu espérer que le spectacle de cette œuvre de destruction nous serait épargné. Les conseils du roi Guillaume éprouvaient à cet égard une hésitation visible. On eût dit que les instincts de l'homme faisaient céder les inflexibles résolutions des généraux. Mais, en présence de la résistance inattendue de Paris, des chances d'une nouvelle sortie aussi redoutable que la première, en présence surtout de l'impatience de l'Allemagne qui compte les vies sacrifiées et redoute pour ses enfants les souffrances prolongées d'une campagne d'hiver, il est peu probable que les sentiments généreux prévalent longtemps encore sur les nécessités militaires. C'est du moins ce que semblent annoncer les dernières informations reçues de Versailles et de Berlin.

D'après ces renseignements, du reste, la ville de Paris ne serait pas bombardée, et tout se bornerait, pour le moment, à une lutte d'artillerie entre les batteries de siége et les forts extérieurs. La destruction de ces forts est en effet une opération préliminaire indispensable soit de l'attaque du corps de place soit d'un siége régulier.

II

Sur la Loire, l'armée française paraît s'être divisée, après la prise d'Orléans, en trois parties distinctes. L'une, qui occupait la ville au moment de la capitulation, a franchi le fleuve et s'est retirée directement sur Bourges, suivie jusqu'à Vierzon par la cavalerie du prince Frédéric-Charles.

D'autres corps, sans doute ceux qui avaient combattu

à Beaune-la-Rollande, à Ladon et à Mézières, ne paraissent pas avoir pris part aux dernières batailles livrées en avant d'Orléans, et se trouvaient encore aux environs de Gien après la capitulation. Ils avaient commencé à effectuer leur passage sur la rive gauche de la Loire lorsque leur arrière-garde fut atteinte près de Nevoy et de Briare par des troupes de la deuxième armée allemande. Il s'en suivit quelques engagements de peu d'importance, qui n'eurent d'autre résultat que de retarder la marche de ce détachement et sa jonction avec l'armée de Bourges.

Un certain nombre d'autres corps appartenant également à l'armée de la Loire avaient, après l'occupation d'Orléans, pris leur route de retraite le long du fleuve, dans la direction de Blois. Ils avaient pour chef un homme évidemment fort habile et fort énergique, bien qu'il fût inconnu jusque-là, le général Chanzy.

Le 8 décembre, ces troupes, présentant un effectif très-considérable encore, avaient pris position entre Meung et Beaugency, leur droite appuyée à la Loire, leur gauche à Cravant et Poilly. Chanzy couvrait ainsi la ville de Blois contre laquelle il supposait, non sans raison, qu'allait se porter le gros des forces ennemies. Attaqué dans ces positions par l'armée du duc de Mecklembourg, le général Chanzy réussit à se maintenir pendant plusieurs jours, ne cédant le terrain que pied à pied, se défendant avec la plus grande vigueur sur tous les points, et faisant subir des pertes sérieuses à l'ennemi dont il arrêtait ainsi la marche.

Cependant, le grand-duc de Mecklembourg réussit à s'emparer de Beaugency et de Mer, à pénétrer entre l'aile droite française et la Loire et à refouler cette courageuse armée dans la direction de Vendôme où quelques corps furent chargés de la poursuivre.

Cette retraite se fit d'ailleurs en bon ordre et la route fut, à plusieurs reprises, assez chaudement disputée, car la plupart de ses étapes sont marquées par des combats : Marchenoir, Fréteval, Epuisay, la Fontenelle, le Poilay, tous ces villages durent être enlevés de vive force après une résistance suffisante pour permettre au gros de l'armée d'opérer sa retraite sur le Mans où elle a pu se concentrer le 22 ou le 23.

Cette marche en retraite fait le plus grand honneur aux troupes du général Chanzy et à ce général lui-même. Chanzy d'ailleurs, en choisissant le Mans pour son quartier général, nous paraît avoir obéi à une heureuse inspiration.

Il renonce, il est vrai, à opérer de nouveau sa jonction avec l'armée du Sud de la Loire; mais en revanche il devient le centre de ralliement naturel de toutes les recrues de l'Ouest. Ce n'est pas tout : en occupant une position située en arrière et sur le flanc de la ligne de retraite de l'ennemi, il paralyse plus ou moins ses mouvements et l'empêche de marcher vers le Midi sous peine de voir ses communications coupées. Enfin, la position du Mans lui permet d'observer également Paris et la Loire et de se porter, suivant les événements, vers le Nord-Est ou vers le Sud.

III

Pendant que les opérations principales avaient lieu sur la rive droite, d'autres troupes allemandes suivaient la rive gauche de la Loire, occupaient Chambord et Montrichard, menaçant les villes de Blois et de Tours et maintenant les communications entre l'armée du prince Frédéric-Charles et celle du grand-duc de Mecklembourg.

Aux dernières nouvelles, les têtes de colonne de l'aile gauche allemande sur la rive droite, avaient dépassé Château-Renault et se trouvaient aux villages de Monnoye et de Notre-Dame d'Oé, aux portes mêmes de Tours. L'aile droite semble exécuter un vaste mouvement de conversion le long de la vallée du Loir. Quant à la ville de Blois dont l'occupation avait été annoncée par les dépêches officielles de Bordeaux, elle paraît être restée jusqu'ici aux mains des Français. On ajoutait que, sommée de se rendre par un corps prussien qui l'observait de la rive gauche, elle opposa un refus formel à cette sommation, sous l'influence de M. Gambetta, qui se trouvait alors dans cette ville.

Des dépêches françaises annoncent que Vierzon a été évacué par les troupes allemandes et que cette position, importante au point de vue stratégique, a été occupée de nouveau par l'armée du Sud réorganisée par le général Bourbaki. On affirme que cette armée est maintenant en état de reprendre l'offensive et qu'elle ne tardera pas reprendre la route du Nord, dans la direction d'Orléans. S'il en est ainsi, il est probable que ce mouvement coïnciderait avec un nouveau retour offensif des armées qui ont battu en retraite à l'Est et au Nord-Ouest après les combats de ces derniers jours.

IV

Pendant que ces événements militaires se passaient au centre de la France, vers le Nord l'armée du général de Manteuffel poursuivait sa marche victorieuse, presque sans rencontrer d'obstacle. L'occupation de Rouen fut suivie immédiatement de celle de Dieppe où l'armée du Rhin atteignit pour la première fois les bords de l'Océan. Mais l'objectif principal de cette campagne paraît être la prise du Havre dont la possession ouvrirait aux armées d'invasion une source nouvelle et importante d'approvisionnement. Du reste cette éventualité est depuis longtemps prévue et les dispositions nécessaires ont été prises pour mettre le Havre en état de résister. Des fortifications en terre ont été construites autour de la ville, des batteries flottantes défendent le port et l'embouchure de la Seine, et la population se montre animée des plus vaillantes résolutions. Les Allemands paraissent avoir pris cette attitude au sérieux, car ils ont établi aux environs d'Yvetot un camp retranché qui servira de base à leurs opérations sur le Havre et sur toute cette partie du littoral.

Dans l'Est, le siége de Belfort se poursuit sans donner lieu à des incidents dignes d'être signalés. La troisième parallèle a été ouverte il y a quelque temps déjà, mais la garnison se défend avec un grand courage, et il est probable qu'elle ne se rendra pas avant l'ouverture de la brèche et l'assaut livré.

Aux environs de Dijon, de nombreux engagements,

sur lesquels nous ne possédons que des renseignements incomplets, contradictoires et en tout cas exagérés, paraissent avoir eu lieu depuis quelques semaines sans amener aucun résultat décisif. Ce que nous savons de certain, c'est qu'après être resté longtemps immobile à Dijon, où il attendait sans doute l'issue des événements de la Loire, après avoir même subi quelques échecs partiels aux environs d'Autun, le général de Werder s'est enfin décidé à faire un mouvement en avant vers le Sud. Le premier acte de cette nouvelle campagne a été la prise de Nuits, malgré la brillante défense opposée à l'ennemi par deux légions de marche du Rhône; mais un effort énergique paraît devoir être tenté pour reprendre l'offensive et une dépêche récente nous apprend que des renforts importants viennent de quitter Lyon dans ce but. A ce point de vue, l'arrivée de M. Gambetta à Lyon est un fait significatif.

VI

LA SITUATION MILITAIRE

(Au 1 janvier 1871.)

I

Notre dernier résumé des opérations militaires était daté du 24 décembre. A ce moment, la garnison de Paris venait de tenter, dans la direction de l'Est et du Nord-Est, une nouvelle sortie, moins importante toutefois que celle du 29 novembre. Cette sortie avait été repoussée, et les troupes françaises, après s'être avancées jusqu'à Ville-Évrard, Maison-Blanche, Groslay, le Bourget et Drancy, avaient dû se replier sous le canon des forts. En constatant ce résultat, nous indiquions comme une éventualité très-probable et très-prochaine le bombardement, au moins partiel, de l'enceinte extérieure de Paris. Cette prévision n'a pas tardé à se réaliser, car, dès le 27 décembre, la position avancée du plateau d'Avron, qui avait joué un rôle considérable dans les deux dernières sorties, devint l'objectif d'une formidable attaque d'artillerie.

76 pièces de siége du plus fort calibre, mises en batterie sur les hauteurs de Bondy, dirigèrent sur ce plateau un feu convergent qui ne tarda pas à rendre la position intenable pour les troupes françaises.

Le plateau d'Avron est, comme on sait, une butte isolée, située en avant du fort de Rosny et dont la hauteur est exactement égale à celle des collines occupées par les batteries prussiennes. Son sommet forme une table régulière de 700 mètres de long sur 200 de large; il n'est ni boisé ni encombré de constructions et présente à l'officier du génie un terrain commode, prêt à subir toutes les transformations qu'il lui plaira d'ordonner. La défense avait fort bien compris l'importance de cette position, et elle y avait établi une redoute qui, commandant au loin la vallée de la Marne, avait fait beaucoup de mal aux Allemands dans les combats de Villiers et de Champigny. Aussi pouvait-on aisément prévoir que cette position dangereuse serait la première menacée dans l'hypothèse d'un bombardement.

Une journée de canonnade a suffi pour éteindre le feu des ouvrages construits sur le plateau et pour obliger les troupes qui l'occupaient à se retirer, ce qu'elles firent, comme de juste, après avoir évacué leurs canons et détruit ce qu'il leur était impossible d'emporter. Le 29, au matin, les Saxons occupèrent le plateau sans rencontrer aucune résistance. C'est ce qui résulte soit des dépêches de Versailles, soit des nouvelles de Paris arrivées au Mans en ballon. Il est difficile de comprendre après cela par suite de quel malentendu une dépêche de Bordeaux a pu annoncer que l'attaque des Prussiens contre le Mont-Avron avait été victorieusement repoussée avec une perte de 8,000 hommes pour les Prussiens! Il n'y a pas eu, à proprement parler, d'attaque dirigée contre le Mont-Avron. Il n'y a eu qu'un bombardement.

Quel parti les Allemands pourront-ils tirer de cette position pour leurs opérations contre les forts de l'Est? Nous l'ignorons encore. Nous savons seulement que le plateau, placé sous le canon du fort de Rosny et menacé par celui de Nogent, sera d'une occupation difficile et nécessitera des travaux considérables si l'on veut s'y maintenir, à moins toutefois que le feu de ces forts n'ait été éteint auparavant.

En même temps qu'ils s'emparaient du plateau d'Avron, les Allemands dirigeaient une vive canonnade contre les forts de Nogent, de Rosny et de Noisy, dont, si l'on en croit leurs bulletins, ils auraient réussi à éteindre les feux. Au moins la dernière dépêche de Versailles annonce que, le 3 janvier, le fort de Nogent seul répondait encore aux batteries prussiennes. Tous les villages placés en première ligne sur ce front de Paris ont été fouillés par les obus ennemis, afin d'en déloger les Français.

Nous savons du reste qu'à partir du 25 décembre, les troupes de la garnison, qui stationnaient en dehors de l'enceinte extérieure, avaient été ramenées dans Paris, en raison des froids exceptionnels qui rendaient le service des avant-postes dangereux pour la santé des soldats.

II

Nous avons laissé sur la Loire le prince Frédéric-Charles poursuivant, du côté de Bourges, l'armée du général Bourbaki, tandis que, sur la rive droite, le grand-duc de Mecklembourg, gardant Orléans, touchant à Blois, à Tours, à Vendôme, suivait, dans sa belle retraite sur le Mans, l'armée du général Chanzy.

Dès lors, la situation s'est modifiée. Pour des raisons que nous indiquerons bientôt, le prince Frédéric-Charles paraît avoir renoncé à ses projets sur Bourges pour se porter vers l'Est par les routes de l'Aube et de la Haute-Marne. La ville d'Auxerre a été évacuée par les troupes qui l'occupaient, et elles ont été signalées comme se dirigeant sur Langres par Châtillon. D'autres symptômes encore annoncent que des corps assez nombreux exécutent dans cette région le mouvement rétrograde que nous venons d'indiquer, et vont prêter main forte à l'armée de l'Est. Cependant, il n'est pas encore absolument certain que le prince Frédéric-Charles soit sur le point d'abandonner la vallée de la Loire. Sa présence sur ce point est nécessaire, aussi longtemps que le général Bourbaki menacera d'un retour offensif sur Orléans. Il est vrai que, d'après les bruits les plus accrédités, ce général serait occupé en ce moment à exécuter avec toute son armée un grand mouvement par Nevers sur Autun et Dijon. Dans ce cas, mais dans ce cas seulement, la marche de Bourbaki pourrait forcer le prince Frédéric-Charles à quitter les bords de la Loire pour se rapprocher de ceux de la Saône. Il reprendrait ainsi le plan de campagne qui lui avait été tracé après la capitulation de Metz, et que la reprise d'Orléans par Aurelle de Paladines avait modifié, en forçant le prince à marcher au secours du grand-duc de Mecklembourg.

Ce dernier se trouve en ce moment dans la vallée du Loir, où il a eu un certain nombre d'engagements partiels avec son brave antagoniste le général Chanzy. Celui-ci, après avoir opéré sa retraite sur le Mans, où il a sans doute recueilli de nouvelles recrues provenant du camp de Conlie, a repris hardiment l'offensive, et les combats d'avant-postes qui ont eu lieu ces derniers jours aux environs de Vendôme sont sans doute le prélude d'une action plus sérieuse.

Si le départ du prince Frédéric-Charles se confirme, la situation de Chanzy s'améliorera d'autant, et c'est alors que l'on pourra reconnaître les avantages stratégiques de la position du Mans qu'il a si habilement choisie pour s'y concentrer après les affaires de Meung et de Beaugency. N'ayant devant lui que le corps du grand-duc de Mecklembourg, il peut sans trop de témérité espérer une victoire, et, dans le cas où cette victoire aurait été remportée, il ne lui serait pas impossible de se rapprocher de Paris et de menacer à revers les lignes prussiennes, circonstance très-favorable au succès des sorties du général Trochu. Ce ne sont là sans doute que des possibilités; mais n'est-ce pas quelque chose, après tant de fautes commises, que de voir un général faire en sorte de jouer sans avoir toutes les cartes contre lui?

III

Les nouvelles de l'armée du Nord sont confuses et contradictoires.

Le 24 décembre, le général Faidherbe annonçait qu'il avait battu les Allemands près de Pont-Noyelles. Et cependant, le 25, le général de Manteuffel prétendait avoir remporté la veille une victoire dans laquelle il aurait fait plus de mille prisonniers. Ce qui est certain, c'est qu'à la suite de cette journée de Pont-Noyelles, l'armée française du Nord s'est retirée dans la direction d'Arras, où elle a été suivie par les Allemands. Le 26, leurs avant-postes entraient à Bapaume, à 27 kilomètres au sud d'Arras. Le 27, ils cernent la forteresse de Péronne; le 30, enfin, leurs colonnes volantes ont déjà dépassé Arras et font des prisonniers entre cette ville et Béthune.

De tout cela, il résulte que, si la journée du 24 a été chaudement disputée, l'avantage stratégique n'en est pas moins resté aux Allemands, qui ont forcé leurs adversaires à évacuer les environs d'Amiens et à se retirer vers le Nord-Est. Or, le principal objectif de cette campagne du Nord étant évidemment l'occupation du Havre, la retraite du général Faidherbe dans une direction excentrique peut avoir pour résultat de favoriser l'attaque de cette place par les troupes prussiennes.

Une récente dépêche du général Faidherbe signale une nouvelle bataille aux environs de Bapaume, bataille dans laquelle la victoire serait restée aux Français; mais, avant d'apprécier le résultat stratégique de cette journée, il faut attendre les nouvelles de source allemande, qui ne nous sont pas encore parvenues à l'heure où nous écrivons.

Quelques engagements ont eu lieu le 25 et le 30 aux environs du Havre, mais ici encore les deux partis s'attribuent la victoire et prétendent également être restés en possession des positions contestées. Nous n'essaierons pas de trancher ce différend, dont la solution n'offre pas d'ailleurs un bien grand intérêt.

IV

Il en est tout autrement de ce qui se passe du côté de l'Est, où l'on peut attendre d'un moment à l'autre des actions militaires de la plus haute importance.

La belle résistance de Belfort qui, malgré l'ouverture de la tranchée et un bombardement assez actif, se défend toujours bravement, a inspiré aux généraux français un plan de campagne dont le seul tort est de n'avoir pas été exécuté plus tôt et surtout avec plus d'activité. Il s'agit de réunir une armée de 40,000, d'autres disent de 60,000, voire de 80,000 hommes qui, partant de Lyon et dirigée sur Vesoul et Besançon, irait essayer de débloquer Belfort. Ce résultat obtenu, cette armée victorieuse se porterait soit sur le Haut-Rhin et le grand-duché de Bade, soit vers le Nord où elle irait menacer les lignes de communication prussiennes, rendant ainsi extrêmement précaire la situation de l'armée de Paris.

C'est à ce plan de campagne que se rattacherait le

mouvement du général Bourbaki vers le Nord-Est, auquel nous faisions allusion tout à l'heure. Ce général, en se portant rapidement par Nevers sur Dijon et de là au Nord sur Langres et Vesoul, pourrait, s'il n'était pas arrêté à temps, écraser le général de Werder sous des forces supérieures et remettre les armes françaises en possession des défilés des Vosges.

Les nouvellistes à sensation font même coïncider ces opérations militaires avec un soulèvement général des prisonniers français en Allemagne qui, après avoir égorgé leurs gardiens et leur avoir enlevé leurs armes, reviendraient en masse prendre part à la guerre et couper la retraite à l'armée d'invasion.

Mais en laissant de côté ces fantaisies trop dramatiques pour être réalisables, le plan de campagne que nous venons d'esquisser nous paraît avoir été heureusement conçu. Il est certain, en effet, que si les 60,000 hommes en question peuvent être réunis et acheminés à temps, s'ils sont habilement commandés et que les éléments en soient solides, si, d'autre part, le général Bourbaki réussit à se dérober et à tromper la surveillance du prince Frédéric-Charles, le siége de Belfort pourrait bien être levé et la situation du général de Werder serait sérieusement menacée. Mais on le voit, il faut pour cela admettre certaines suppositions dont quelques-unes doivent dès aujourd'hui être écartées.

Ainsi l'évacuation de Dijon et de Gray par les troupes allemandes, celle d'Auxerre et de Montargis prouvent que leurs généraux ne se sont point laissé surprendre et qu'ils savent fort bien le danger qui les menace. Or, l'armée du prince Frédéric-Charles suffit probablement pour tenir en échec celle de Bourbaki. Et d'autre part, Belfort n'est pas si éloigné de l'Allemagne, que des renforts n'aient pu être amenés à temps afin de rendre la défense égale sinon supérieure à l'attaque qui se prépare.

Dans ces conditions, chaque jour de retard est un danger pour le succès du plan de campagne français; aussi les froids terribles de ces derniers jours et en particulier les tempêtes de neige qui, sur une notable partie du territoire français, surtout dans le Centre et dans le Midi, ont interrompu la circulation, ont-ils été pour les généraux chargés d'exécuter cette hardie manœuvre un contretemps des plus graves. Il ne faut pas s'y tromper, en effet. Si ce plan est menaçant pour les Allemands, il n'est pas sans danger pour les troupes françaises qui, dans le cas d'une défaite, n'auraient à leur disposition qu'une seule ligne de retraite, ligne fort exposée du côté de Dôle, et ayant le grave inconvénient de cotoyer dans toute sa longueur la frontière d'un État neutre, frontière qui (soit dit en passant) sera, nous l'espérons, sérieusement et efficacement gardée.

Puisqu'il s'agit ici du siége de Belfort, on nous permettra de signaler une observation qui nous a frappés. Voici bien des jours que des dépêches de Bordeaux nous annoncent des sorties vigoureuses faites par la garnison de cette ville et qui auraient causé aux assiégeants des pertes considérables. L'une d'elles parlait même de 1400 hommes mis hors de combat et de 50 voitures de blessés. Cependant nous avons sous les yeux deux numéros du *Siége de Belfort*, journal qui s'imprime dans cette ville et qui relate jour par jour les moindres incidents du siége. Or, il résulte de la lecture de cette feuille que, du 17 au 25 décembre, c'est-à-dire précisément dans l'intervalle où ces sorties auraient eu lieu, il ne s'est rien passé de semblable. Tout s'est borné à un combat d'artillerie entre les canons de la place et ceux des assiégeants. Mais aucune sortie n'a été tentée et le *Siége de Belfort* ne mentionne pas le moindre incident qui ait pu servir de fondement à des bruits auxquels on s'est plu à donner un caractère quasi-officiel.

V

Ce qui est certain, c'est que Belfort se défend avec courage et que sa garnison se montre digne du vigoureux effort que la France est résolue à tenter pour elle. Pendant ces derniers jours, des masses considérables de troupes, acheminées de toutes les parties de la France vers Lyon, ont été dirigées les unes sur Dôle, les autres sur Mâcon et Dijon; les trains de voyageurs ont été partiellement suspendus pour faire place au transport du matériel nécessaire. Aujourd'hui encore, des voyageurs arrivés du Midi de la France et de Lyon nous disent que toutes les gares ressemblent à de véritables casernes, tant elles sont encombrées de troupes de toutes catégories, infanterie, cavalerie, mobiles, gardes nationaux mobilisés. Jamais, depuis le commencement de la guerre, on n'avait assisté à un pareil déploiement d'activité militaire. Et cependant, sur plusieurs points, les communications ont été interrompues par une chute de neige presque sans exemple dans notre époque, et les malheureux soldats ont dû, pour se rendre à leur poste, marcher sur des routes rendues à peu près impraticables. Fatigués, glacés par le froid, on les voit par bandes de dix à douze à la fois couchés dans les salles d'attente ou sous les halles des gares, les uns à peine vêtus de la vareuse du mobile, d'autres enveloppés dans leurs manteaux tout blancs de neige, et cependant résignés, prêts à faire leur devoir et à tenter le suprême effort que l'on demande à leur patriotisme. Le clairon donne le signal, et ils partent, non pas gaiement, mais sans murmure. Ils savent qu'ils vont à une lutte terrible, ils savent que beaucoup d'entre eux n'en reviendront pas; mais ils persistent à avoir confiance dans l'étoile de la France. Comment ne pas admirer ce courage qui, après tant de revers, n'en conserve pas moins, comme au premier jour, l'orgueil de la patrie et la foi dans la victoire?

D'après des dépêches reçues de Porrentruy, les têtes de colonne de l'armée française seraient arrivées le 1ᵉʳ janvier devant Belfort et une bataille aurait été engagée, non loin de la frontière suisse, dans laquelle les Français auraient été défaits. En ce qui nous concerne, nous avons quelque peine à croire que l'armée de secours soit déjà arrivée à sa destination, et il nous semble beaucoup plus probable que cette prétendue bataille doit se réduire à un ou deux engagements entre les troupes allemandes et quelques corps avancés, envoyés peut-être pour éclairer le terrain. Ce qui semblerait confirmer cette hypothèse, c'est que, depuis deux jours, nous n'avons rien appris au sujet de cette bataille qui, du reste, n'était point attendue en France avant quelques jours d'ici. Au surplus nous saurons bientôt à quoi nous en tenir.

Pour que ce résumé des dernières opérations militaires soit complet, nous devons mentionner encore la prise de Mézières, qui s'est rendu le 2 janvier, après un blocus de plus de deux mois et un bombardement de deux jours. La possession de cette place assure aux Allemands une nouvelle voie de communication par chemin de fer, le long de la frontière belge. C'est une route qui n'est pas sans importance soit pour le ravitaillement de l'armée de Paris, soit surtout pour celui de l'armée du Nord qui se trouve en ce moment répandue dans les départements de la Somme et du Pas-de-Calais.

Tel est l'exposé rapide de la situation militaire, d'après les informations que nous possédons. Comme on le voit, elle annonce une crise prochaine et cette crise aura lieu, peut-être simultanément, dans la région de l'Est et sous les murs de Paris.

VII

LA SITUATION MILITAIRE

(Au 8 janvier.)

Les dépêches arrivées depuis deux jours modifient quelque peu la situation militaire dont nous avons esquissé les principaux éléments.

Elles établissent, en particulier, un fait sur lequel nous étions jusqu'ici réduits à des conjectures : c'est que le prince Frédéric-Charles n'a point quitté les bords de la Loire pour se porter vers l'Est au secours du général de Werder. Il est possible, il est même probable que des divisions ou des corps appartenant à la deuxième armée allemande ont été acheminés dans cette direction. C'est ce que prouvent suffisamment la réoccupation d'Auxerre et la présence de trois colonnes prussiennes, qu'un avis du préfet de la Côte-d'Or signale le 3 janvier à Vitteaux et à St-Seine-l'Abbaye, à une trentaine de kilomètres au N.-O. de Dijon.

Mais le gros de cette armée, avec son général en chef est encore aujourd'hui aux environs de Vendôme, où le général Chanzy a repris, depuis peu, le cours de ses opérations offensives.

L'armée du Mans paraît en effet avoir abandonné la ligne de la Sarthe pour celle du Loir, peut-être avec l'intention d'empêcher que le prince Frédéric-Charles ne mette obstacle aux mouvements stratégiques de Bourbaki, peut-être aussi avec l'espérance de remporter une victoire qui ouvrirait à l'armée française de la Loire la route de Paris ou celle d'Orléans.

Dans la journée du 6, les deux armées se sont trouvées de nouveau en présence sur une ligne assez étendue, à l'ouest et au sud de Vendôme, et il en est résulté un double engagement dont nous ne pouvons préciser encore l'importance, et sur lequel, comme toujours, nous possédons des renseignements contradictoires.

Les dépêches de source française parlent surtout d'un combat qui aurait eu lieu le 6 près de Villeporchier, sur la rive gauche de la Brenne, à 20 kilomètres environ au sud de Vendôme. Le général de Curten aurait repoussé l'ennemi et se serait avancé sur la route de Vendôme jusqu'à St-Amand, situé à 12 kilomètres seulement au sud de cette ville.

Les dépêches prussiennes ne parlent pas de cet engagement, mais elles signalent en revanche une bataille qui aurait eu lieu le même jour à l'ouest de Vendôme, sur la rive droite du Loir. Les avant-gardes françaises qui marchaient sur Vendôme auraient été rejetées au delà du ravin d'Azay qui forme un obstacle naturel d'une certaine importance parallèlement au front de la bataille. Cette position elle-même aurait été emportée à la suite d'une lutte assez vive, en même temps que la ville de Querhoem ou Montoire, située dans un coude du Loir, aurait été occupée par les troupes prussiennes.

Il y a donc eu le même jour deux batailles aux environs de Vendôme, l'une dans laquelle l'avantage serait resté aux Français, l'autre dans laquelle les Allemands auraient obtenu la victoire et enlevé des positions importantes. Là s'arrêtent nos informations. Disons seulement qu'une nouvelle dépêche venue de Bordeaux reconnaît que le succès du général de Curten dans le Suda eu pour contre-partie un échec du général Jouffroy du côté de l'Ouest. Quant au résultat stratégique de cette journée, il est encore inconnu et c'est l'avenir, un avenir très-prochain d'ailleurs, qui nous l'apprendra.

Devant Belfort, comme nous l'avions prévu, aucun engagement sérieux n'a été signalé jusqu'ici. Mais des deux côtés l'on se prépare à une lutte que tout annonce devoir être formidable. Le général Bourbaki était arrivé le 1er janvier à Dijon, d'où il se dispose sans doute à prendre prochainement une énergique offensive ; de nombreux convois de troupes continuent à être dirigés soit sur Châlon, soit sur Besançon, tandis que des gardes nationaux mobilisés du Midi, à peine organisés et assez mal armés, vont remplacer à Bourges l'armée qui a abandonné cette ville. De leur côté, les Allemands ne restent pas inactifs, et les journaux français, d'ordinaire très-enclins à l'optimisme, reconnaissent que des renforts considérables sont acheminés journellement à travers l'Alsace dans la direction de Belfort. Encore quelques jours, et nous assisterons très-probablement à un choc formidable dans la vallée du Doubs.

Vers le Nord, le général Faidherbe et le général de

Manteuffel persistent à s'attribuer la victoire dans la bataille de Bapaume. Jusqu'ici, aucun mouvement n'est venu confirmer les prétentions de l'un ou de l'autre des belligérants.

Une division allemande a occupé sur la rive gauche de la Seine les villages de Bourgachard et de Bourgtheroulde, en avant d'Elbeuf. Mais il est difficile de déterminer quel est le but stratégique de ce mouvement.

On annonce du côté français de grandes concentrations de troupes, ou tout au moins de recrues qui pourront un jour devenir des troupes, dans la presqu'île du Cotentin, où l'on a établi un vaste camp retranché destiné sans doute à fournir des renforts au général Chanzy.

Devant Paris, le bombardement des forts du Sud, de l'Est et du Nord, suit son cours régulier, sans qu'il soit possible d'apprécier encore le résultat obtenu par cette formidable attaque d'artillerie. Les dépêches prussiennes sont très-sobres de détails à cet égard et ne sortent pas de certaines généralités.

Jusqu'ici ce sont les forts d'Issy, de Vanves et de Rosny qui paraissent avoir été le plus fortement atteints par le bombardement.

Il n'est pas encore question d'une attaque du même genre contre les forts de St-Denis et contre le Mont-Valérien.

On le voit, les événements marchent avec rapidité, et la semaine que nous commençons ne se terminera probablement pas sans avoir amené des incidents militaires d'une importance supérieure à ceux que nous venons de résumer.

VIII

LA SITUATION MILITAIRE

(Au 9 janvier.)

Nous sommes entrés depuis peu dans une de ces périodes de crise où les événements marchent vite et où la situation militaire se modifie d'une journée à l'autre. Nous essaierons de tenir nos lecteurs au courant de ces modifications, bien que les renseignements transmis par le télégraphe soient toujours très-laconiques et demandent à être interprétés avec une extrême prudence. C'est l'étude attentive de la carte qui seule peut permettre de contrôler les indications données de part et d'autre et d'apprécier sans trop d'incertitude les résultats obtenus.

Sur la rive droite de la Loire, les dépêches allemandes signalent un mouvement en avant général de l'armée du prince Frédéric-Charles. Ce mouvement aurait lieu de l'Est à l'Ouest sur un front très-étendu, puisque, le 8 janvier, l'aile droite se trouvait à Nogent-le-Rotrou sur l'Huine, tandis que l'aile gauche, suivant la rive droite du Loir, avait atteint le bourg de la

Chartre. Or, l'intervalle entre ces deux points comprend environ 65 kilomètres. Il est probable que ce mouvement a pour objectif la position du Mans, point de concentration de l'armée du général Chanzy. Nous avons indiqué, il y a quelque temps déjà, l'importance stratégique de cette position, et il est fort naturel qu'au quartier général allemand on ait résolu de manœuvrer de manière à s'en emparer.

Cette marche rapide de l'armée du prince Frédéric-Charles prouve que les combats livrés ces derniers jours autour de Vendôme avaient eu une issue favorable pour les armées allemandes, en obligeant le général Chanzy à suspendre son offensive, à abandonner la ligne du Loir pour celle de la Sarthe et à se replier sur le Mans. Il n'est pas difficile maintenant de prévoir que l'armée du prince Frédéric-Charles ne tardera pas à se rabattre de Nogent-le-Rotrou sur le Mans par le Nord-Est, tandis que, par un de ces mouvements de concentration qui sont dans les habitudes de la tactique allemande, l'aile gauche se porterait directement au sud de cette ville, dans l'intention de fermer le cercle autour du général Chanzy. Mais on doit admettre que cet officier, qui a déjà prouvé ses talents de tacticien, saura se dérober à temps, en mettant la ligne de la Sarthe entre lui et ses ennemis, à moins qu'il ne préfère accepter la bataille en avant du Mans, du côté de Montfort

Le choix entre ces deux alternatives dépendra sans doute du nombre et de la qualité de ses troupes, de sa confiance dans le succès, mais peut-être aussi des ordres qui lui seront transmis de Bordeaux. Ce ne serait pas, en effet, la première fois, dans le cours de cette longue guerre, que les convenances politiques auraient influé en bien ou en mal, plus souvent en mal, sur les plans stratégiques des généraux.

Dans le Nord, rien d'important, sinon que le combat livré aux environs de Jumiéges aurait eu pour conséquence de déterminer la retraite, vers le Sud-Ouest, d'un corps français qui se trouvait à Pont-Audemer, probablement après avoir essayé un mouvement offensif sur Rouen. Quant à l'armée de Faidherbe et à celle de Manteuffel, elles n'ont plus fait parler d'elles depuis le combat de Bapaume dans lequel les deux généraux se sont attribué la victoire.

Devant Paris, le bombardement continue son œuvre de destruction dont la monotonie ne donne pas lieu à de bien longs commentaires. Si l'on en juge par les articles du *Journal officiel* de Paris, l'effet de l'artillerie prussienne aurait un peu déconcerté les prévisions des ingénieurs de la défense. Sous cette pluie de projectiles énormes tombant sans relâche sur un seul point pendant plusieurs jours, des casemates réputées à l'épreuve de la bombe auraient cédé et n'offriraient plus maintenant aux troupes que des abris insuffisants. Des casernes ont été incendiées dans les forts de Vanves et de Montrouge. Enfin, une dépêche de Londres annonce qu'une des redoutes construites par les Français en avant des forts du Sud, la redoute de Notre-Dame de Clamart, aurait été occupée par les Prussiens. S'il s'agit bien d'une occupation et non d'un simple bombardement, il faudrait en conclure que le feu des forts d'Issy et de Vanves aurait cessé d'être dangereux pour les assiégeants, car l'ouvrage dont il s'agit est situé directement sous leur canon.

Que vont faire maintenant les assiégés? C'est ce qui échappe à toutes les conjectures. Si l'on en juge d'après quelques mots du *Journal officiel*, l'autorité militaire semblait au premier moment avoir renoncé à toute nouvelle sortie et décidé de garder une attitude purement défensive. Mais pourra-t-elle persévérer jusqu'au bout dans cette résolution, en présence des critiques amères de certains journaux qui lui reprochent sa timidité, et réclament instamment une action plus énergique ? Déjà le 30 une proclamation du général Trochu laissait entrevoir une prochaine marche offensive; malheureusement il est certain que plusieurs des positions avancées qui pouvaient faciliter une sortie sérieuse sont aujourd'hui entre les mains des assiégeants, et qu'une attaque directe des hauteurs occupées par ces formidables batteries ne pourra être que très-sanglante. Après cela, il n'y a rien qui soit au-dessus des forces du patriotisme soutenu par un courage héroïque et persévérant.

Après Paris, c'est la vallée du Doubs qui a, en ce moment, le douloureux privilége d'exciter l'intérêt des stratégistes. Tout annonce en effet que, dans quelques jours d'ici, cette vallée va devenir le théâtre des événements militaires les plus graves. Si les renseignements qui nous sont transmis de Berne sont exacts, dès le 8 janvier les avant-gardes des deux armées ennemies n'étaient plus séparées l'une de l'autre que par la distance insignifiante de 18 kilomètres. De fortes concentrations de troupes françaises sont signalées à l'Isle et à Clerval, sur la rive droite du Doubs, tandis que les Allemands se fortifient à Montbéliard, à Vaudoncourt, et plus en arrière à Croix et à Delle, deux villages presque contigus à la frontière suisse.

Ce n'est certainement pas avec une parfaite tranquillité d'esprit que nous voyons se préparer une lutte aussi formidable à une si faible distance de notre territoire. Les routes qui partent de Blamont et de Delle pour se réunir à Porrentruy sont pour les deux belligérants une tentation permanente, car elles permettraient à chacun d'eux de se porter, comme par un chemin couvert, sur les derrières de l'ennemi. Malgré cela, nous avons confiance que la neutralité suisse sera respectée par les généraux des deux armées, et s'il arrivait que l'un des deux partis oubliât dans la chaleur de l'action les limites qu'il lui est interdit de franchir, nous comptons assez sur la vigilance de nos troupes et sur celle du chef qui les commande pour envisager sans trop d'inquiétude une semblable éventualité.

Une dépêche française arrivée hier dans la journée annonce que le 9, une première bataille a été livrée à Villersexel, sur l'Oignon, à 35 kilomètres au sud-ouest de Belfort et que les Français y ont remporté la victoire. Mais la dépêche ne nous dit pas quelle a été l'importance de cet engagement, le nombre et la provenance des troupes qui y ont pris part, et surtout le but stratégique qu'il s'agissait d'atteindre. Il est possible que ce combat ait eu pour objet d'arrêter la marche d'une colonne allemande qui serait venue de Lure ou de Vesoul prendre position sur l'Oignon. Mais, nous le répétons, nous en sommes réduits sur ce point aux conjectures. Et, dans tous les cas, ce n'est pas, croyons-nous, à Villersexel, mais très-probablement aux environs de Montbéliard et de Belfort qu'aura lieu la bataille où se décidera le sort de la campagne de l'Est.

Pendant que ces événements préliminaires d'une action générale s'accomplissent dans la vallée de l'Oignon, les Allemands poussent avec une grande activité leurs attaques contre la forteresse de Belfort.

Si l'on en croit une dépêche de Berlin, un assaut aurait été livré le 8 du côté sud de la ville, c'est-à-dire dans la direction de Danjoutin; mais la dépêche, dans son laconisme, ne nous dit pas si l'assaut a été livré à quelque position extérieure, ou à l'un des ouvrages avancés, ou au corps de place lui-même. La forteresse de Belfort est construite sur un pentagone présentant du côté du Nord-Est, du Nord, de l'Ouest et du Sud-Ouest quatre fronts bastionnés avec leurs accessoires. A la gorge, c'est-à-dire du côté du Sud-Est, se trouve une double couronne connue sous le nom de Château de Belfort. Elle borde le sommet de la colline dont les pentes lui servent de glacis naturel, et elle défend les approches de la ville du côté de l'Est et du Sud.

Si cet ouvrage important est celui dont les Allemands se sont emparés dans leur assaut du 8 janvier, la position des assiégés serait singulièrement menacée. Mais nous ignorons complétement ce qui en est à cet égard, et il n'est même pas impossible que l'action mentionnée dans la dépêche allemande se rapporte à la position de Danjoutin, au sud de Belfort, où une batterie avait été établie par les Français. Dans ce cas, la situation de la place serait encore intacte, et elle pourrait tenir jusqu'à l'arrivée de l'armée de secours dont ses habitants peuvent déjà entendre le canon dans la direction du Sud.

Quoi qu'il en soit, la situation est extrêmement tendue et la nécessité d'agir promptement qui s'impose aux Allemands aussi bien qu'aux Français, ne peut manquer d'amener, à bref délai, des événements décisifs.

IX

LA SITUATION MILITAIRE

(Au 11 janvier.)

Les opérations militaires se poursuivent avec une grande activité.

Devant Paris, les forts de l'Est continuent à recevoir le feu des batteries prussiennes établies au Raincy, à Montfermeil, au Moulin Guiot, à Noisy-le-Grand et à Villiers-sur-Marne, tandis que les forts du Sud, particulièrement ceux de Vanves et d'Issy, sont bombardés des hauteurs de Meudon, de Châtillon et du Plessis-Piquet. Il est impossible d'apprécier maintenant l'effet produit par cette tempête d'artillerie presque unique dans l'histoire des siéges. Les dépêches de Versailles en constatent l'efficacité, tandis que les nouvelles reçues de Paris affirment au contraire que les dégâts causés aux forts sont insignifiants et peuvent être aisément réparés pendant la nuit. L'événement prouvera de quel côté est la vérité.

Ce qui paraît malheureusement trop certain, c'est que le tir des batteries allemandes ne se limite plus, depuis quelques jours, à l'enceinte des forts, mais qu'elles envoient maintenant leurs obus jusqu'au centre des quartiers habités de la rive gauche, suivant une ligne qui part du Jardin des Plantes pour aboutir aux Invalides en traversant le Luxembourg et la place Saint-Sulpice. Il est permis de se demander si les nécessités militaires exigeaient impérieusement cette œuvre de destruction dont des expériences récentes n'ont pas démontré l'efficacité ; il nous semble que la gloire des armes prussiennes n'aurait rien eu à perdre si le quartier général avait généreusement renoncé à ces terribles rigueurs que les lois de la guerre justifient peut-être, mais contre lesquelles proteste toujours plus haut l'instinct de l'humanité.

Les nouvelles s'accordent du reste à représenter le moral des assiégés comme n'étant nullement ébranlé par l'épreuve du bombardement. La population, comme le gouvernement, se montrent décidés à résister jusqu'au bout et à tenter prochainement de nouvelles sorties. Quelques actions qui, à en juger par le chiffre des pertes subies, ne paraissent pas d'ailleurs avoir eu une bien grande importance, ont déjà été dirigées sur plusieurs points de la ligne d'investissement. Le long du chemin de Strasbourg, en particulier, des avant-postes prussiens ont été délogés des maisons qu'ils avaient occupées. Ailleurs, au sud des forts de Vanves et d'Issy, une sortie a également été tentée sur les travaux entrepris en avant de Clamart. Mais, nous le répétons, ce sont là des faits d'armes dont la seule importance est de prouver que les assiégés n'ont point renoncé à reprendre bientôt l'offensive.

Dans la région de l'Ouest, les mouvements stratégiques que nous avions essayé de prévoir se sont exécutés avec une précision remarquable. Tandis que l'aile gauche du prince Frédéric-Charles se portait au sud du Mans, enlevait après une lutte de six heures l'importante position d'Ardenay, occupait le plateau de Parigné l'Évêque, et poussait ses têtes de colonne jusqu'au village de Changé, à 6 kilomètres du Mans, l'aile droite suivant la rive droite de l'Huine arrivait le 9, en repoussant l'armée du général Chanzy jusqu'à Savigné et Montfort, emplacement que nous avions indiqué d'avance comme devant être le théâtre probable de la lutte.

C'est le 11 que les deux armées en sont venues aux mains sur les hauteurs de la Chapelle et de Lombron. Les troupes françaises auraient dû se replier sur le Mans en laissant entre les mains des Allemands près de 10,000 prisonniers, si l'on en croit une dépêche envoyée par le grand-duc de Mecklembourg qui a eu tout l'honneur de cette journée.

D'autre part, une dépêche du général Chanzy affirme que, malgré les efforts de l'ennemi, ses troupes avaient conservé, à une exception près, toutes leurs positions.

Dans sa dépêche, le général Chanzy, loin d'annoncer l'intention d'évacuer le Mans, se déclarait prêt au contraire à reprendre dès le lendemain une énergique offensive. Cette ville si heureuse, si paisible, serait-elle donc destinée à connaître les désastres d'un combat de rues et d'une prise d'assaut? Nous espérons qu'il n'en sera rien. Il est probable, en effet, que si la situation devient trop critique, le général Chanzy, pressé au Nord et au Sud par des forces redoutables, préférera franchir la Sarthe et se retirer sur les hauteurs de la rive droite, plutôt que d'engager dans un étroit espace une lutte qui, en cas d'insuccès, pourrait compromettre sa retraite. Jusqu'ici, il faut le reconnaître, ce général a fait preuve d'une véritable habileté dans ses manœuvres, et s'il n'a pas réussi à ramener la victoire sous ses drapeaux, il a du moins maintenu son armée en bon ordre, malgré les fatigues inséparables d'une longue et périlleuse retraite devant l'ennemi.

Dans ces circonstances, il se peut que nous ne tardions pas à apprendre l'occupation du Mans par les troupes allemandes. Une fois en possession de ce point stratégique important, le prince Frédéric-Charles continuera-t-il sa route vers l'Ouest, à la poursuite du général Chanzy, ou préférera-t-il se rabattre sur Tours et la ligne de la Loire? C'est là une question que nous ne sommes pas en mesure de résoudre, car elle se rattache à un plan stratégique que rien encore n'est venu dévoiler.

Dans tous les cas, le général allemand ne saurait sans danger s'avancer indéfiniment vers l'Ouest, en laissant Orléans livré aux entreprises des corps français qui se trouvent encore sur les deux rives de la Loire. Les dépêches de Bordeaux signalent en effet la présence d'un corps français dont nous ignorons l'importance, mais qui opère aux environs de Tours et de Blois dans la direction de Châteaurenault. Nous savons également que les villes d'Issoudun et de Vierzon sont toujours occupées par des gardes nationaux mobilisés du Midi et qu'on achemine continuellement des troupes dans cette direction.

Depuis le dernier combat de Bapaume, où Faidherbe et Manteuffel se sont attribué la victoire, nous sommes sans nouvelles précises de l'armée du Nord. Nous savons seulement, par le *Courrier du Pas-de-Calais* du 7, qu'à cette date Bapaume était encore occupé par 3 ou 4000 Prussiens, tandis que les uhlans parcouraient librement la campagne aux environs d'Arras. Il y a donc lieu de supposer que le général Faidherbe s'est retiré, après le combat de Bapaume, dans la direction de Lille ou de Douay.

Le seul fait saillant de cette campagne du Nord a été la capitulation de Péronne, le 10 janvier, et l'occupation de cette forteresse par les troupes prussiennes.

Nous ne parlons que pour mémoire d'un petit engagement qui a eu lieu le 8 janvier près de Montbard entre le général Dannenberg et un détachement de garibaldiens arrivé de Dijon et d'Autun.

Dans la région de l'Est, des dépêches allemandes nous ont apporté une version entièrement nouvelle sur la bataille ou plutôt sur le combat de Villersexel, car il ne paraît pas qu'il y ait eu sur ce point autre chose qu'une lutte d'avant-garde.

D'après ce récit, une colonne de l'armée du général de Werder venant de Vesoul par une vallée perpendiculaire à celle de l'Oignon, aurait donné près de Villersexel sur le flanc gauche du 20me corps français en marche vers le Nord-Est, et il s'en serait suivi un combat dans lequel la victoire serait restée aux Allemands. Ceux-ci auraient fait à l'ennemi plus de 500 prisonniers et lui auraient enlevé 2 drapeaux.

Une nouvelle attaque du 20me corps, appuyé par le

17ᵐᵉ, contre les positions occupées par les Allemands, aurait été repoussée par ces derniers.

En opposition avec ce récit, le général Bourbaki maintient que le combat de Villersexel a été une véritable victoire pour les armes françaises. Il ajoute que la nuit du 9 au 10 a été employée à expulser de ce village les derniers soldats allemands qui l'occupaient encore.

Ce qui nous semble résulter assez clairement de ces deux versions contradictoires, c'est que le combat de Villersexel a été un de ces engagements douteux dans lesquels les deux partis peuvent, sans trop forcer la vérité, s'attribuer le succès, et qui sont en général le premier acte d'une action plus sérieuse. Nous voyons par la dépêche de Bourbaki, datée du 10 au soir, que cette journée n'avait amené aucun nouveau fait de guerre. Cependant, s'il est vrai que les troupes du général de Werder aient choisi cette voie pour pénétrer dans la vallée de l'Oignon et de là dans celle du Doubs, et si l'armée de Bourbaki est réellement en marche sur Belfort, il semble difficile que le passage de Villersexel ne soit pas chaudement disputé.

Des dépêches de Besançon, en date du 7 janvier, signalent de grands mouvements de troupes allemandes aux environs d'Arcey et d'Héricourt, au sud-ouest de Belfort.

Quant à cette forteresse, sa garnison résiste encore avec énergie, malgré la prise par les Allemands des hauteurs de Danjoutin où des batteries avaient été construites par la défense. C'était cette position extérieure et non les fortifications avancées de la place qui avaient été emportées d'assaut par les Allemands, bien qu'une dépêche conçue en termes assez obscurs ait pu d'abord faire supposer le contraire.

Du reste, l'importance des opérations militaires qui sont en voie de s'accomplir dans la vallée du Doubs est suffisamment marquée par la résolution qui vient d'être prise à Versailles de réunir les armées des généraux de Werder et de Zastrow, sous le commandement d'un officier supérieur. Le nom de ce général n'est pas encore connu.

Dans la journée d'hier on parlait sur la frontière neuchâteloise d'une grande bataille qui aurait été livrée au sud de Belfort. Nous croyons que ces bruits sont prématurés, et que les concentrations de troupes ne sont pas encore arrivées de part et d'autre à ce point d'achèvement où l'on peut prédire à coup sûr l'imminence d'un engagement général.

CINQUIÈME PARTIE

LA CAMPAGNE DE L'EST

1

LE MANS ET LA LISAINE

(Du 11 au 18 janvier.)

I

Les quelques jours qui se sont écoulés depuis notre dernier exposé de la situation ont vu s'accomplir des événements d'une portée considérable au point de vue militaire.

C'est d'abord la défaite de l'armée française de l'Ouest et l'occupation du Mans par le prince Frédéric-Charles, double succès qui a fait tomber entre les mains des Allemands une position importante, plus de 20,000 prisonniers et un nombreux matériel de guerre. Mais ce n'est là encore que le moindre côté de la question.

Si l'on a présent à l'esprit le plan général de cette campagne, on reconnaîtra que les armées françaises soit du Nord, soit de l'Ouest ne peuvent avoir qu'un seul but dans leurs évolutions : se rapprocher de Paris pour tendre la main, pendant qu'il en est temps encore, aux défenseurs de cette capitale. Tout ce qui les ramène vers Paris est un succès, tout ce qui les en écarte doit être considéré comme un revers. De leur côté, les généraux allemands qui opèrent sur les bords de la Loire, de la Sarthe ou de la Somme ne peuvent avoir d'autre pensée que de s'opposer à cette concentration des forces françaises aux environs de Paris. Lorsqu'on l'envisage à ce point de vue, l'évacuation du Mans par l'armée de l'Ouest apparaît comme un événement de la plus haute importance stratégique. Car en supposant même que le général Chanzy réussisse à reformer son armée, aujourd'hui brisée en deux tronçons qui se retirent dans deux directions divergentes, le temps nécessaire pour cette réorganisation sera autant de jours accordés à l'attaque et au bombardement de la capitale de la France.

Il est donc incontestable qu'en forçant le général Chanzy à se retirer en partie sur Laval, en partie sur Alençon, le prince Frédéric-Charles, mettant à profit, comme nous l'avons montré dans de précédents articles, le départ du général Bourbaki pour la région de l'Est, a remporté un grand succès. Il aurait pu être plus considérable encore si le général français, cédant à une impulsion téméraire, avait résolu de se maintenir jusqu'au bout dans une position que l'ennemi cherchait évidemment à envelopper.

Grâce à une retraite opérée en temps utile, l'armée de l'Ouest, bien que séparée en deux corps distincts, a du moins échappé à un désastre comme celui de Metz ou de Sedan.

Les dépêches françaises ne nous donnent sur cette retraite que des renseignements très-incomplets; elles se taisent en particulier sur les positions occupées actuellement par le général Chanzy. Cependant, si l'on tient compte de certains indices et surtout de l'arrivée subite de M. Gambetta à Laval, on peut conjecturer avec assez de vraisemblance que cette ville est bien le point de concentration assigné au principal corps de l'armée de l'Ouest.

Une colonne allemande, commandée par le général de Schmidt, suit la retraite dans cette direction, pendant que d'autres détachements occupent le camp de Conlie abandonné sans avoir été défendu, ou s'avancent vers le Nord jusqu'à Alençon.

Il est donc permis de dire que, malgré l'habileté du chef et la bravoure des soldats, l'armée de l'Ouest qui, pendant plusieurs semaines, a tenu tête, non sans gloire, à de vieilles troupes commandées par un général expérimenté, a cessé momentanément d'être dangereuse pour les projets de l'état-major allemand. Les circonstances, jointes à la discipline et à l'expérience supérieures de ses adversaires, l'ont empêchée d'exécuter le plan stratégique qui lui avait été confié.

Il en est à peu près de même de l'armée du général Faidherbe, dont les manœuvres échappent à toute analyse. Certains journaux considèrent, il est vrai, cette tactique *oscillante* comme un chef-d'œuvre d'habileté. Mais, nous devons l'avouer, le moment nous semble mal choisi pour temporiser, lorsque Paris est étroitement bloqué, et que les obus poursuivent de jour en jour et d'heure en heure leur œuvre de destruction. Si le général Faidherbe a été victorieux dans la bataille de Bapaume, pourquoi n'a-t-il pas poussé ses avantages en continuant à s'avancer dans la direction de

Paris, au lieu de se retirer sur Lille ou sur Cambray, dans une position excentrique? Pourquoi surtout n'a-t-il pas marché résolûment au secours de Péronne? Cela n'aurait-il pas été plus efficace que de citer, après coup, devant un conseil de guerre le malheureux commandant de cette forteresse! Plutôt que d'accuser un général d'avoir commis de telles fautes et oublié ainsi le véritable devoir d'une armée de secours, nous préférons supposer que les dépêches officielles ont un peu exagéré les succès obtenus devant Bapaume; car les règles de la stratégie n'ont rien à faire avec celles de l'escrime, et le général qui « rompt » après avoir frappé son adversaire, à moins qu'il n'ait pour agir ainsi un motif très-réel et très-évident, ne saurait se déclarer victorieux.

Du reste, des dépêches récentes nous apprennent que l'armée du Nord s'est de nouveau mise en marche dans la direction du Sud et qu'elle est entrée à Albert (Somme), à 30 kilomètres d'Amiens. Nous verrons si ce mouvement a un but sérieux ou s'il se terminera, comme les précédents, par une nouvelle retraite vers le Nord.

II

Devant Paris, l'œuvre de destruction continue avec une régularité méthodique et froide, bien propre à inspirer l'horreur de cette guerre, où tout ce que la civilisation a de plus cher est impitoyablement sacrifié. Les batteries allemandes décrivent à l'est et au sud de Paris un vaste hémicycle d'où jaillissent incessamment le fer et le feu. Non-seulement les forts sont battus en brèche, mais par-dessus leurs défenses impuissantes, les obus vont plonger dans les rues de Paris, portant avec eux la mort, la ruine, l'incendie. Les monuments, dont les flèches et les coupoles présentent des points de mire commodes, sont particulièrement menacés, et les états-majors ne se montrent pas plus tendres pour les chefs-d'œuvre de l'art que pour les vies innocentes qu'ils sacrifient aux nécessités militaires. Tandis que les Allemands lancent leurs obus dans Paris, le Mont-Valérien canonne la ville de Sèvres, et l'œuvre de destruction est ainsi poursuivie des deux côtés avec une émulation dont la malheureuse France gardera longtemps le souvenir.

Jusqu'à présent, il est impossible de savoir quel a été le résultat du duel engagé entre les batteries allemandes et les forts du Sud et de l'Est. Ces derniers paraissent avoir été réduits au silence, mais ce silence est-il définitif? Les défenses intérieures ont-elles cédé, n'offrent-elles plus à la garnison une protection efficace? C'est là ce que nous ignorons. Nous savons seulement que de nouvelles batteries ont été établies par les Français en arrière de la ligne des forts et par conséquent dans des positions moins exposées au feu de l'ennemi.

Au dire des juges les plus compétents, la portée de l'artillerie française serait, au moins partiellement, supérieure à celle des canons prussiens. Ainsi un obus lancé par le Mont-Valérien est venu tomber au pied de la terrasse de St-Germain, après avoir franchi une distance de 8,300 mètres. Or les batteries prussiennes ne portent pas au delà de 5 à 6 kilomètres. Mais ce qui leur manque sous ce rapport est largement compensé par la précision de leur tir. Celles de ces batteries qui, soit par leur proximité, soit par leur position dominante sont les plus dangereuses pour Paris, sont les batteries de Meudon, de Clamart et de St-Cloud. Ce sont elles qui envoient aujourd'hui leurs obus dans les quartiers de Grenelle, du Luxembourg et du Panthéon. Si elles s'avançaient d'un kilomètre encore, elles atteindraient facilement les quartiers de la rive droite jusqu'ici épargnés par le bombardement. Or le génie prussien ne néglige rien pour en arriver là et les tranchées qu'il construit aujourd'hui en avant de ses positions actuelles ont la double destination de servir à l'attaque des forts et de rapprocher les batteries de siége de l'enceinte de Paris.

Il est vrai que la présence dans la place d'une garnison aussi nombreuse, plus nombreuse même que les assiégeants, rend cette opération peu commode, car des sorties redoutables peuvent être dirigées à chaque instant sur les points avancés des travaux.

Cependant, jusqu'ici, les tentatives faites le 13, le 14 et le 15 janvier par la garnison de Paris contre les travaux de siége ne paraissent pas avoir réussi. On persiste à parler d'une grande sortie qui serait opérée par les assiégés dans l'espérance de forcer les lignes d'investissement. Mais il est impossible de savoir si cette entreprise aura lieu et quelles seraient ses chances de succès.

La présence des batteries formidables qui couronnent aujourd'hui toutes les hauteurs rendrait une sortie bien périlleuse. Mais, d'autre part, il est permis de supposer que les renforts envoyés à l'armée allemande de l'Est, et en particulier le départ du 2ᵐᵉ corps commandé par le général Fransecki, ont plus ou moins affaibli la ligne d'investissement, en sorte que le moment pour une énergique offensive de la garnison serait peut-être mieux choisi qu'il ne le semblerait tout d'abord.

III

Dans l'Est, nous avons laissé les généraux de Werder et Bourbaki se disputant le résultat de la journée de Villersexel dans des bulletins qui, ni d'un côté ni de l'autre, ne brillaient par un excès de clarté.

Maintenant encore, il est assez difficile de fixer la place et l'importance de ce combat au milieu des événements militaires très-graves qui viennent d'avoir lieu dans cette région. Ce qui est certain, c'est que, vainqueur ou vaincu à Villersexel, le général de Werder n'en a pas moins exécuté sa marche stratégique de Vesoul sur Belfort, puisque nous le trouvons, dès le 13, solidement établi au sud-ouest de cette ville aux environs d'Héricourt.

A la même date, les avant-gardes du général Bourbaki arrivaient, le long de la rive droite du Doubs, aux villages d'Arcey et de Sainte-Marie, où ils rencontraient les avant-postes prussiens. Ceux-ci se replièrent à l'approche de l'ennemi, après de légers combats qui livrèrent aux Français les villages dont nous venons de parler.

La journée du 14 fut employée de part et d'autre à se préparer à la lutte très-sérieuse qui s'annonçait. L'armée allemande occupait, sur la rive gauche de la

Lisaine, affluent du Doubs, des positions naturellement très-fortes, et que le génie avait rendues plus fortes encore par de nombreux travaux de terrassement. Sa ligne s'étendait du village de Chagey jusqu'à Montbéliard, avec un développement de 12 à 13 kilomètres. Elle était protégée sur son front par le torrent de la Lisaine, courant dans une étroite vallée, où se trouvent les villages de Chagey, Luze, Saint-Valbert, Bussurel, Bethoncourt et les villes de Montbéliard et d'Héricourt. La rive gauche de ce ravin est formée par une série de collines boisées, à 50 ou 60 mètres au-dessus du ruisseau, et s'élevant en pente douce vers le Nord jusqu'à la hauteur de 100 mètres.

Les collines de la rive droite, occupées par les Français, sont dans des conditions semblables et présentent même sur celles de la rive opposée un commandement de quelques mètres. La ville d'Héricourt, qui est un des nœuds de cette ligne, est située dans un bas-fond dominé de toutes parts et n'offre aucun élément sérieux de défense. Celle de Montbéliard, construite entre l'Allaine et un rocher qui la domine à 50 mètres, est à la merci de l'armée qui occupe les hauteurs de la rive droite. Le flanc gauche de la position allemande était protégé par un large ravin, où se réunissent les eaux de l'Allaine et de la Savoureuse. Au delà de ce ravin, les villages d'Exincourt, d'Étupes et d'Audincourt, mis en état de défense et fortement occupés, servaient de postes avancés à cette position. Enfin, le flanc droit du général de Werder s'appuyait aux contreforts des Vosges, qui dominent Frahier et Belfort.

Telle est la position très-forte que le général Bourbaki avait à percer sur un ou plusieurs points s'il vou-

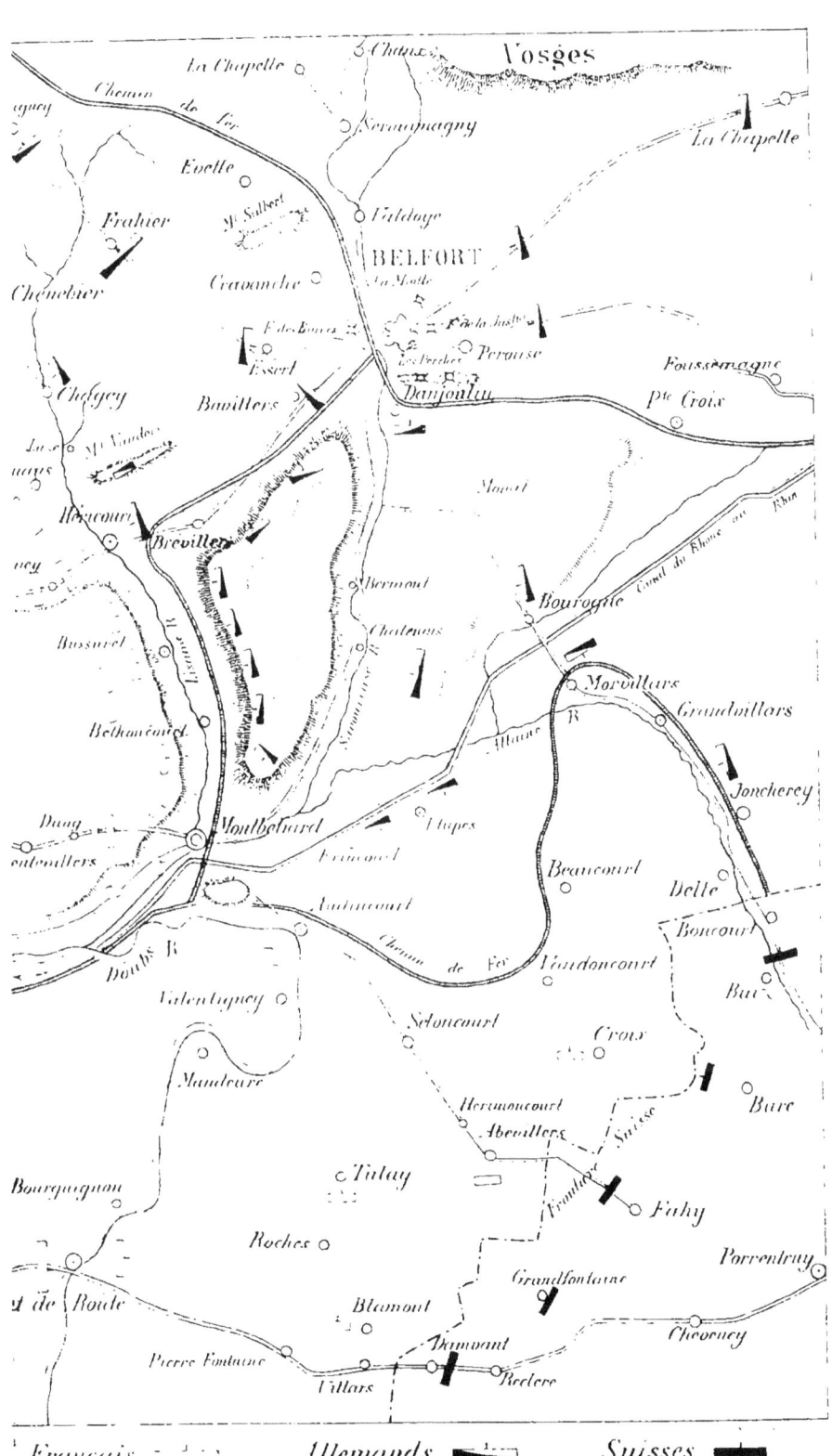

LES LIGNES DE LA LISAINE

lait exécuter son plan de campagne : faire lever le siége de Belfort pour marcher ensuite à travers l'Alsace et les Vosges, en menaçant d'une part la ligne du Rhin et de l'autre les communications allemandes du côté de Nancy. Ce plan hardi, qui, en cas de succès, ouvrait à la France des perspectives nouvelles, méritait bien que l'on fît un énergique effort pour en réaliser les promesses. C'était incontestablement la plus heureuse combinaison stratégique que l'état-major français eût conçue dès le début de cette guerre, et le général Bourbaki, par sa bravoure, par son expérience consommée, paraissait désigné d'avance pour en tenter l'exécution. Des forces considérables en troupes de ligne, en gardes mobiles ou mobilisées, avec la cavalerie et l'artillerie nécessaires, avaient été mises dans ce but sous ses ordres. En même temps de nombreux corps francs, sous la conduite de Garibaldi, étaient envoyés dans les vallées des Vosges pour protéger la marche de l'armée et entraver celle des corps ennemis qui pourraient être acheminés de Paris ou de la Loire au secours du général de Werder. Les forces ainsi réunies sous le commandement du général Bourbaki dépassaient, dit-on, 100,000 hommes.

Si les circonstances avaient été favorables à une marche rapide, et si les projets du général avaient pu s'exécuter dans le terme qu'il avait lui-même fixé, il est incontestable que la position du général de Werder, avec ses 30 ou 40,000 hommes, aurait été sérieusement menacée. Obligé, pour concentrer ses forces, de se transporter de Dijon à Belfort à travers les Vosges, et d'exécuter, avec des troupes numériquement inférieures, une marche de flanc en présence de l'ennemi, Werder aurait difficilement évité le double danger ou d'arriver trop tard ou d'être pris en flagrant délit de manœuvres.

Heureusement pour lui, ces suppositions ne se sont pas réalisées. Les projets de Bourbaki ont été connus avant qu'il fût trop tard pour les déjouer. On se rappelle que Werder n'a pas perdu un jour, pas une heure pour évacuer Dijon et se replier par Vesoul dans la direction de Belfort. En même temps, des renforts considérables étaient acheminés sur ce nouveau champ de bataille, soit de l'Allemagne par l'Alsace, soit de Paris par Châtillon et Langres. On formait ainsi une nouvelle armée de l'Est, comprenant les corps de Treskow, de Zastrow et de Fransecki, et pouvant présenter un effectif total de plus de 100,000 hommes. Comme, dès lors, elle était appelée à jouer un rôle important dans cette nouvelle phase de la campagne, elle fut placée sous les ordres d'un officier supérieur, habile et éprouvé, le général de Manteuffel.

Il faut ajouter cependant que les renforts envoyés directement d'Allemagne paraissent seuls être arrivés devant Belfort assez à temps pour prendre part aux batailles du 15 au 17 janvier. Le général de Manteuffel n'y assistait point, et le corps de Fransecki doit être encore dans les Vosges, où sa présence peut, dans certaines éventualités, devenir dangereuse pour la retraite de Bourbaki. Malgré ces retards presque inévitables, le général de Werder avait, le 15 janvier, des forces suffisantes, sinon pour livrer une bataille offensive, du moins pour arrêter l'ennemi et se maintenir dans ses positions. En évaluant à 60 ou 70,000 hommes les troupes placées sous le commandement du général prussien, on serait, croyons-nous, assez rapproché de la vérité.

Pendant que l'état-major allemand faisait preuve dans cette circonstance de son activité accoutumée, les préparatifs français se poursuivaient avec une lenteur qui n'était pas de bon augure. A mesure que les jours s'écoulaient, les chances de succès diminuaient en égale proportion; il était facile de prévoir que cette fois encore, on laisserait échapper l'occasion favorable et qu'après avoir pris l'initiative de ce mouvement, l'on finirait par être devancé. Le combat de Villersexel en fut la preuve. Les têtes de colonne de Werder débouchèrent dans la vallée de l'Oignon en même temps que l'avant-garde de Bourbaki. Et, dès ce moment, l'on put concevoir des doutes sérieux sur la possibilité d'exécuter le plan conçu par cet entreprenant général.

Retranché derrière la Lisaine, dans des lignes dès longtemps préparées, le général de Werder adopta, comme les circonstances le lui commandaient, une attitude purement défensive. Ses ailes étaient suffisamment protégées, son front défendu par des fortifications et par une nombreuse artillerie. Les routes, rendues détestables par la neige et le dégel, étaient peu favorables à l'offensive. Le général prussien résolut sagement de profiter de tous ces avantages et de laisser son adversaire user l'élan de ses troupes contre tous ces obstacles matériels.

L'attaque commença le 15 sur toute la ligne, depuis Chagey jusqu'à Montbéliard.

D'après le rapport du général de Werder, ce fut principalement un combat d'artillerie. Après avoir duré de huit heures et demie du matin jusqu'à cinq heures et demie du soir, il se termina à l'avantage des Allemands, qui étaient restés maîtres de toutes leurs positions. Leur ligne n'avait pu être forcée. Cependant le général Bourbaki annonçait s'être rendu maître de Montbéliard, ce qui n'a rien d'improbable, la ville étant, comme nous l'avons dit, dans une situation défavorable au point de vue de la défense. Cependant la position du château, fortifiée et garnie de canons, restait aux mains des Allemands.

Le 16, nouvelle attaque. Les points les plus menacés par les Français sont les villages de Bethoncourt, de Bussurel, la ville d'Héricourt et la position importante de St-Valvert au nord de cette ville. Mais sur tous ces points les Allemands sont en force; leur artillerie enfilant la vallée, prend en flanc les colonnes d'attaque et les empêche de gagner du terrain.

Le général Bourbaki déploie des troupes au delà de son aile gauche, du côté de Frahier et de Chenebier, dans l'espérance de déborder la droite des Prussiens et de prendre leur ligne à revers. Mais le général de Werder fait face avec promptitude à ce nouveau danger. Un corps de troupes envoyé par lui à son extrême droite dégage pendant la nuit le village de Frahier, et franchissant la Lisaine, s'empare de l'importante position de Chenebier, d'où il menace à son tour de tourner la ligne française.

Le 17, vers 8 heures du matin, le général Bourbaki essaie encore une fois de forcer le passage, en lançant ses colonnes sur le village de Chagey. Repoussé sur ce point, il recommence vers midi sans plus de succès sa tentative sur Bethoncourt. Il fait appuyer ce mouvement par une vive canonnade du côté de Luze et de Montbéliard. Mais Bethoncourt ne cède pas plus que Chagey. Vers 4 heures, une dernière attaque dirigée contre le général Keller, à l'extrême droite allemande, échoue contre la fermeté de ce général qui tient tête à l'orage et défend victorieusement l'importante position de Frahier, occupée par lui dès la veille.

A la suite de cette lutte héroïque de trois journées, dans laquelle ses troupes avaient bravement fait leur devoir, Bourbaki reconnaissant enfin l'impossibilité de percer une ligne si fortement défendue, ordonne la retraite et se retire sur les positions qu'il occupait avant la bataille.

La dépêche dans laquelle il annonce cette résolution mérite d'être citée pour la mâle franchise avec laquelle ce général reconnaît l'insuccès du plan de campagne auquel la renommée avait déjà attaché son nom. Et ce n'est pas un courage commun dans le temps où nous vivons que celui qui consiste à avouer publiquement de pareilles vérités.

Nous ignorons encore quelles sont les positions sur lesquelles le général Bourbaki a dirigé sa retraite. A plus forte raison, nous ne pouvons rien préjuger de ses projets ultérieurs.

Essaiera-t-il une nouvelle attaque après avoir donné quelques jours de repos à ses troupes et reçu peut-être de nouveaux renforts? Se retirera-t-il sur Lyon pour défendre le Midi? Reprendra-t-il la route de la Loire ou celle de Paris? Cédera-t-il enfin aux conseils audacieux qui le sollicitent de se jeter à travers les Vosges sur les lignes de communication des Allemands? Autant d'hypothèses sur lesquelles l'imagination des stratégistes amateurs peut se donner pleine carrière. Mais quel que soit le parti auquel s'arrêtera le général Bourbaki, il est un fait certain, c'est que chacun de ses mouvements vers le Sud ou vers l'Ouest sera suivi pas à pas par l'armée qu'il vient de combattre, et dont la mission constante sera de le vaincre, si elle le peut, et, en tout cas, de le tenir continuellement en échec.

Il serait puéril, en effet, de supposer que l'armée allemande de l'Est va persister dans son attitude défensive et demeurer immobile dans ses positions fortifiées derrière la Lisaine. Il est probable, au contraire, que nous la verrons, avant qu'il soit peu, prendre à son tour l'offensive et se répandre dans la vallée du Doubs.

II

LA SITUATION MILITAIRE

(Au 22 janvier.)

I

La garnison de Paris a tenté, le 19 janvier, une grande sortie du Mont-Valérien contre les positions occupées par le Vme corps prussien, c'est-à-dire contre les hauteurs de Garches et de St-Cloud. Nous ignorons encore les détails de cet engagement qui paraît avoir été très-sérieux. Les collines qui ferment la presqu'île de Gennevilliers sont depuis longtemps occupées par l'assiégeant qui n'a rien négligé pour mettre à l'abri d'un coup de main ce côté assez vulnérable de sa position. Des travaux de terrassement considérables y ont été exécutés, et tout récemment des batteries de siége armées de canons du plus gros calibre ont été établies sur ces points élevés d'où l'on commande les quartiers d'Auteuil, de Passy, de Grenelle et les habitations de Boulogne et de Billancourt.

On comprend que la prise d'assaut de positions

aussi fortes fût une entreprise difficile, et il n'est point surprenant que la sortie, commandée par le général Trochu en personne, n'ait abouti jusqu'ici à aucun résultat.

La première dépêche prussienne qui nous a annoncé cet événement militaire prévoyait un nouvel effort pour la journée du dimanche. Les troupes, de part et d'autre, avaient gardé leurs positions de combat et se préparaient à une lutte prochaine. Mais des nouvelles de date plus récente nous représentent l'armée de Paris comme ayant repassé sur la rive droite de la Seine, après avoir demandé à Versailles un armistice qui lui aurait été refusé. C'est tout ce que nous savons pour le moment de cet incident du siége sur lequel les dépêches de source française se trouvent à peu près d'accord avec les télégrammes prussiens.

Pendant ce temps le bombardement de la place et des forts suit son cours, et le 21 de nouvelles batteries établies du côté du Nord ont ouvert leur feu contre les défenses de St-Denis.

II

Dans le Nord, l'armée du général Faidherbe, après avoir fait une fausse démonstration sur Albert, à 30 kilomètres au nord-est d'Amiens, s'était avancée de Cambrai sur St-Quentin, sans doute avec l'intention de surprendre l'armée de Gœben, en l'attaquant par sa droite. Mais ce plan de campagne fut déjoué par la vigilance du général prussien.

Le 19 janvier, l'armée allemande du Nord, renforcée par quelques corps de l'armée de Paris, et en particulier par une division saxonne, sous les ordres du prince de Lippe, se déployait à l'est de Péronne, et offrait la bataille au général Faidherbe. La lutte paraît avoir été des plus vives, car le vainqueur reconnaît que son succès lui a coûté cher. Mais les résultats obtenus étaient importants, puisque, à la tombée de la nuit, l'armée française du Nord abandonnait le champ de bataille et se retirait en arrière de St-Quentin, sur la route de Cambrai, en laissant aux mains de l'ennemi quelques canons et un chiffre de prisonniers que les dépêches prussiennes évaluent à plus de 9,000.

L'occupation de St-Quentin fut la première conséquence de cette victoire dont le résultat le plus important sera de mettre l'armée française du Nord hors d'état de reprendre, avant plusieurs semaines peut-être, sa marche en avant sur Paris. Les troupes qu'elle tenait en échec deviendront ainsi en partie disponibles; elles pourront être employées soit à renforcer l'armée d'investissement, soit à prêter leur concours à l'armée de l'Est, soit enfin à agir dans la direction du Havre ou de Cherbourg.

Une dépêche de Lille annonce que les troupes allemandes se sont montrées sous les murs de Cambrai et que le bombardement de cette ville a immédiatement commencé.

III

Dans l'Est, de grands événements militaires sont en voie de s'accomplir. Tandis que le général de Werder continue à observer dans sa retraite vers le Sud l'armée qu'il a combattue pendant trois jours sur les bords de la Lisaine, de nouvelles troupes allemandes se concentrent sur les flancs de cette armée et viennent rapidement prendre position sur tous les points de la vallée de la Saône. Le général de Manteuffel, qui a pris le commandement effectif de l'armée de l'Est, est entré à Gray dès le 18 janvier, c'est-à-dire le lendemain de la dernière journée de la Lisaine, à la tête de troupes prussiennes tout récemment arrivées de Paris. A cette date, Vesoul et Lure étaient de nouveau occupés par les Allemands. Le 21 janvier, la ville de Dôle, située sur le Doubs, dans une position stratégique des plus importantes, tombait entre leurs mains après une courte canonnade. Enfin, dans la matinée du 21 janvier, une avant-garde prussienne, appartenant probablement au même corps qui a été signalé à Auxerre, Avallon et Semur, s'est présentée devant Dijon et a engagé au nord de cette ville plusieurs combats, prélude d'une action plus sérieuse. La lutte a commencé dans la journée du 22, et, suivant une dépêche française, elle aurait eu pour résultat la défaite totale de l'ennemi par les mobilisés et les garibaldiens. Il y a lieu de présumer que ces troupes viennent de Montargis et qu'elles ont été détachées soit de l'armée de la Loire, soit de celle de Paris, pour appuyer les manœuvres du général de Manteuffel.

Il faut remarquer que les journaux de Dijon signalaient, depuis plusieurs jours déjà, le passage de troupes ennemies dans les vallées au nord de cette ville et se plaignaient qu'aucun effort n'eût été fait pour les arrêter. Le but de cette tentative sur Dijon est sans doute d'appuyer du côté de Dôle, de Saint-Jean-de-Losne et de Nuits l'aile droite de l'armée allemande de l'Est.

Si nos lecteurs veulent bien maintenant jeter un coup d'œil sur la carte, ils verront que les positions de cette armée figurent, à l'ouest du Doubs, un arc de cercle assez ouvert, dont une des extrémités s'appuie à Dôle, tandis que l'autre touche à Montbéliard, en passant par Gray, Vesoul, Lure, Béverne, Héricourt. Le Doubs forme la corde de cette courbe dont le centre, relié par de bonnes routes aux différents points de la circonférence, est marqué par la forteresse de Besançon.

Nous ignorons quelles sont les positions actuellement occupées par le général Bourbaki. Mais si l'on raisonne d'après les vraisemblances, il y a lieu de supposer qu'après son échec sur la Lisaine, se voyant menacé sur son flanc gauche, le général français a replié son armée le long du Doubs, dans la direction du Sud-Ouest. Il se trouverait ainsi en ce moment dans la zone étroite qui sépare la vallée du Doubs de celle de l'Oignon, probablement entre Baume-les-Dames et Besançon, à moins cependant qu'il n'ait jugé plus prudent de faire passer ses troupes sur la rive gauche du Doubs et de les ramener vers le Sud, en glissant entre cette rivière et la frontière suisse. Mais, dans ce cas, il faudrait qu'il abandonnât la partie et qu'il renonçât d'une manière définitive au succès de son expédition vers le Nord.

Il y a encore une autre alternative : c'est que le général Bourbaki, après avoir franchi les deux replis du Doubs, essaie de tourner par sa gauche la ligne du général de Werder en se plaçant entre Montbéliard et la frontière suisse. Cette hypothèse, peu vraisemblable, en raison du danger qu'offrirait une semblable entreprise, trouverait quelque appui dans une dépêche de Berne, annonçant la présence de corps français d'une certaine importance et pourvus d'artillerie, dans cette direction. Cependant, jusqu'à preuve du contraire, nous ne pouvons croire qu'il y ait à attendre de ce côté une attaque sérieuse.

Ce rapide exposé de la situation militaire nous paraît dessiner d'une manière assez claire le nouveau plan de campagne de l'état-major allemand. Ce n'est certainement pas sans dessein qu'il a réuni trois corps d'armée, un peu moins de 100,000 hommes, dans les positions que nous venons d'indiquer. S'il a cru devoir ramener des forces aussi considérables des bords de la Loire ou de la Seine pour les concentrer sur ceux de la Saône et du Doubs, c'est sans doute qu'il poursuivait dans cette région quelque grand but stratégique. Ce but, à notre avis, ne saurait être douteux. L'entrée en ligne des différents corps et leur groupement circulaire rappelle à s'y méprendre les positions occupées par l'armée allemande, le 1er septembre, devant Sedan, le 4 décembre, avant la reprise d'Orléans, le 11 janvier enfin, avant l'occupation du Mans et la défaite du général Chanzy. C'est toujours la même tactique consistant à concentrer ses forces devant l'ennemi, à le déborder par ses ailes et à l'étreindre ensuite en rapprochant les bords de ce cercle de fer et de feu, de façon à faire l'armée prisonnière ou à forcer la déroute. Jusqu'ici, ce plan a presque constamment réussi. Il commence cependant à être trop bien connu pour que les généraux français, instruits par de douloureuses expériences, n'aient pas appris à le prévoir et pour qu'ils ne se mettent pas en mesure de le déjouer.

Dans le cas présent, le général Bourbaki occupant le centre du cercle, tout l'effort du général de Manteuffel doit tendre, ce nous semble, à le forcer de livrer bataille sous les murs de Besançon, pour le rejeter, en cas de revers, sur la rive droite du Doubs, et plus tard sur la frontière suisse. C'est sans doute en prévision de cette éventualité que le Conseil fédéral suisse a cru devoir prendre des mesures de précaution extraordinaires, qui seront certainement approuvées par tous ceux qui se rendent compte de la situation. Nous espérons bien que ces mesures resteront inutiles ; mais la sécurité de la Suisse exigeait qu'elles fussent prises en temps opportun pour empêcher qu'un corps de troupes français ou allemand, rejeté à l'improviste sur un point quelconque de notre frontière, et la trouvant désarmée, n'attirât à sa suite la guerre sur notre territoire.

La neutralité a ses charges, sans doute, mais heureux les peuples qui n'en ont pas de plus cruelles à supporter !

Pour compléter ce résumé de la situation, nous devons ajouter que le siége de Belfort continue sans que les ressources de la défense paraissent être encore épuisées. Une dépêche allemande du 21 nous apprend que la position de Pérouse, située sous le canon du fort de la Justice, avait été occupée pendant la nuit par les Allemands, et que cette occupation avait permis au génie d'ouvrir la tranchée contre les forts des Perches situés au sud-est de Belfort. Nous savons en outre que, pendant toute la journée de dimanche, la ville n'était pas prise, car le canon de siége n'a cessé de retentir dans cette direction, comme on a pu s'en assurer des voûtes de Monnetier, sur le versant occidental du Petit-Salève; or ce roulement sourd, d'une gravité sinistre, entendu à une distance de plus de 40 lieues, annonçait suffisamment l'énergie avec laquelle se poursuit, de part et d'autre, cette œuvre de destruction.

III

LES COMBATS DE DIJON

(Du 21 au 23 janvier.)

Nous essaierons de résumer d'après les journaux du Rhône, de Saône-et-Loire et de la Côte-d'Or les combats qui ont été livrés le 21, le 22 et le 23 janvier aux environs de Dijon, combats dans lesquels l'avantage est resté aux troupes françaises et sur lesquels nous ne possédons encore aucun renseignement de source prussienne. Nous ignorons donc le but que se proposaient les Allemands dans cette pointe sur le chef-lieu de la Côte-d'Or. Plusieurs hypothèses sont également admissibles : ou bien il s'agissait d'une tentative sérieuse pour s'emparer de Dijon; ou bien, ces combats n'étaient qu'une fausse attaque, destinée à tenir en échec les troupes françaises concentrées sur ce point, pendant que le gros de l'armée allemande continuait sa route par le Nord-Est vers Vesoul ou Gray ou à l'Est vers Dôle.

Ce qui augmente encore l'incertitude, ce sont les renseignements donnés par les journaux français sur les troupes allemandes qui ont pris part à cette lutte de trois jours. Suivant eux, en effet, les régiments qui ont laissé sur le terrain des morts ou des prisonniers portaient les numéros 1, 21, 19, 24, 61, 49 et 13, 2me et 11me dragons. Or, ici une difficulté se présente, attendu que ces divers numéros appartiennent à des corps d'armée différents. Le régiment n° 1 fait partie du 1er corps qui se trouvait récemment dans le Nord et qui a pris part le 19 janvier à la bataille de Saint-Quentin. Le 24me régiment appartient au IIIme corps aujourd'hui sous les ordres du prince Frédéric-Charles, ainsi que le 2me régiment de dragons. Les numéros 21, 49 et 61 (Poméranie), appartiennent, ainsi que le 11me dragons, au IIme corps, commandé par le général Fransecki récemment détaché de l'armée de Paris; le n° 19 (Posen) appartient au Ve corps d'armée qui, le 19 janvier, défendait contre la sortie de Paris les abords de Versailles; enfin le n° 13 (Westphalie) appartient au VIIme corps placé sous les ordres du général de Zastrow. Un autre récit fait de plus entrer en ligne, dans la journée du 23, la garde royale prussienne qui certainement n'a point abandonné ses positions au nord-est de Paris, du côté du Bourget.

On voit par là qu'il règne une grande incertitude sur les troupes allemandes qui ont pris part à la bataille de Dijon.

Voici maintenant, d'après les journaux voisins du théâtre de la guerre, comment les choses se seraient passées.

Le samedi 21 janvier, vers 7 heures du matin, une colonne prussienne établie à Is-sur-Tille, à 25 kilomètres nord-est de Dijon, opéra un mouvement offensif au-dessus de Darois (12 kilom. ¹/₂ Nord-Ouest). On se rappelle que Is-sur-Tille est sur la route de Montbard à Gray et que, plusieurs jours auparavant, on avait signalé sur ce point un grand passage de troupes allemandes se dirigeant du côté de l'Est.

Les Garibaldiens, qui se trouvaient en avant de Dijon, se replièrent sur les positions fortifiées de Talant et de Fontaine.

Vers 1 heure, l'action était engagée sur la ligne de Talant à Daix.

Le village d'Hauteville fut repris par les Français. Le soir les deux armées restaient en présence, chacune d'elles gardant la plus grande partie de ses positions.

Le 22, à 7 heures du matin, l'action s'engage de nouveau par une vive fusillade. Vers midi, le canon se met aussi de la partie. Les Prussiens font de grands efforts, mais en vain, pour s'emparer de la forte position de Talant, protégée par une nombreuse artillerie et par des obstacles naturels. Talant, vigoureusement défendu par les mobilisés de l'Isère, de l'Aveyron, de l'Ain et de Saône-et-Loire, résiste à toutes les attaques de l'ennemi.

A 3 heures, les Prussiens se retirent et leurs positions sont occupées par les Français qui rentrent dans Dijon aux acclamations de la population, fort inquiète pendant toute la journée sur l'issue de la bataille. Les honneurs du triomphe se partagent entre le général Pélissier et le général Garibaldi.

Le 23, les Prussiens se montrent de nouveau du côté de Saint-Apollinaize, à 5 kilomètres nord-est de Dijon. Comment se trouvaient-ils là après leur défaite de la veille et d'où venaient-ils? C'est ce que les récits publiés jusqu'ici ne nous disent pas. Après une lutte très-vive dans les bâtiments de la ferme de Pouilly, les colonnes allemandes furent repoussées vers le soir. Il paraît qu'une autre colonne s'était également avancée sur Dijon du côté du Nord-Ouest entre Messigny et Asnières et qu'elle fut repoussée sur Messigny et Savigny-le-Sec.

Dans la journée du 22 ou du 23, car les récits varient, un drapeau prussien, celui du 61me (IIme corps), aurait été enlevé, grâce à un hardi coup de main de Ricciotti Garibaldi [1].

Tels sont, en dehors de tous les incidents dramatiques qui accompagnent toujours de pareilles luttes, les seuls renseignements un peu précis qui aient été publiés jusqu'à ce jour sur les combats des 21, 22 et 23 janvier devant Dijon. Les Français évaluent à 20,000 hommes environ les forces allemandes qui ont été engagées dans ces trois journées de combat.

---

[1] Une lettre de Ricciotti Garibaldi, adressée plus tard au général de Manteuffel, et publiée par les journaux allemands, rectifie cette version en déclarant que ce drapeau n'a point été enlevé, mais trouvé sur le champ de bataille, où il était couvert par un monceau de morts. *(Mars 1871.)*

IV

LA MARCHE DES ALLEMANDS VERS LE SUD-EST

(Au 26 janvier.)

Si l'on en excepte l'occupation de Dôle, celle de St-Wit et de Byans, sur les chemins de fer de Besançon à Dôle et à Salins, les dépêches de Berlin restent muettes sur les opérations des troupes allemandes dans cette direction.

Nous empruntons aux journaux du Jura et de Saône-et-Loire les renseignements suivants qui, à défaut d'informations plus complètes, peuvent du moins servir à jalonner la route suivie ces derniers jours par les détachements de l'armée de Manteuffel.

Dôle a été occupé le 18 janvier par un corps prussien qui s'en est emparé après avoir lancé quelques obus dans la ville. L'importance de ce détachement est diversement appréciée. Suivant les journaux de Saône-et-Loire, il ne se composerait que de 5 à 600 hommes. D'après les journaux du Jura, au contraire, il s'agirait d'un corps nombreux, comprenant 30,000 hommes d'infanterie, 1,200 de cavalerie avec 1,200 chevaux de remonte, 12 batteries d'artillerie, 1 régiment de train, et 4,000 voitures. De plus 131 wagons chargés de provisions et de matériel pour le général Bourbaki seraient tombés au pouvoir de l'ennemi.

Dès le 22, une colonne allemande que l'on évalue à 12 ou 15,000 hommes avait passé le Doubs à Dôle pour se porter vers le Sud. La Loue a été franchie à Parrecey où des redoutes avaient été construites par les Français, mais il ne paraît pas que ces ouvrages aient été défendus. Après y avoir laissé un poste d'un millier d'hommes, les colonnes allemandes ont continué leur route, en partie vers le Sud sur les Deschaux, en partie vers l'Est sur Mont-sous-Vaudrey, à 15 kilomètres sud-est de Dôle.

Le 23, ils occupent Mouchard avec 5,000 hommes, un corps d'égale importance venu de Dôle ayant remplacé le premier à Mont-sous-Vaudrey. Selon une dépêche du maire d'Arbois, le défilé des Prussiens sur Mouchard aurait duré 5 heures, et en quittant Mont-sous-Vaudrey ils auraient annoncé l'arrivée prochaine d'un nouveau corps de 12,000 hommes.

La garde nationale de Poligny, envoyée à la rencontre de l'ennemi, se trouvant hors d'état de résister à des forces aussi considérables, s'est repliée sur cette ville.

L'occupation de Mouchard (25 kilomètres sud-est de Dôle) mettait entre les mains des Allemands une nouvelle section du chemin de fer de Besançon à Lyon par Lons-le-Saunier.

Le 24 enfin, la garde nationale d'Arbois, qui s'était avancée dans la direction de Mouchard, a été repoussée et rejetée sur Arbois qui n'a pas tardé à être occupé. La ville de Poligny, au sud-ouest d'Arbois, a partagé le même sort.

Maintenant, le chef-lieu du Jura, Lons-le-Saunier, se trouve directement menacé par les colonnes prussiennes qui continuent leur mouvement dans l'intention évidente d'intercepter les lignes de communication de l'armée du général Bourbaki et de lui fermer, le cas échéant, la retraite vers le Sud.

Ces nouvelles, si elles se confirment, sont graves et n'ont pas besoin de commentaires.

Du côté de Dijon, aucun événement militaire important n'a été signalé depuis le 23. Suivant le *Progrès de Saône-et-Loire*, la journée du 25 a été tranquille. Les colonnes ennemies étaient toujours dans le voisinage immédiat de la ville; l'on pensait qu'elles attendaient des renforts pour une nouvelle offensive. Les mesures de précaution nécessaires avaient été prises à Dijon, en vue de cette éventualité.

Le même journal annonce que le jeudi 26 janvier à midi, on entendait de la citadelle de Châlon une vive canonnade dans la direction de Dijon.

P.-S. — Quelques-uns des renseignements qui précèdent sont confirmés par une dépêche de Versailles du 26, annonçant l'occupation par les troupes allemandes des positions de Quingey et de Mouchard.

V

LA SITUATION MILITAIRE DANS L'EST

(Au 24 janvier.)

Les renseignements officiels sur la situation des armées dans l'Est continuent à être d'une rareté extrême; l'on dirait qu'à Bordeaux comme à Berlin, on se soit donné le mot pour envelopper d'un voile prudent les opérations militaires dans cette région. C'est à peine si, de loin en loin, un télégramme conçu en termes laconiques veut bien nous apprendre l'apparition, sur tel point de la carte, d'une colonne prussienne ou le départ d'un détachement de garde nationale mobilisée quittant ses foyers pour marcher à la rencontre de l'ennemi.

En rapprochant ces indications isolées, comme nous l'avons essayé dans notre article d'hier, on peut, il est vrai, se faire une idée assez exacte de l'ensemble de la situation, mais il reste encore bien des points obscurs qu'il serait intéressant d'éclaircir. Quelques notes écrites par un témoin oculaire nous permettront de combler en partie ces lacunes et de compléter les indications déjà données sur la situation militaire de l'Est. Elles contiennent en outre des renseignements rétrospectifs qui ne seront pas lus sans intérêt.

Notre honorable correspondant constate, comme nous l'avons fait nous-mêmes, la lenteur déplorable avec laquelle a été exécuté le plan stratégique fort habilement conçu par le général Bourbaki. Pour avoir de véritables chances de réussite, ce plan devait être poussé avec la plus grande énergie; il fallait devancer sur la Lisaine les colonnes du général de Werder qui, après l'évacuation de Dijon, avaient à faire une marche longue et pénible par les routes des Vosges. Quelques positions bien choisies, occupées par un petit nombre d'hommes déterminés, pouvaient sinon les arrêter complétement, du moins retarder assez la marche des Allemands pour laisser à l'armée française le temps d'occuper le terrain en avant de Belfort.

Rien de semblable ne paraît avoir été essayé, et l'armée du général de Werder, après avoir débouché dans la plaine au nord-est de Besançon, a pu prendre ses positions de défense derrière la Lisaine, sans avoir eu à livrer d'autre combat que celui de Villersexel.

L'armée de Bourbaki, forte de plus de 130,000 hommes, a dû se résigner à laisser défiler devant elle les 30,000 soldats du général de Werder, qui avaient pour eux dans cette lutte de vitesse, un avantage inappréciable : un ou deux jours d'avance sur le gros des forces ennemies.

Ce fatal retard dans l'exécution du plan de Bourbaki devait être, selon les renseignements qui nous parviennent soit de Besançon, soit de Dijon, attribué en très-grande partie à l'organisation vicieuse de l'intendance française.

Par suite de l'insuffisance de ce service, le général Bourbaki, dont le projet était, nous assure-t-on, de passer une seule nuit à Dijon pour continuer sa marche vers l'Est, aurait été retenu pendant plus de deux jours dans cette ville, faute de moyens de transport et de provisions. Or il est à supposer que ces journées perdues par l'armée française ont été mises à profit par le général de Werder.

Après l'engagement de Villersexel, l'armée de Bourbaki mit quatre jours entiers pour franchir les six ou sept lieues qui séparent Villersexel d'Héricourt. Il est vrai que le temps était affreux et que les chemins encombrés par la neige ne se prêtaient pas à une marche rapide. Cependant ces journées furent employées par les Allemands à renforcer leurs positions derrière la Lisaine. Ici encore l'intendance française se serait montrée au-dessous de sa tâche, s'il est vrai, comme on nous l'affirme, que pendant toute cette marche de Villersexel à Héricourt les vivres aient presque complétement manqué. Les malheureux soldats, dont un grand nombre faisaient leur première campagne, avaient à lutter à la fois contre un froid de 13 à 14 degrés et contre les souffrances de la faim.

Ces conditions physiques de ses troupes n'étaient pas propres à favoriser l'entreprise du général français. Les positions prussiennes, protégées par un profond ravin, sur les pentes duquel on avait élevé plusieurs étages de batteries armées de pièces de siége du plus fort calibre, présentaient un aspect formidable. Pour combattre ces énormes canons de 24 qui balayaient au loin la rive droite de la Lisaine et envoyaient des obus jusqu'au milieu de leurs bivouacs, les soldats français n'avaient à leur disposition que des batteries de campagne. Il n'y a rien d'extraordinaire à ce que, dans de semblables conditions, une armée de 130,000 hommes, malgré toute sa bravoure et la capacité de ses généraux, ait été tenue en échec pendant trois jours par une armée numériquement beaucoup plus faible. Mais il n'est pas surprenant, non plus, qu'après tant de privations et de fatigues, la retraite ne se soit pas faite avec tout l'ordre et toute la régularité que l'on aurait pu désirer.

A la date du 24 janvier, le général Bourbaki arrivait à Besançon où il s'occupait à réorganiser son armée. En effet, après son échec devant Héricourt, cette armée s'était divisée en deux corps. L'un, sur la rive droite du Doubs, était arrivé à Besançon, tandis que l'autre, sous le commandement du général Bressoles, avait passé le Doubs à Clerval, et paraissait assez ébranlé par les fatigues de cette campagne. C'est du moins ce qui semble résulter des renseignements qui nous sont transmis et que nous jugeons inutile de reproduire ici.

Ce qui ressort de plus en plus de toutes les informations officielles ou privées, c'est que l'armée allemande de Manteuffel exécute avec sa précision et sa rapidité ordinaires un mouvement général en avant, dans la direction du Nord-Ouest au Sud-Est. En même temps qu'elle occupait, au Sud, Dôle, St-Wit, Quingey, Byans, Mont-sous-Vaudrey, Mouchard, Arbois et Poligny, elle s'emparait, vers le Nord, de l'Isle-sur-Doubs, Clerval et Baume-les-Dames, en sorte qu'à la date du 24 janvier, toute la ligne du Doubs, à l'exception de Besançon, était déjà en son pouvoir. A cette même date, la forteresse n'était pas encore bloquée, bien qu'elle fût déjà entourée d'ennemis de trois côtés. Mais la route de Pontarlier et celle de Morteau restaient libres. Nous ne savons si elles le sont toujours à l'heure où nous écrivons; nous avons reçu hier encore dans l'après-midi les journaux partis le 24 de Besançon.

Le plan que nous avons attribué au général de Manteuffel et qui consisterait à envelopper l'armée de Bourbaki en la refoulant, de tous les côtés à la fois, sur la frontière suisse, se dessine chaque jour davantage. Mais l'exécution de ce plan suppose tout au moins une bataille livrée sous les murs de Besançon, et nous croyons que l'armée prussienne ne tardera pas à l'offrir au général Bourbaki. Or ce dernier, appuyé à une forteresse de premier ordre, se trouve, à ce qu'il nous semble, en situation de l'accepter.

Du résultat de cette lutte dépendra, selon toute vraisemblance, le sort de la campagne de l'Est.

VI

LA SITUATION MILITAIRE DANS L'EST

(Au 29 janvier.)

Dimanche matin, une dépêche de Berne nous apprenait que, sur la demande du commandant en chef de l'armée suisse, général Herzog, le Conseil fédéral venait de mettre à sa disposition, en sus des bataillons levés dans le canton de Vaud, la totalité du contingent genevois. Dans la soirée, une proclamation faite dans notre ville au son du tambour, annonçait que cette mesure allait recevoir un commencement d'exécution par l'appel immédiat en activité de service du bataillon n° 84 et de la batterie n° 25.

Ces dispositions se justifient pleinement par les événements militaires qui s'accomplissent depuis quelques jours le long de notre frontière de l'Ouest.

L'armée que commandait récemment le général Bourbaki, et que commande aujourd'hui le général Clinchant, a quitté, en totalité ou en partie, la seconde ligne du Doubs, pour se replier sur le cours supérieur de cette rivière. Nous ignorons quelles forces peuvent être encore réunies autour de Besançon. Il est possible en effet qu'après le double mouvement de retraite que nous avons décrit dans un précédent article, une portion des troupes ramenées par le général Bourbaki se soit concentrée et réorganisée sous les murs de cette forteresse.

Mais ce qui paraît certain, c'est que les troupes qui avaient passé le Doubs à Clerval, sous les ordres du général Bressoles, et qui, depuis lors, occupaient la contrée au sud-est de cette rivière, se trouvent aujourd'hui en pleine retraite, dans le voisinage immédiat de notre frontière. Des corps nombreux, 20,000 hommes environ avec de la cavalerie et de l'artillerie, sont signalés du côté de Mouthe, de Pontarlier et de Morteau.

Les renseignements que nous avions reçus au sujet de cette armée et de son état de dénûment sont confirmés par une récente dépêche de Berne. Les informations manquent encore sur les événements qui ont, sinon amené, du moins précipité son mouvement de retraite. Nous voyons seulement, d'après certaines données, assez vagues d'ailleurs, que la pression a dû s'exercer du Nord-Est au Sud-Ouest, de manière à dégager la frontière du Jura bernois aux dépens de celle de Neuchâtel.

Les troupes allemandes qui, après les journées du 15 au 17 janvier, stationnaient encore au sud de Belfort, ont marché en avant dans la direction de Pont-de-Roide et de Saint-Hippolyte, refoulant devant elles des détachements français qui tenaient la campagne aux environs de Porrentruy. Le général Bressolles, battu à Tulay (au nord de Blamont), se serait mis en retraite par Saint-Hippolyte, le Russey et Maiche, sans doute avec l'intention de rejoindre le reste de l'armée sous les murs de Besançon. Mais ce plan de campagne paraît avoir été déjoué par l'énergie avec laquelle fut menée la poursuite. Atteint, à la hauteur de Maiche, par les avant-gardes ennemies, le général Bressolles fut forcé de suspendre sa marche et de livrer un nouveau combat qui, dans l'état d'épuisement où se trouvaient ses troupes, ne pouvait être qu'un nouvel échec.

Les Allemands paraissent avoir continué ensuite leur marche dans la direction de Morteau, poussant toujours devant eux les débris de l'armée vaincue et les empêchant de se rallier aux troupes de Besançon.

En même temps que s'exécutait cette marche de l'aile gauche allemande du Nord-Est au Sud-Ouest, d'autres corps, appartenant à l'aile droite de l'armée, opéraient sur les routes qui, de Dôle et de Besançon, vont rejoindre le Jura par Poligny et Salins. D'après les nouvelles reçues à Berne, cette dernière ville aurait été, dès le 29 janvier, occupée par les troupes allemandes.

Ces indications prouvent combien était devenue critique la situation de l'armée française de l'Est, au moment où l'armistice est venu, fort à propos pour elle et peut-être pour nous, la sauver d'un véritable désastre[1]. Refoulée par les colonnes de l'aile gauche

---

[1] Nous raisonnions ici dans l'hypothèse, qui s'est trouvée démentie le lendemain, que l'armistice était applicable à l'armée de l'Est. (*Mars 1871.*)

allemande sur les colonnes de l'aile droite, pressée entre un ennemi nombreux et acharné et les chaînes couvertes de neige du Jura, cette malheureuse armée aurait été bientôt placée dans la terrible alternative : ou de se frayer un passage à tout prix, ou d'abandonner la lutte et de se réfugier sur le territoire neutre de la Suisse.

On comprend que, dans ces circonstances, le Conseil fédéral devait à ses concitoyens de prendre en temps utile toutes les mesures de précaution conseillées par la prudence.

Il est vrai que sa tâche se trouve singulièrement facilitée par l'influence d'un hiver exceptionnellement rigoureux qui rend à peu près impraticables tous les passages secondaires des Alpes. Aucun général n'oserait en effet aventurer une armée, surtout une armée en retraite et suivie de près par l'ennemi, dans des sentiers de montagnes encombrés par la neige. Il est contraint de suivre les grandes routes dont la pente, la largeur et la solidité permettent l'écoulement rapide d'une foule compacte d'hommes et de chevaux.

Si l'on tient compte de ces conditions, on verra que quatre passages seulement, sur les frontières vaudoises et neuchâteloises, demandaient à être sérieusement occupés, en prévision d'une retraite sur le territoire suisse. C'est, en allant du Nord au Sud, le passage des Brenets conduisant de Morteau au Locle et à la Chaux-de-Fonds, — celui des Verrières conduisant de Pontarlier à Neuchâtel, — celui de Jougne allant de Pontarlier à Orbe et Yverdon, — enfin plus au Sud, le col de Saint-Cergues conduisant du fort des Rousses dans la vallée du Léman. Tous ces passages, surtout à cette époque de l'année, sont faciles à défendre et peuvent être aisément protégés contre une invasion par cinq ou six bataillons d'infanterie et quelques canons. Nous croyons donc que, le cas échéant, les mesures de précaution prises par le Conseil fédéral suffiraient pour faire respecter sur tous les points la neutralité du sol helvétique. D'ailleurs, les troupes étrangères qui pourraient se présenter à notre frontière, heureuses de trouver un asile sûr contre les souffrances et les dangers de la guerre, s'empresseraient sans doute de déposer les armes. Dans le cas contraire, l'autorité militaire aurait en main les forces suffisantes pour faire exécuter ses ordres et assurer le respect du droit international.

Il reste un cinquième passage, plus important peut-être que tous les autres, en ce sens qu'il se trouve tout entier situé sur le sol français et qu'il permettrait à l'armée en retraite d'échapper à la poursuite sans avoir à déposer les armes. Ce passage, qui présente une excellente route militaire, appuyée par l'une de ses extrémités au fort des Rousses et par l'autre au fort de l'Écluse, est le col de la Faucille. Son débouché est à 15 kilomètres seulement de Genève, dans la petite ville de Gex, d'où une route magnifique conduit à Bellegarde en longeant le pied du Jura et de là, à volonté, dans les départements de l'Ain, du Rhône ou de la Haute-Savoie. De tous les passages du Jura, c'est évidemment ce dernier qui doit offrir le plus d'avantages aux yeux d'un général.

Comme il ne franchit sur aucun point la frontière suisse, la surveillance militaire qui nous est imposée par les devoirs de la neutralité, doit se borner ici à une stricte observation des parties de notre territoire qui avoisinent la route de Gex au fort de l'Écluse. Or, c'est là peut-être la partie la plus difficile de la tâche imposée à l'armée d'observation, attendu que la frontière du canton de Genève est, comme chacun sait, une frontière tout artificielle, tracée à travers une région peu accidentée, sillonnée de nombreux sentiers, et que ne protége ou n'indique aucun grand obstacle naturel.

Du reste, si le plan des généraux français est de gagner le passage de la Faucille en se glissant le long du versant occidental du Jura, le plan des généraux allemands est évidemment de leur fermer cette route aussi bien que les autres issues situées plus à l'Ouest et conduisant à Dijon, Châlon et Lyon. Leurs mouvements sont combinés de manière à rendre toute retraite impossible, si ce n'est du côté de l'Est; c'est-à-dire qu'ils se proposent de mettre l'armée française dans l'alternative que nous indiquions tout à l'heure ou d'accepter une bataille dans des conditions défavorables, ou de se retirer sur un territoire neutre avec la certitude d'y être désarmée.

Heureusement, l'armistice de 21 jours qui vient d'être conclu à Paris et qui est applicable à toute la France, rendra sans doute toutes ces prévisions inutiles[1]; il permettra aux deux armées en présence de garder provisoirement leurs positions, et, lorsque le jour fixé pour la reprise des hostilités sera venu, nous espérons bien que la paix, une paix honorable pour tous, ne sera pas loin d'être signée. Quant à nous, ce

---

[1] Voir la note précédente.

sera avec un profond soulagement que nous mettrons enfin de côté ces cartes sur lesquelles nous avons, pendant si longtemps, suivi jour par jour, pas à pas, les opérations des armées ; étude pleine d'intérêt sans doute, mais dont les émotions ne nous ont jamais fait oublier à quel prix douloureux s'achète la gloire militaire. Heureux serons-nous si l'on veut bien nous rendre cette justice que, dans cette tâche quotidienne, parfois ingrate et toujours laborieuse, nous n'avons jamais eu en vue d'autre but que de rechercher et de dire la vérité.

VII

L'ARMÉE FRANÇAISE DE L'EST EN SUISSE

(1ᵉʳ février.)

L'entrée en Suisse de l'armée française de l'Est au nombre de 60 à 80,000 hommes, et son désarmement sur notre territoire est un des événements les plus considérables de cette campagne si fertile en surprises et en épisodes émouvants. Assurément, si, au début des hostilités, — il y a aujourd'hui un peu plus de six mois, — quelqu'un avait suggéré que la lutte, commencée au bord du Rhin et de la Saar, pourrait bien s'achever sur la frontière du Jura, on l'aurait pris pour un rêveur, et s'il avait ajouté que notre tranquille république aurait peut-être l'occasion d'offrir l'hospitalité à une armée de 80,000 hommes, on aurait conçu de sérieuses inquiétudes sur son jugement. Aujourd'hui toutes ces hypothèses invraisemblables sont devenues des réalités, et c'est à peine si l'on s'en étonne tant nous nous sommes habitués depuis quelque temps aux coups de théâtre et aux accidents imprévus.

Du reste, ceux de nos lecteurs qui ont suivi avec un peu d'attention les informations que nous avons publiées sur les événements militaires dans la région de l'Est, pouvaient s'attendre à ce résultat en vue duquel le Conseil fédéral avait pris de son côté, avec une vigilance qu'on ne saurait trop louer, toutes les mesures de précaution nécessaires. Non-seulement des troupes en nombre assez considérable avaient été appelées à protéger la frontière sur tous les points par lesquels on pouvait s'attendre à une immigration, mais encore des approvisionnements avaient été commandés en vue de subvenir aux premiers besoins des pauvres soldats que les vicissitudes de la guerre pourraient forcer à chercher un refuge dans notre pays. Nous constatons avec satisfaction que, dans cette circonstance comme dans toutes les autres, les pouvoirs supérieurs de la Confédération se sont montrés à la hauteur de leur tâche et qu'ils n'ont failli ni aux devoirs que la charité commande ni à ceux qu'impose la neutralité.

Pour comprendre ce nouveau désastre de l'armée française, il faut se reporter aux renseignements que nous avons publiés sur les événements qui ont suivi les batailles d'Héricourt. Les souffrances qu'ont subies ces malheureux soldats, par le fait d'un hiver exceptionnel et d'une organisation vicieuse dans le service de l'intendance, dépassent tout ce que l'on peut imaginer.

Parmi les malades et blessés qui ont traversé Genève ces derniers jours, plusieurs avaient les pieds gelés, tous se plaignaient d'avoir passé des jours entiers sans vivres, d'avoir dormi sur la neige en ayant à peine de quoi se couvrir. Si l'on ajoute à ces misères les fatigues d'une lutte acharnée de trois jours, dans laquelle l'avantage du nombre était largement compensé par l'infériorité d'organisation et de position, ainsi que par la moindre portée de l'artillerie, si l'on tient compte enfin de l'impression produite sur l'armée par la disparition tragique d'un chef aimé et respecté, on comprendra que le désespoir se soit peu à peu emparé de ces braves régiments qui avaient si noblement fait leur devoir devant Héricourt.

Leur retraite vers le Sud se fit dans des conditions désastreuses. L'ennemi, un ennemi infatigable, les harcelait de tous côtés, ne leur laissant pas un jour, pas une heure pour se reposer de leurs fatigues et reformer leurs rangs désunis. Ses têtes de colonne débouchaient de toutes parts, en queue, sur leurs flancs, en avant, pour couper leur ligne de retraite et intercepter leurs communications.

Toutes les issues étaient fermées à la fois; on marchait, on dormait, ou plutôt l'on veillait, entouré de dangers; à chaque instant, une alerte était donnée: il fallait combattre, disputer pied à pied un village, une maison; puis, au lieu de s'arrêter pour reprendre haleine, marcher, marcher encore, en laissant derrière soi une longue traînée de morts, de malades et de blessés. Et tout cela sans vivres, presque sans munitions, surtout sans cet espoir de vaincre qui fait supporter gaiement les plus dures privations!

On arriva ainsi, en moins de douze jours, de Clerval, de Blamont, de Pont-de-Roide et de Saint-Hippolyte jusqu'à Morteau et Pontarlier, à quelques lieues seulement de la frontière suisse. La route avait été rude pour ces pauvres soldats, marchant sur des chemins en mauvais état, encombrés par les neiges et par un froid rarement inférieur à huit degrés. Il avait fallu franchir les premières barrières du Jura et l'on arrivait découragé, exténué. Ceux qui ont été témoins de cette douloureuse retraite n'en parlent que le cœur serré et comme d'une chose terrible.

Mais on n'était pas encore au terme de tant de tribulations. Si l'on avait eu un instant l'espérance de rentrer en France en longeant la frontière suisse pour rejoindre la route de Bourg par Lons-le-Saunier ou celle de Gex par la Faucille, il fallut bientôt renoncer à ce projet devenu d'une réalisation impossible. A Pontarlier, comme à Maiche, comme à Saint-Hippolyte, comme à Blamont et à Pont-de-Roide, l'ennemi était là, toujours présent, coupant les routes au Nord, au Sud, à l'Ouest, avec son infatigable cavalerie. Derrière elle, on pressentait de fortes colonnes d'infanterie arrivant à marches forcées de tous les points de l'horizon et escortées de cette formidable artillerie de campagne, dont les coups, habilement dirigés, devaient suffire pour jeter le désordre dans une armée en retraite.

Le 28, le 2me corps d'armée (Poméranie), arrivé récemment de Paris, sous les ordres du général Fransecki, enlevait un train de voitures, près de Nozeroy, à 30 kilomètres seulement au S.-O. de Pontarlier. Ce jour-là, l'armée française de l'Est était complétement cernée entre les troupes du général Manteuffel et la frontière suisse.

Le 29 janvier, la 14me division (7me corps) qui servait d'avant-garde à l'armée allemande du Sud attaqua, près des villages de Sombacour et de Chaffois, à quelques kilomètres à l'ouest de Pontarlier, les troupes considérables encore qui se trouvaient plutôt agglomérées que concentrées sur ce point. On avait occupé quelques positions sur lesquelles on avait installé de l'artillerie. Elles furent enlevées par les Allemands qui firent dans cette rencontre 3,000 prisonniers et s'emparèrent de 6 pièces de canon.

Une dépêche de Berne nous apprend ce qui s'est passé depuis. A la suite d'explications échangées entre les généraux des deux armées, au sujet de l'application de l'armistice, ou plutôt de sa non-application, aujourd'hui bien constatée, à la région de l'Est, il aurait été convenu entre eux un armistice particulier, aux termes duquel les Français se seraient retirés en Suisse par les Verrières, tandis que l'armée allemande, suspendant la poursuite, assistait l'arme au pied à ce triste défilé.

On nous assure cependant qu'une colonne de 20,000 hommes, sous le commandement du général Cremer, aurait réussi à se glisser le long de la frontière suisse et qu'elle opérerait en ce moment sa retraite par la route de la Faucille. On assure également que les mobiles réunis au camp de Sathonay se seraient mis en chemin pour rallier l'armée de l'Est. Mais ce sont là des rumeurs dont nous ne sommes pas en mesure de constater la vérité.

C'est maintenant à nous, Suisses, de pratiquer envers ces hôtes que les destinées de la guerre nous envoient une hospitalité large et fraternelle, tout en respectant les devoirs très-sérieux que la neutralité nous impose. En effet, si la neutralité exige la vigilance, elle n'exclut pas la sympathie pour des malheureux qui ont bravement combattu pour leur pays et qui n'ont déposé les armes qu'après avoir supporté avec résignation les plus cruelles souffrances. Qu'ils trouvent chez nous, avec le repos qu'ils ont si chèrement acheté, avec l'honneur que méritent de vaillants soldats, avec les égards auxquels ils ont droit comme nos hôtes, la bienveillance qui s'attache au malheur. Nous connaissons assez nos compatriotes pour être certains d'avance qu'ils ne failliront pas à cette tâche honorable qui est une œuvre de justice aussi bien que d'humanité.

VIII

LES FRANÇAIS EN SUISSE

(3 février.)

Nous avons indiqué, dans un précédent article, les événements militaires qui ont amené la retraite de l'armée française sur le territoire suisse. Nous résumons aujourd'hui les renseignements fort incomplets encore qui nous sont parvenus ou qui ont été publiés par d'autres journaux de la Suisse occidentale, sur l'arrivée de ces troupes et sur leur internement.

La convention en vertu de laquelle la Suisse a ouvert son territoire à l'armée française de l'Est a été signée le 1er février, à 5 heures du matin, entre le général Clinchant, successeur de Bourbaki, et le général Herzog, commandant en chef de l'armée d'observation.

Ce document était à peine signé que les têtes de colonne de l'armée française ont commencé à se montrer à nos avant-postes des Verrières, et le défilé a continué sans interruption pendant toute la journée du 1er février.

On a vu d'abord passer une longue colonne d'artillerie en assez bon ordre.

Les officiers de cette arme, nous écrit un témoin oculaire, sont en partie à la tête de leurs troupes. Mais tout le reste est en débandade. Je crois que 12 à 15,000 hommes ont passé ici aujourd'hui (1er février), mais dans quel état, grand Dieu ! Les chevaux maigres et efflanqués se traînent péniblement ; à chaque instant, l'une de ces pauvres bêtes tombe pour ne plus se relever. Les routes en sont littéralement jonchées. Ceux qui les montent ne sont guère en meilleur état. On voit des officiers en pantoufles, des guides en sabots, de magnifiques dragons en manteaux rouges souillés de boue, avec des babouches aux pieds. Plus de casques, plus de shakos, plus de ces élégantes coiffures qui font l'orgueil d'une armée les jours de parade.

Ce soir, une forte canonnade se faisait entendre mêlée à une fusillade assez nourrie. On croit que c'est le fort de Joux qui tonne. Des francs-tireurs sont, nous dit-on, déployés en tirailleurs à quelques kilomètres seulement de la frontière. Ce qu'il y a de certain, c'est que les bois en sont pleins et qu'on les en voit sortir par petits groupes innombrables pour se réfugier sur notre territoire. D'après les bruits qui circulent ce soir, les uhlans seraient très-près de nous, en sorte que l'immense colonne qui nous arrive et qui s'écoule très-lentement court le plus grand risque d'être coupée, si, du reste, telle est la volonté de l'état-major allemand ; et il ne manque pas de gens pour supposer qu'il préfère de beaucoup nous laisser le soin d'héberger et de garder ces 60 à 80,000 prisonniers.

Les mesures prises pour recevoir cette armée, qui pénètre de partout, ne me paraissent pas suffisantes. Nous avons trop peu de monde. Aussi tous les postes de la frontière télégraphient-ils pour demander des renforts.

Il est dix heures du soir. Ces masses confuses défilent toujours. Un peintre de genre aurait là bien des sujets de tableaux.

Ces soldats de toutes armes, marchant en désordre sur un sol couvert de neige, donnent une idée de la retraite de Russie. Il passe toujours de l'artillerie....

Pendant que le gros de l'armée française défilait aux Verrières, des colonnes plus ou moins considérables se présentaient sur d'autres points de la frontière suisse pour y être internées et désarmées.

A Sainte-Croix, dès le 31 janvier, les fuyards commençaient à arriver, les uns isolés, les autres par groupes, venant des Fourgs et de Pontarlier. D'après les évaluations du lieutenant-colonel Lambelet qui commande à Sainte-Croix, 10 à 12,000 hommes auraient franchi la frontière dans cette direction.

A mesure qu'elles arrivent aux Verrières, les troupes françaises sont désarmées et acheminées par le Val-de-Travers sur Neuchâtel, d'où le chemin de fer les transportera dans les diverses localités de la Suisse où elles doivent être internées.

Ce matin, à 8 ½ heures, écrit-on de Couvet à la *Gazette de Lausanne*, les roulements de la générale retentissaient. Le bataillon 26 s'éloignait rapidement et, à 10 heures, la tête d'une colonne interminable d'artillerie française faisait son entrée à Couvet. Un demi-bataillon du 26ᵉ ouvre la marche, les armes chargées, puis les canons, les fourgons, les chars de bagages, les ambulances roulent lentement sur le sol couvert de neige et de verglas. Quel spectacle !

Les chevaux se traînent à peine. De temps à autre, l'un d'entre eux, exténué de faim et de fatigue, s'abat sous son cavalier. On enlève ses harnais comme l'on peut, on le pousse au bord de la route, où il crève misérablement et l'attelage poursuit son chemin avec ce qui reste.

La plupart des officiers sont cependant encore bien montés et ne paraissent pas avoir trop souffert. Ils sont profondément découragés et jugent la continuation de la guerre impossible.

Les habitants des beaux villages du Val-de-Travers reçoivent cette armée étrangère, ou plutôt ces débris d'armée, avec une merveilleuse bienveillance. Toute la population munie de corbeilles de pain, de paquets de cigares, de tabac, forme la haie le long des rues et offre, les larmes aux yeux, quelque soulagement à ces pauvres gens.

La municipalité de Couvet a réuni une troupe d'hommes armés de *brantes* que l'on remplit d'une soupe fortifiante, préparée dans de grandes chaudières. Ces hommes courent à la rencontre de l'immense colonne et rendent un peu de chaleur et de force aux soldats.

C'est affreux, et l'on nous dit que ce que nous avons vu jusqu'ici n'est rien en comparaison des troupes d'infanterie qui forment la queue de la colonne et que nous allons voir!

Au Locle, 3 ou 4,000 hommes faisant partie de l'arrière-garde de l'armée de l'Est ont été reçus et désarmés par un seul bataillon. Comme partout en Suisse, la population a fait à ces malheureux l'accueil le plus sympathique. Des provisions de pain, de viande, de vin et de café leur ont été distribuées. Plusieurs d'entre eux n'avaient rien mangé depuis deux jours.

Une autre colonne plus nombreuse que la précédente, venant de Pontarlier, est entrée en Suisse par Jougne, amenant avec elle un matériel considérable, plusieurs batteries d'artillerie et 2 à 3,000 chevaux. On évalue à 12 ou 15,000 hommes les troupes qui sont entrées en Suisse par cette voie et qui ont été provisoirement cantonnées à Vallorbes.

Nous avons déjà raconté comment le corps du général Cremer avait été coupé dans sa retraite sur Morez par une avant-garde prussienne, comment sa cavalerie avait pu continuer sa marche sur Gex en se jetant dans les sentiers de traverse, tandis que l'infanterie, restée en arrière, était obligée de chercher un refuge sur le territoire suisse. C'est par les cols aboutissant à la vallée de Joux que s'est effectuée cette retraite, qui paraît avoir fourni jusqu'ici un contingent de 5 ou 6,000 hommes.

Nous empruntons à la *Gazette de Lausanne* le récit suivant, écrit par un témoin oculaire de ce lamentable défilé :

Les Français arrivent tantôt par détachements réguliers, tantôt en désordre et séparément. La misère est terrible et on ne se fait aucune idée de ce que souffrent ces malheureux.

Le détail suivant donnera une idée de l'état de misère et d'abattement dans lequel l'armée en déroute est tombée. Je suivais une route encombrée de soldats et d'officiers qui se rendaient en Suisse. Tout à coup, sur un fourgon abandonné au bord de la route, j'aperçois le corps d'un homme étendu. Parmi les soldats qui passaient — il y en avait plus de 3,000 — pas un ne se détourna pour voir si cet homme était mort ou vivant. Enfin, je m'approche d'un mobile et lui dis :

« — Ne voyez-vous pas cet homme, il n'est peut-être pas mort ?

— Ah bah ! me répond le mobile, s'il est mort, tant mieux pour lui, il n'aura plus ni faim ni froid ! Il y en a bien d'autres que lui qui sont morts. »

Je m'approchai du char et versai un peu d'eau-de-vie entre les lèvres du soldat.

Il ouvrit de grands yeux et me jeta un regard reconnaissant. Mais je ne pouvais rien de plus pour lui, n'ayant plus rien à lui donner. Est-il mort, a-t-il pu se sauver ? Je n'en sais rien, mais ce que je sais bien, c'est qu'il y a à la frontière des milliers d'hommes dont une assiette de bouillon chaud donnée à temps aurait certainement sauvé la vie.

Dans le nombre des officiers qui viennent se faire désarmer, les uns jettent leur épée sans aucune marque d'émotion apparente et ont l'air tout heureux de se trouver chez nous, les autres, les vieux en général, ne se séparent pas de leurs armes sans un déchirement profond.

D'après les derniers renseignements transmis à Berne par l'état-major de l'armée d'observation, le nombre des troupes françaises qui, à la date du 3 février, avaient franchi la frontière suisse, s'élèverait à environ 69,000 hommes, dont 50,000 sont entrés par les Verrières, 3,000 par les Brenets et 16,000 par les différents passages du Jura vaudois. Il est probable, du reste, que ce chiffre s'accroîtra encore par les groupes isolés qui ne cessent d'affluer sur tous les points de la frontière.

Malgré les difficultés matérielles que présentent, pour un petit pays de deux millions et demi d'habitants, l'entretien et la garde de près de 80,000 soldats, le peuple suisse saura faire les sacrifices nécessaires pour remplir envers ses hôtes tous les devoirs que lui impose l'humanité. Ceux-ci, de leur côté, voudront bien ne pas oublier combien la tâche est lourde, les circonstances difficiles, et ils auront à cœur de nous faciliter l'accomplissement du mandat qui résulte d'une convention librement acceptée par eux. En entrant sur notre territoire pour échapper aux dangers qui les menaçaient, ils ont contracté l'obligation de respecter les lois de la Suisse et d'éviter tout ce qui pourrait compromettre sa sécurité ou son indépendance. Nous sommes persuadés d'avance que cette convenance sera comprise, et que nos hôtes temporaires feront tout ce qui dépendra d'eux pour simplifier la situation, de même que, de notre côté, nous ferons tout ce qui dépendra de nous pour adoucir les maux de leur exil. Tout ira bien, si, dans les relations qui vont s'établir entre la population suisse et les troupes internées, on apporte un esprit de bienveillance mutuelle, le respect du droit, et une part égale de bonne volonté.

IX

LES FRANÇAIS EN SUISSE

(7 février.)

Contrairement à ce qui avait été dit jusqu'ici, il paraît que le courant principal de l'immigration française n'est pas entré en Suisse par les Verrières, où se trouvait le général Herzog. Il ne se serait présenté sur ce point qu'une colonne de 15 à 18,000 hommes, tandis qu'une masse qu'on évalue à 32,000 soldats pénétraient dans le canton de Vaud par tous les défilés du Jura.

Pendant toute la journée de samedi et dans celle de dimanche, les routes du canton de Vaud qui conduisent de la montagne au lac, ont été sillonnées par des convois de troupes de toutes armes, marchant par étapes, sous la garde de quelques soldats suisses. Elles étaient acheminées sur Rolle, Nyon, Morges, Lausanne, Vevey, etc. Les hommes, un peu remis de leurs fatigues, accueillis partout avec la plus grande bienveillance, bien nourris et habillés par les soins des populations ou des comités de secours, paraissaient en général résignés à leur malheureux sort et vivement reconnaissants de ce qu'on faisait pour eux.

Nous empruntons à l'*Estafette* de Lausanne le récit des soins dont ces pauvres victimes de la guerre ont été l'objet dans le chef-lieu du canton de Vaud.

En visitant les temples de notre ville, dit l'*Estafette*, ne se croirait-on pas transporté au beau temps où les *Maisons de Dieu* étaient des Lieux d'Asile et où les malheureux venaient s'y réfugier. Le temple de St-François entre autres, présentait hier soir un curieux mais lamentable spectacle. D'abord, à l'entrée, une foule curieuse était contenue à grand'peine par le factionnaire inflexible, — pas assez inflexible cependant puisqu'il me laissa entrer. — Vers la porte, des soldats français étaient réunis autour d'un Lausannois charitable qui leur distribuait du grog bien chaud qui semblait faire un plaisir immense à tous ces malheureux. A droite, à gauche, au lieu des bancs où se plaçaient autrefois les fidèles, une épaisse couche de paille invitait les mobiles fatigués au repos. Plusieurs dorment déjà, d'autres causent entre eux et se félicitent mutuellement d'être tombés sur un aussi bon pays. Quelques-uns sont malades — ce sont surtout les pieds qui les font souffrir — et gémissent sourdement sur leur lit improvisé. L'un, un lancier, je crois, est couché près du poêle et cherche à réchauffer un peu ses membres endoloris. Il a les deux jambes gelées, chaque mouvement lui coûte une souffrance.

Plus loin, quelques dames de la ville distribuent du bouillon aux plus malades. Plus loin encore, c'est une soupe appétissante qu'on offre généreusement à tous.

Bientôt chacun a eu sa part et s'étend avec délices sur la paille qui recouvre les froides dalles du temple. Les curieux se retirent peu à peu et le bruit de tout à l'heure fait place au silence de la nuit. Oh! comme ils dorment bien! De temps en temps seulement, dans les profondeurs du temple, on entend une toux profonde, reste des froides nuits passées dans les bois à guetter l'ennemi.

Partout, d'ailleurs, nous trouvons les mêmes souffrances et le même empressement à les soulager.

Voici ce que l'on écrit de Neuchâtel au *National suisse*, de la Chaux-de-Fonds.

L'aspect du Temple du bas et du Collége neuf, remplis de prisonniers, est affligeant au plus haut degré. Lorsqu'on a été habitué toute sa vie à respecter l'humanité et à aimer ses semblables, on est terrifié à la vue de ce que la guerre peut faire de l'homme, réduit par elle à l'état de bétail. Mais, en revanche, ce qui est consolant, c'est de voir la charité se déployer sans relâche et s'ingénier de toute manière dans le but d'améliorer la condition de ces victimes de la guerre. Sous ce rapport, Neuchâtel peut être donné en exemple; il faut être témoin du dévouement infatigable du comité de secours et du public en général pour être convaincu que chez nous la charité n'est pas un vain mot.

Pendant que j'écris ces lignes, une colonne de prisonniers descend de la gare; j'ignore leur nombre, mais à voir le temps qu'ils mettent à défiler, je suppose qu'il y en a près de deux mille. On me dit qu'il en vient aussi plusieurs centaines du Val-de-Travers.

Tous les corps sont mêlés, fantassins, zouaves, artilleurs, mobiles et autres; les uns ont un sac avec une couverture ternie et sale, d'autres un manteau à capuchon; les zouaves n'ont qu'une sorte de pèlerine qui doit les abriter médiocrement. Ils marchent en silence, et descendent comme un fleuve humain. Où pourrait-on abriter cette foule? Comment nourrir toutes ces bouches affamées? Le cœur saigne en songeant à l'énormité des besoins et à l'exiguïté de nos ressources. Ce qui me rassure un peu, c'est le grand nombre de traîneaux chargés de pain qui sont venus du dehors, appelés en prévision de cette augmentation de population.

Une observation que chacun peut faire, c'est que ces soldats sont généralement délaissés par leurs officiers qui seraient cependant utiles pour établir l'ordre et la discipline, surtout au moment où l'on apporte des vivres. Chacun tend sa gamelle et veut être servi le premier ; ceux qui sont les plus voisins de la porte reçoivent plusieurs distributions, et si l'on n'y veillait attentivement, les plus éloignés n'auraient rien. J'ai vu ce matin, au nouveau Collége, M. le colonel Perrot obligé d'établir lui-même un peu d'ordre dans cette cohue.

Les chirurgiens militaires français, pas plus que ces flâneurs que nous voyons depuis plus d'une semaine, dans nos rues, avec le costume et le brassard de la Société internationale, n'ont pas l'air de se soucier beaucoup de leurs malades ou de leurs blessés. Depuis le commencement, ce sont nos médecins neuchâtelois qui les ont pansés et soignés, et je ne crois pas qu'ils aient été secondés par ces bellâtres en lunettes ou en lorgnon, dont la croix rouge au bonnet n'est qu'une vaine parure. Ils devraient un peu faire le service de nos internationaux indigènes qui passent la nuit au milieu des malades, auxquels ils donnent des soins fraternels avec autant d'abnégation que de constance.

Voilà donc nos colléges qui, après avoir abrité les expulsés allemands, ouvrent leurs portes aux débris des armées françaises, et la cuisine lacustre de la cantine construite l'été dernier pour la fête de chant, qui rallume le feu de ses fourneaux et de ses vastes chaudières, pour cuire la soupe des soldats fédéraux et des régiments français.

Ces rapprochements ne sont pas le détail le moins intéressant de l'époque actuelle.

On nous écrit encore de Neuchâtel :

Je suis arrivé hier soir, — l'aspect de la ville est indescriptible. Les rues, les places sont encombrées de prisonniers français; les allées au bord du lac ont servi cette nuit à faire bivouaquer un train d'équipages, environ 300 à 400 chevaux; là aussi se trouvent encore plusieurs voitures de télégraphie de campagne qui paraissent n'avoir pas servi.

On dit que les troupes françaises, arrivées hier et ce matin, sont en fort bon état, comparativement à celles qui les ont précédées... Que devaient donc être les premières !

Nos troupes suisses vont très-bien, mais ont un service très-fatigant; on se plaint de leur nombre insuffisant pour pareille besogne qui, cependant, avait été prévue.

Toute la matinée, des convois de 1,000 prisonniers partent dans différentes directions; la charité privée est en pleine activité. Le spectacle de cette déroute est d'autant plus navrant qu'on voit bien des choses qui, malgré le tohu bohu du désastre, devraient cependant ne pas exister.

A la Chaux-de-Fonds, le bataillon de mobiles des Hautes-Alpes, qui est arrivé le jeudi à midi et qui est reparti le lendemain, a été l'objet d'une réception analogue. Ce bataillon tenait la campagne depuis le mois d'août et venait de livrer à Blancheroche un dernier combat à des landwehrs prussiennes qui le poursuivaient. Après avoir réussi à leur échapper en franchissant le Doubs sur la glace, ces troupes sont entrées en Suisse par les Brenets. Arrivées au Locle, elles ont été immédiatement acheminées sur la Chaux-de-Fonds.

L'empressement de la population de la Chaux-de-Fonds à porter secours aux prisonniers a été remarquable, dit le *National*. Toute l'après-midi, des dames leur ont apporté des offrandes dont ils leur témoignaient la plus vive reconnaissance. Nous avons vu avec plaisir que la distribution des dons s'est régularisée et que le comité international de secours pour les blessés s'est donné beaucoup de peine pour que les lacunes signalées le premier jour fussent complétement réparées. Tous les soldats ont reçu du linge, des chaussures, tout ce qui leur était nécessaire. Notre population charitable s'est distinguée une fois de plus dans cette triste circonstance.

Les officiers de ce bataillon de mobiles étaient au nombre de vingt-cinq ; ils ont dîné au Lion-d'Or par les soins de la municipalité et ont été logés chez le bourgeois.

Dans le convoi arrivé hier, il se trouvait un uhlan fait prisonnier et ramené par les Français en Suisse. Devant le collége, un turco voulait absolument, dès qu'il l'aperçut, lui faire un mauvais parti : il fallut l'intervention de la garde pour l'empêcher de l'étrangler. Ce uhlan a été mis à part au nouveau collége ; il avait de l'argent et refusait de rien recevoir.

Genève aussi n'est pas restée, sous ce rapport, en arrière de ses confédérés, et les malheureux que les trains de la Suisse occidentale amènent chaque jour à notre gare, savent avec quelle persévérance infatigable les divers comités de secours s'acquittent de leur généreuse mission. A toute heure du jour et de la nuit, on les trouve à leur poste, portant de leur propre main à ces infortunés les secours dont ils ont un si pressant besoin, distribuant pain, viande, soupe, boissons fortifiantes, allant d'un wagon à l'autre, sans se préoccuper des dangers de la contagion, — car, parmi ces convois de malades qui sont acheminés vers la France, la petite vérole fait de cruels ravages, — s'acquittant enfin avec une abnégation, d'autant plus touchante qu'elle est ignorée, de la noble tâche qu'ils ont eux-mêmes voulu se donner.

On voit que, jusqu'à présent, malgré les difficultés des circonstances, les populations placées sur le passage de cet immense courant d'hommes, absolument dénués de toutes les choses nécessaires à la vie, ont trouvé dans leur zèle charitable des ressources suffisantes pour venir en aide à tant de misères. En donnant à leurs confédérés un bel exemple à suivre, elles se sont montrées dignes des traditions de la charité suisse, et nous les en remercions ici chaleureusement.

Quant aux troupes fédérales, qui, depuis l'entrée des Français en Suisse, ont été astreintes à un service si pénible, on peut dire que, malgré leur nombre insuffisant, elles se sont acquittées de leur mission avec un zèle et une fermeté dignes de tout éloge. En cela d'ailleurs elles n'ont fait que suivre l'exemple donné par l'état-major de l'armée et par son digne chef, le général Herzog. C'est, en effet, pour une large part à la prudence et à l'activité des autorités militaires que la Suisse devra, nous l'espérons, d'être sortie à son honneur de cette difficile épreuve. Ce sont là des services qui ne seront jamais oubliés.

X

L'ENTRÉE DES FRANÇAIS EN SUISSE

Voici le récit exact et complet, nous le croyons, des négociations qui ont précédé l'entrée de l'armée française de l'Est sur notre territoire :

Le 27 janvier au soir, l'état-major de la 12me brigade, avec son commandant, le colonel Rilliet (de Genève), arrivait aux Verrières, suivi des bataillons 66 (Lucerne), 18 et 58 (Berne) et de la batterie n° 8 (St-Gall), appartenant à la VIIe division.

Le 28 janvier, première alerte causée par la nouvelle que les Français se massent à la frontière et que dix batteries demandent à passer sur notre territoire.

Le 29, le colonel Rilliet envoie le lieutenant-colonel Lambelet à Pontarlier pour connaître les intentions du général français Bressolles, qui se trouvait, disait-on, dans cette localité. Cet officier revient avec l'impression que toute l'armée française se concentre pour passer en Suisse.

Le 30 arrive la nouvelle de l'armistice, avec l'ordre

du général Herzog de ne laisser franchir la frontière à aucun homme armé ou désarmé.

Le soir du même jour, le général Herzog arrivait lui-même aux Verrières pour se rendre compte de l'état des choses.

Dès le 30 au matin, le général envoya son aide de camp, le colonel Siber, en parlementaire, avec un trompette et un sous-officier, auprès de l'état-major français pour s'entendre sur la situation nouvelle créée par la conclusion de l'armistice.

Le général Clinchant qui, à ce moment, avait pris le commandement en chef de toute l'armée de l'Est, en remplacement du malheureux Bourbaki, répondit au colonel Siber que, l'armistice étant conclu, il ne pouvait être question qu'aucun soldat français, avec ou sans armes, fût autorisé à passer la frontière. L'armistice avait été annoncé à l'armée française par un ordre du jour du général Clinchant, et il avait été déclaré en même temps que tout soldat qui chercherait à passer en Suisse serait considéré et traité comme un déserteur.

Le même jour, 31 janvier, la 12me brigade suisse fut entièrement concentrée aux Verrières, sur l'avis arrivé au quartier général qu'une forte colonne de troupes françaises de toutes armes s'avançait dans cette direction. Le brigadier se rendit lui-même à l'extrême frontière, et fit appeler auprès de lui quelques officiers français pour obtenir d'eux des renseignements positifs sur cette grande concentration de troupes, dont les têtes de colonne étaient déjà à 300 pas de notre territoire.

En l'absence de toute direction supérieure à la tête de ces troupes, le colonel Rilliet leur déclara qu'il avait l'ordre de s'opposer à toute tentative de passage avec ou sans armes. Il prit immédiatement les mesures militaires nécessaires pour parer à tout événement.

Pendant que l'on parlementait aux Verrières, une canonnade très-vive se faisait entendre à peu de distance, aux environs du fort de Joux, où quelques corps français soutenaient la retraite avec l'appui de l'artillerie du fort. Ils étaient placés sous les ordres du général Billot, et résistaient courageusement à l'ennemi pour permettre au gros de l'armée de gagner du terrain.

Dans ces circonstances, le colonel Rilliet demanda de nouvelles instructions au quartier général, en l'informant de ce qui se passait aux avant-postes. Le général Herzog lui envoya l'ordre de recevoir tous les corps français qui seraient refoulés sur la frontière, après leur avoir fait déposer les armes.

En même temps, le colonel divisionnaire Bontemps arrivait aux avant-postes, où il avait une entrevue avec le colonel Schwals, aide de camp du général Clinchant.

Dans la nuit du 31 janvier au 1er février, le général Herzog se rendit de nouveau aux Verrières vers 3 heures du matin, et aussitôt après, sur la demande du général Clinchant, le commandant de la 12me brigade envoya au colonel Schwals un laissez-passer pour se rendre au quartier général, afin de régler directement avec le général Herzog tout ce qui concernait l'entrée des troupes françaises sur notre territoire.

Le texte de la convention une fois arrêté dans tous ses articles, le colonel Siber fut chargé de le porter au général Clinchant, et aussitôt que les signatures des deux généraux eurent été apposées sur ce document, les colonnes françaises commencèrent à s'ébranler pour entrer sur le territoire suisse.

Ce défilé ne dura pas moins de 48 heures. L'artillerie passa la première, avec des chevaux fourbus, mais des batteries encore organisées et commandées par leurs officiers. Vint ensuite une véritable colonne de fantassins de tout corps et de toutes armes, se frayant un chemin à travers les roues des charriots et des canons, ou suivant à flots pressés la chaussée du chemin de fer. Ici, tous les hommes marchaient librement ; il n'y avait plus trace de bataillons ni de compagnies ; nul ne songeait à commander, encore moins à obéir.

Ce soir-là, tout le monde bivouaqua dans la neige, et le désordre qui régnait dans les colonnes rendit l'opération du désarmement très-difficile.

Le lendemain, 2 février, arriva l'arrière-garde, qui avait soutenu avec courage la retraite de l'armée autour du fort de Joux. Elle était commandée par le général Billot et défila en très-bon ordre.

A partir de ce moment, il n'entra plus par les Verrières sur notre territoire que des traînards, marchant isolés ou par petits groupes.

Tel est le récit circonstancié et très-exact, croyons-nous, des négociations qui ont amené l'entrée des troupes françaises sur notre territoire. On voit que l'état-major, chargé de protéger la frontière, s'est acquitté de cette importante mission avec toute la prudence et toute la fermeté que réclamaient les circonstances.

Une dépêche arrivée hier annonce que des troupes

allemandes, appartenant à une division de landwehr, se sont présentées à la frontière suisse, près de Ballaigues, sur la route de Jougne, et, qu'après avoir reconnu nos avant-postes, elles se sont retirées en déclarant leur intention de respecter notre territoire.

La neutralité suisse a donc été officiellement et pratiquement reconnue ces derniers jours par les généraux des deux puissances belligérantes. Bien que nous n'ayons jamais éprouvé d'inquiétudes sérieuses à ce sujet, c'est là, cependant, un fait assez intéressant pour qu'il ne doive pas passer entièrement inaperçu.

XI

RÉSUMÉ DES OPÉRATIONS DE L'ARMÉE FRANÇAISE DE L'EST

Les événements militaires qui ont amené la retraite de l'armée française sur notre territoire ne sont encore connus que par de rares dépêches ou par les récits incomplets et souvent contradictoires de quelques soldats. On sait, d'une manière générale, que le mouvement de retraite a été déterminé soit par l'impossibilité reconnue de forcer les lignes de la Lisaine, soit par la marche du général de Manteuffel qui menaçait l'armée française par son flanc gauche. Mais, jusqu'ici, aucun rapport officiel n'a été publié, du côté des Français, sur les incidents de cette retraite et sur les causes complexes qui l'ont transformée en un véritable désastre. En attendant des renseignements plus détaillés, nous sommes heureux de pouvoir mettre sous les yeux de nos lecteurs le document suivant qui donne de ces événements, d'un si grand intérêt historique, un compte rendu succinct dont nous croyons pouvoir garantir l'authenticité. On comprendra mieux, après l'avoir lu, par suite de quelles circonstances l'armée française de l'Est, forte encore d'au moins 100,000 hommes, a été refoulée sur la frontière suisse et forcée, en dernier lieu, d'y chercher un abri. Nous laissons maintenant la parole à notre correspondant :

« Depuis que l'armée française de l'Est, nous écrit-on, est venue demander à la Suisse le bénéfice de sa neutralité, les journaux de tous les cantons sont remplis des réflexions que leur inspire le spectacle douloureux du défilé de ces troupes fatiguées par une marche non interrompue depuis cinq mois et éprouvées au moral et au physique par les rigueurs du climat comme par celles de la fortune.

« Ce spectacle explique à tous ceux qui en sont témoins l'impossibilité dans laquelle se trouvait cette armée de tenir plus longtemps la campagne contre les troupes prussiennes aguerries, bien nourries, chaudement vêtues et soutenues au moral par la persistance du succès.

« L'armée française de l'Est avait débuté par un succès, mais elle était, du 15 au 20 janvier, arrêtée devant des positions fortement occupées par l'armée du général de Werder, d'Héricourt à Montbéliard. Les bois et les plateaux étaient couverts de neige. Les troupes de création nouvelle qui composaient l'armée de Bourbaki y perdirent leur moral et leur santé; leur effectif commença à fondre.

« Bientôt, menacés d'être pris dans cette position critique entre Werder et l'armée de Manteuffel qui arrivait par Gray, les Français se rabattirent sur le Doubs et autour de Besançon, d'où ils se croyaient sûrs de pouvoir gagner Lyon par Arbois ou, au pis aller, par Mouthe et la route des Rousses. — Cet espoir ne fut pas de longue durée ; les troupes qui défendaient les hauteurs du Doubs derrière Baume-les-Dames cédèrent devant l'armée de Werder ; celles qui devaient s'assurer du défilé de Salins trouvèrent la place déjà occupée par les colonnes de Manteuffel. Dès lors, il fallait gagner de vitesse les forces prussiennes qui marchaient de manière à couper toutes les routes conduisant à Lyon par Lons-le-Saunier ou Bourg. Ce n'était point chose facile pour une armée sans souliers et sans moral.

« Cependant les Français étaient encore en possession de la route de Mouthe lorsque leur parvint la nouvelle de l'armistice que, par un inexplicable malentendu, le gouvernement de Bordeaux signalait comme s'appliquant aussi bien à l'armée du Jura qu'au reste de la France. Ne pouvant imaginer une exclusion qui, en effet, était un fait inouï, l'armée française arrêta sa marche, tandis que l'armée prussienne, mieux informée, continuait la sienne et parvenait à fermer la route de Mouthe.

« Il ne restait plus aux Français, arrachés trop tard à leurs illusions, que des chemins impossibles le long de la frontière et les positions de Pontarlier comme extrême défense. — La croyance en l'armistice avait encore abaissé le moral des troupes, les approvisionnements en vivres étaient illusoires et leur renouvellement impossible.

« C'est en face de cette situation que l'armée française de l'Est a pris le parti de sauver son matériel et ses armes, en venant demander l'hospitalité de la Suisse pour ses soldats épuisés. »

Comme on peut le voir, les explications qui nous sont transmises sont complétement d'accord, dans leurs parties essentielles, avec les récits que nous avons publiés nous-mêmes sur les opérations de l'armée française dans l'Est. C'est bien la présence de corps nombreux arrivant de l'Ouest sous le commandement du général Manteuffel, par les routes de Gray et de Lure, qui détermina le mouvement de retraite. Nous ne nous étions pas trompés non plus, en parlant des lacunes regrettables qui s'étaient manifestées dans le service des vivres. Il n'est que trop vrai, et tous les récits le confirment, que les troupes qui ont si vaillamment combattu sur les bords de la Lisaine, n'ont eu pendant cette lutte de trois journées que des distributions insuffisantes. La retraite n'a fait qu'ajouter à leur dénûment et à leurs souffrances, et il en est résulté pour toute l'armée un état d'affaiblissement qui ne lui permettait plus de résister avec quelque chance de succès à un ennemi fortement organisé.

Le temps d'arrêt survenu dans la retraite de l'armée française, par la fausse interprétation donnée à l'armistice, a pu certainement exercer quelque influence sur l'issue de la campagne. Cependant nous ne voudrions pas en exagérer la portée. En effet, si l'on se rappelle quelles étaient les positions relatives des deux armées, à la date du 27 janvier, il ne paraîtra pas absolument certain que la retraite sur Mouthe et Morez eût pu s'effectuer sans obstacles. A ce moment déjà les avant-gardes prussiennes avaient fait leur apparition au sud de Salins, à Nozeroy et à Champagnole et il est au moins à présumer qu'elles auraient essayé de barrer le passage.

Pour gagner la Faucille ou Bourg par Lons-le-Saunier, il aurait fallu faire une longue marche de flanc par de mauvais chemins, en traînant à sa suite de nombreux charrois et une artillerie plus nombreuse encore. C'était là, on en conviendra, une opération difficile et, dans le cas où elle aurait réussi, le succès aurait dû, selon toute vraisemblance, être chèrement acheté.

Quant aux hésitations produites par la nouvelle de l'armistice, elles n'ont pu être bien longues, si l'on se rappelle que la convention signée le 28 janvier ne fut connue que le soir même du jour ou le matin du 29. Or, le 29 déjà, l'attaque des Allemands à Chaffois et à Sombacour apprenait aux généraux français que l'armée de l'Est était exclue du bénéfice de cette convention. Cependant, il faut reconnaître aussi que, dans une retraite, le temps est précieux, et que vingt-quatre heures de plus ou de moins peuvent exercer une grande influence sur l'issue des événements.

Ces réflexions, jointes aux faits rapportés dans le document cité plus haut, prouvent, à nos yeux, de la manière la plus évidente, qu'en adoptant la résolution de se retirer sur un territoire neutre, l'état-major français n'a point failli à ses devoirs, mais qu'il a cédé à une nécessité impérieuse. Placé entre la certitude d'un nouveau désastre, ou l'obligation de demander un refuge à un pays ami, il a choisi le parti le moins désavantageux pour l'armée qu'il commandait et pour la France qui l'avait confiée à sa garde.

Lorsque le jour sera venu de faire à chacun sa part de responsabilité, la convention des Verrières pourra être considérée comme un malheur. Mais elle n'attirera du moins aucun blâme sur le général qui l'a signée.

XII

LA RETRAITE DE L'ARMÉE FRANÇAISE DE L'EST

(Du 24 janvier au 1ᵉʳ février.)

Nous avons aujourd'hui quelques détails nouveaux à ajouter aux renseignements déjà publiés sur la retraite de l'armée française de l'Est. Destinés à compléter un certain nombre de points demeurés obscurs, ces détails ont leur importance et la source d'où nous les tenons, une des mieux informées que l'on puisse désirer, en garantit l'authenticité.

I

Le 24 janvier, une semaine après son attaque infructueuse sur la Lisaine, l'armée française de l'Est occupait les positions suivantes :

Le 15ᵐᵉ corps, sous les ordres du général Martineau, était concentré sur la rive gauche du Doubs, au sud-ouest de Besançon, gardant, aux villages de Fontaine, Pugey et Chenecey, les routes de Pontarlier et de Lons-le-Saunier.

Le 18ᵐᵉ corps (général Billot) avec le 20ᵐᵉ (général

Clinchant) et la réserve (général Pallu de la Barrière) couvraient Besançon sur la rive droite du Doubs.

Enfin le 24me corps (général Bressolles) était chargé de garder les passages de Baume-les-Dames et de Pont-de-Roide.

Une maladie du général Bourbaki avait fait perdre à l'armée trois jours entiers sous les murs de Besançon. Ce retard devait lui être fatal, car les Prussiens, entrés à Delle le même jour où les Français arrivaient à Besançon, n'avaient pas perdu un instant pour prolonger vers le Sud leur marche si menaçante pour les communications et, éventuellement, pour la retraite de l'armée de l'Est.

Le 25 janvier, l'état-major français comprit la nécessité de mettre un terme à cette déplorable inaction et de couvrir par un rapide mouvement vers le Sud la route transversale qui conduit de Salins à Pontarlier. Le général Clinchant venait de prendre le commandement de l'armée en remplacement du malheureux général Bourbaki. La présence de cet officier distingué à la tête des troupes coïncida avec le départ d'un personnage demi-civil, demi-militaire, M. de Serre, qui avait été placé auprès du général en chef en qualité de commissaire de la République par le gouvernement de Bordeaux. Cette imitation un peu servile des usages de la Convention nationale ne paraît pas avoir été heureuse, et la plupart des officiers et soldats ne manifestent qu'un enthousiasme très-restreint pour l'utilité des services rendus à l'armée par la présence de M. le délégué du ministre de la guerre.

Lorsque le général Clinchant prit le commandement

en chef, le 22ᵐᵉ corps fut réduit à deux divisions, la 3ᵐᵉ, sous le général de Polignac, ayant été laissée à Besançon pour renforcer la garnison de cette forteresse.

Le 27, après deux jours de marche, les têtes de colonne françaises arrivaient à Pontarlier, tandis que les Prussiens occupaient la ville de Salins, interceptant ainsi l'une des principales lignes de retraite vers l'Ouest, et menaçant en même temps celles du Sud-Est et du Sud-Ouest, sur Gex et Lons-le-Saunier.

Le 28 janvier, toute l'armée française se trouvait concentrée aux environs de Pontarlier. Le 15ᵐᵉ corps occupait le triangle formé par cette ville et les villages d'Oyé et de Sombacourt.

Le 20ᵐᵉ corps était échelonné sur la route directe de Pontarlier à Champagnole, par les villages de Bulle, Bannant, Dompierre et Frasne. Frasne est le point où la grande route est coupée par la ligne ferrée des Verrières à Salins.

Le 18ᵐᵉ corps occupait au Nord et au Nord-Ouest les villages de Doubs, Arcon et Dommartin, se tenant encore, nous dit-on, en communication avec Besançon par sa cavalerie.

Enfin le 24ᵐᵉ corps, composé en grande partie de mobiles, venait d'arriver dans un désarroi complet de Pont-de-Roide et de Saint-Hippolyte. Il fut échelonné sur la route qui côtoie la rive gauche du Doubs, jusqu'à Mouthe. Son commandant, général Bressolles, fut relevé de ses fonctions et remplacé par le général Commagny. Le général Cremer commandait une division isolée servant d'avant-garde sur la route de Saint-Laurent.

II

Le 29, l'armée conserve ses positions, pendant que le général Cremer, avec une avant-garde de cavalerie, gagne Foncine-le-Bas et débouche sur la route de Morez, où il occupe Saint-Laurent.

Le même jour, la présence de l'ennemi se fait sentir par une double attaque aux deux extrémités de la ligne occupée par les Français, à Chaffois et Sombacour, près de Pontarlier, et, en même temps, aux Planches, sur la route de Foncine à Saint-Laurent.

L'action était vivement engagée sur ces deux points, lorsque la nouvelle de l'armistice répandue par les maires des villages aurait, si l'on en croit les renseignements qui nous sont communiqués, amené les résultats les plus désastreux pour l'armée française. Les soldats, jugeant inutile de prolonger la lutte, se seraient laissé désarmer et auraient permis à l'ennemi d'occuper presque sans coup férir les positions disputées.

L'occupation des Planches par les Prussiens aurait eu, en particulier, les conséquences les plus graves, puisqu'elle aurait livré à l'ennemi la seule route de retraite qui restât encore ouverte à l'armée française de l'Est.

Nous comprenons parfaitement l'espèce d'indécision produite dans les dispositions de l'armée par la nouvelle inexacte de l'armistice. Cependant, quelle que pût être l'importance de la position des Planches et de Saint-Laurent, il est difficile d'admettre que la simple présence d'une avant-garde française, le 29, sur la route de Morez, eût suffi pour assurer la retraite et pour conjurer tous les dangers d'une marche de flanc devant l'ennemi. Selon nous, les colonnes prussiennes menaçaient déjà de trop près le flanc droit de l'armée française pour qu'une retraite, dans de semblables conditions, pût s'accomplir sans d'immenses et presque insurmontables difficultés. L'armée de Manteuffel était là, sinon tout entière, du moins représentée par de fortes avant-gardes, assez fortes pour retarder la marche des Français le long de la frontière, et pour laisser ainsi au gros de l'armée le temps de rejoindre. Dès le 29, selon nous, la partie était perdue. Mais nous devons dire que cette conclusion n'est point celle vers laquelle semblent tendre les renseignements que nous résumons aujourd'hui. Ils ont au contraire pour but d'établir que, sans l'hésitation causée par la fausse nouvelle de l'armistice, la retraite des Français le long du Jura était encore possible le 29 janvier. Nous enregistrons les deux suppositions, laissant à nos lecteurs le soin de décider, d'après leurs propres lumières, celle qui leur paraîtra la plus vraisemblable.

Dans la nuit du 29 au 30 janvier, les Prussiens se présentent à Saint-Laurent, que les Français occupaient encore, et s'y établissent presque sans résistance.

La journée du 30 janvier se passe pour l'armée française dans une complète inaction. On croit à l'armistice, et l'on ne songe plus qu'à éviter toute nouvelle effusion du sang. Aussi, vers le soir, les troupes qui occupaient Frasne et Dompierre se retirent-elles sur la Rivière et Sainte-Colombe, pour éviter une collision avec l'ennemi qui s'avançait pour les déloger.

Toute la matinée du 31 est employée à parlementer; les troupes, persuadées que la campagne est terminée, ne songent qu'à s'installer le mieux possible dans leurs cantonnements. Mais, pendant la nuit, le général de Manteuffel fit savoir au commandant en chef de l'armée française qu'il se refusait à tout armistice, et même qu'il ne pouvait accorder une simple suspension d'armes de 36 heures.

Dans ces circonstances, la retraite vers le Sud-Ouest étant fermée, il ne restait plus au général français qu'à prendre les dispositions nécessaires pour sauver son matériel, en tirant le meilleur parti possible d'une situation presque désespérée. Dans tous les cas, la responsabilité de cette situation ne saurait retomber sur le général qui avait accepté le douloureux héritage d'une armée battue, épuisée et d'un plan de campagne avorté. Pour prendre le commandement dans de semblables conditions, il faut beaucoup d'abnégation personnelle, il faut n'espérer d'autre récompense que le sentiment du devoir accompli et la conscience des services rendus.

III

On connaît le reste : la proclamation adressée à l'armée, la convention conclue avec le général Herzog, et finalement l'entrée des troupes françaises sur le territoire suisse.

Pendant ce temps, le corps du général Billot avait

été chargé de couvrir la retraite. Une arrière-garde, postée aux col de la Cluse et aux environs du fort de Joux protégeait, avec la plus grande bravoure, le défilé de l'armée et défendait pied à pied les derniers échelons du Jura. On ne lira pas sans intérêt le récit suivant que nous adresse l'un des acteurs de ce petit drame militaire, qui s'est terminé par une retraite d'une hardiesse toute chevaleresque :

La retraite de la première armée et le défilé de l'artillerie et des bagages sur les Verrières ont été couverts, le 1er février, par la réserve générale et par le 44e de marche, du 18e corps. L'action s'est engagée vers 11 heures au col de la Cluse et a duré jusqu'à la nuit. On se fusillait à vingt pas près de la cabane du chemin de fer qui marque le tournant du col. La lutte a eu un caractère particulier de ténacité qui a justifié le cas que le général Bourbaki faisait de cette réserve qu'il avait formée et sur laquelle il comptait. L'armée du général Manteuffel, engagée presque entièrement dans la trouée de Pontarlier et sur les crêtes, a perdu une centaine de prisonniers et plus de cinq cents hommes tués ou blessés. Le terrain, au tournant du col, était couvert de cadavres prussiens. Les Français, de leur côté, ont fait des pertes cruelles. Le 29e de marche, l'infanterie de marine surtout ont souffert. Un bataillon de l'infanterie de marine est presque réduit à une compagnie. Le chef de bataillon de Beaupoil de St-Aulaire, le colonel Achilli du 44e de marche ont été tués. La convergence des feux de l'ennemi sur un champ très-rétréci a rendu cette affaire des plus vives. L'attitude de la réserve générale et du 44e de marche pendant un temps si long et sous des feux croisés, a été admirable.

Le général Pallu de la Barrière, qui commandait la réserve générale, n'est pas entré en Suisse. Cet officier a usé de l'autorisation qui avait été donnée par le général Clinchant à tous les chefs de corps, et il s'est jeté, le 2 février, dans les montagnes du Jura, avec onze officiers et une troupe composée d'hommes du 38ᵉ de ligne, du 29ᵉ de marche et de l'infanterie de marine. Le double fait que cette résolution était prise après avoir combattu jusqu'à la dernière heure, et que la colonne n'a pas cessé de marcher militairement, en uniforme et en armes, a compliqué les difficultés de l'entreprise. Pendant le jour, ce débris d'un corps de neuf mille hommes s'établissait dans des positions très-fortes où, malgré son petit nombre, il pouvait résister et où ses lignes de retraite étaient toujours soigneusement observées. Pendant la nuit, la colonne usait de ruse et défilait en vue des factionnaires ennemis, à 400 mètres souvent du gros des troupes prussiennes. Les marches forcées, les chemins impraticables, les amoncellements de neige, la privation de sommeil, n'ont pas lassé le courage de cette petite troupe qui, après huit jours de dures fatigues et bien des chances diverses, a pu déboucher sur la vallée de la Valserine. Leurs armes, qu'ils ont ainsi conservées, leurs restent comme un drapeau.

Après avoir signé la convention qui ouvrait à l'armée française l'asile du territoire suisse, le général Clinchant avait autorisé les chefs de corps ou de détachements à rentrer en France par tous les chemins qui pourraient s'offrir à eux. Malheureusement, il était trop tard, les principales routes de retraite étant déjà occupées par l'ennemi. Seul le corps du général Cremer, qui formait l'avant-garde sur la route de Mouthe, put se dérober en partie en se jetant dans des sentiers de montagne. Mais il dut abandonner son artillerie après l'avoir enclouée, et, à l'exception de deux régiments qui réussirent à atteindre Gex, toute son infanterie n'eut d'autre ressource que de se réfugier, au prix de mille fatigues, dans le canton de Vaud par les sentiers du mont Risoux.

Quant à l'armée qui suivait le général Clinchant, elle se divisa devant le fort de Joux en trois courants qui vinrent déboucher en Suisse par les routes des Rousses, des Fourgs et des Verrières. C'est celle que nous avons vue apparaître au même moment dans le Val de Travers, à Sainte-Croix et dans la vallée de l'Orbe.

IV

En résumé, voici quelles seraient, selon nous, les causes qui ont transformé en un véritable désastre la retraite de l'armée française de l'Est, après son échec devant Héricourt. Nous ne parlerons pas ici de l'affaiblissement physique et moral produit par une organisation défectueuse. Nous voulons nous en tenir aux seules causes stratégiques.

Or, de toutes ces causes, la plus désastreusement efficace a été la négligence vraiment incompréhensible avec laquelle les lignes de retraite de l'armée ont été abandonnées aux entreprises de l'ennemi. Un corps d'environ 50,000 hommes avait été laissé à Dijon pour arrêter au passage toutes les troupes venant de l'Ouest et se dirigeant vers la ligne du Doubs. Au lieu de remplir ce mandat d'une importance capitale, l'armée de Dijon s'est laissé amuser pendant plusieurs jours par des corps d'observation qui se succédaient devant cette ville et offraient, sur toutes les routes à la fois, des simulacres de bataille. Pendant ce temps, le gros de l'armée du général Fransecki passait, sans être inquiété, à quelques lieues au nord de Dijon, et venait s'emparer, presque sans coup férir, des positions les plus importantes, Dôle, Quingey, Vaudrey, Byans, Salins, Mouchard, Arbois, Poligny. Si les 50,000 hommes laissés à Dijon avaient rempli la mission qui leur avait été confiée, l'armée de Bourbaki n'aurait pas trouvé, le 24 janvier, sa ligne de retraite coupée tout à la fois sur Dijon et sur Lyon.

Les petites victoires remportées dans la Côte-d'Or, et dont on a fait tant de bruit, ont coûté cher à l'armée française de l'Est. Nous serions bien trompés si ce n'était pas là le jugement définitif de l'histoire sur cette campagne d'un mois, destinée à compter parmi les plus émouvantes dont les annales militaires aient jamais enregistré le récit.

XIII

L'ARMÉE FRANÇAISE DE L'EST ET LES COMBATS DE DIJON

Une personne qui, par sa position, était appelée à suivre de près les opérations militaires dans les départements de l'est de la France, nous adresse la communication suivante, relative à une appréciation contenue dans un de nos articles militaires. Quoique nous ne puissions souscrire sans réserve à l'opinion de notre honorable correspondant, nous n'hésitons pas à publier sa lettre en nous réservant de la faire suivre de quelques réflexions.

« Je lis aujourd'hui seulement l'article de votre numéro du 15 février, dans lequel vous attribuez la perte de l'armée française de l'Est à l'inertie de l'armée des Vosges que commandait à Dijon le général Garibaldi.

« L'importance de votre journal et la supériorité des appréciations qui y sont publiées sur la campagne de l'Est, me font un devoir de vous dire que vous avez été induit en erreur sur le rôle de l'armée des Vosges.

Je n'ai aucun rapport ni avec cette armée ni avec celle de l'Est, et ne suis comme vous qu'un simple observateur. Je n'ai donc aucun intérêt personnel à la rectification qui fait l'objet de ma lettre; mais je trouve qu'il serait énormément regrettable de voir subsister dans un journal sérieux une de ces accusations sans nombre, dont le torrent emporte en ce moment pêle-mêle, hommes et choses, dans mon malheureux pays.

« J'ai lu de mes yeux, le 23 janvier, dans un journal, dont je ne me rappelle ni la date ni le titre, une lettre de M. Gambetta au général Trochu, donnant à cet officier supérieur, inquiet sans doute de la hardiesse du mouvement de l'armée de l'Est, l'assurance que la ligne des communications du général Bourbaki était fortement gardée entre Montbéliard et Delle par le corps du général Bressolles, entre Dôle et Dijon par l'armée des Vosges, sous les ordres du général Garibaldi, etc., etc. Pour qui connaît le pays, et je sais d'ailleurs qu'il en était bien ainsi, cela veut dire entre Montbéliard et la Saône, entre la Saône et Dijon.

« Le général Garibaldi a incontestablement rempli sa mission, qui se réduisait en somme à défendre Dijon, protégé à cet effet par des fortifications passagères. Il a obtenu devant Dijon un succès du même genre que celui du général Werder devant Belfort, et les éloges qu'il a reçus à ce sujet lui appartiennent à coup sûr, car, si toute la ligne des communications de l'armée de l'Est avait été ainsi gardée, cette armée serait intacte aujourd'hui. Le rôle de l'armée des Vosges ne consistait nullement à arrêter les troupes ennemies, qui semblaient se diriger en ligne droite sur Belfort, mais qui évidemment y seraient arrivées trop tard. Lorsqu'on garde une ligne dans des positions fortifiées, on se tient sur la défensive ou l'on risque de manquer complétement son but, et, avec la tactique allemande, il en aurait été ainsi assurément.

« La faute, l'immense faute, ne doit donc pas être imputée au général Garibaldi, mais bien à celui ou à ceux qui n'ont pas défendu Dôle, clef de toute la ligne et admirable position environnée de cette double ceinture de rivières et de montagnes, qui s'appuie si remarquablement à l'Est et à l'Ouest sur Besançon et sur Auxonne.

« Est-ce à dire que je veuille accuser le général Bressolles? En aucune façon, quoiqu'il ait été relevé de son commandement. Comment se fait-il, en effet, s'il devait défendre Dôle, que le 24me corps qu'il commandait ait été dirigé sur Besançon en chemin de fer par Lons-le-Saunier et Mouchard, tandis que le 18me et le 20me corps passaient par Auxonne et Dôle, puis franchissaient la rivière de l'Oignon qui forme précisément la première ligne à défendre au nord de Dôle? Évidemment le 24me corps aurait dû venir à la suite, si cette défense lui eût incombé. Je ne puis d'ailleurs consentir à admettre que le général Bressolles aurait ainsi, de sa propre autorité, modifié son itinéraire et sa destination, quand surtout il allait combattre à côté du général Bourbaki, dont il enfreignait les ordres.

« Est-ce donc alors sur le général Bourbaki seul que doit porter toute la responsabilité? Je ne le crois pas non plus, et cela par le motif bien simple que ce général en chef ou le commissaire de gouvernement, M. de Serre, qui l'assistait, a fait partir de Dôle pour Dijon, dans les premiers jours de janvier, la garde mobilisée du Jura qui occupait cette ville depuis six semaines. Comment ! M. Gambetta comprend qu'il est essentiel de garder Dôle, il affirme au général Trochu que Dôle est gardé, et le premier acte du commandement en chef aurait été de dégarnir cette ville des troupes qui en avaient éloigné jusque-là l'ennemi ! Je me refuse à le croire, car autant vaudrait admettre que le général Bourbaki ou M. de Serre ont préparé à plaisir une catastrophe. Évidemment le départ des mobilisés du Jura était combiné avec une autre mesure que quelque fatalité n'a pas permis d'exécuter.

« En résumé, je ne puis me résoudre à attribuer le gigantesque désastre de l'armée de l'Est à une faute isolée et bien définie, sur laquelle le public, qui ne possède pas les éléments nécessaires, puisse se prononcer si facilement.

« Ce que j'admets, c'est une erreur fatale et compliquée : c'est un ensemble de fautes d'un ordre supérieur, auxquelles plusieurs ont contribué sans le vouloir et sans même peut-être s'en rendre compte aujourd'hui. Ce mal résulte de ce que la campagne a été dépourvue d'une direction puissante et unique, condition indispensable de succès dans ma pauvre patrie, où l'amour propre, *l'individualisme*, est tellement développé aujourd'hui qu'il étouffe tous les autres sentiments et change ainsi la collaboration, source naturelle du bien, en anarchie, source de tous les maux.

« *P.-S.* — Je remarque que, dans votre même article, vous faites passer l'armée allemande par Salins, dont on peut croire ainsi que les forts se sont rendus presque sans se défendre. Je sais, au contraire, de source certaine, que Salins est toujours entre les mains des Français, et je sais également que l'armée de Manteuffel a marché sur Pontarlier par Arbois et Andelot.

« Vous dites également que Dôle a été occupé sans coup férir. Au contraire, et cela est peu connu encore, la garde nationale a combattu héroïquement pendant trois heures; l'hôtel de la Ville de Lyon a été le théâtre d'une lutte sanglante, et la ville a été bombardée et pillée. Mais que pouvait ce généreux effort sans le concours de l'armée de l'Est? »

Nous sommes entièrement d'accord avec notre honorable correspondant lorsqu'il s'élève contre les accusations passionnées dont plusieurs généraux ont été l'objet pour n'avoir pas réussi dans leurs entreprises. Nous savons que toute l'habileté et toute l'énergie d'un homme sont souvent impuissantes contre certaines circonstances qui ne relèvent pas de sa volonté. Aussi avons-nous été des premiers à réclamer contre la sévérité des jugements improvisés, au lendemain de la défaite, contre des chefs parfaitement capables et dévoués, comme le général d'Aurelle de Paladines par exemple, et plus récemment contre le général Bourbaki. Au perpétuel *Væ victis*, dans lequel se complaît un certain patriotisme, nous avons opposé l'étude attentive des faits, et il est ressorti de ce travail une appréciation plus calme et, selon nous, plus vraie des hommes et des événements.

Cependant ce désir de justice ne saurait aller jusqu'à l'optimiste systématique, et, en ce qui concerne le rôle de l'armée de Dijon, en particulier, il nous serait difficile de souscrire sans réserve à l'opinion émise par notre correspondant.

L'espèce de parallélisme qu'il croit pouvoir établir entre le rôle de l'armée de Werder devant Belfort et celui de l'armée de Dijon ne nous semble pas pouvoir résister à l'analyse attentif des faits.

Lorsque le général prussien prenait position avec ses 35,000 hommes sur la rive gauche de la Lisaine, il n'avait et ne pouvait avoir qu'un seul but : couvrir Belfort et arrêter le mouvement des 150,000 hommes de Bourbaki, pour laisser aux renforts attendus le temps d'arriver sur le flanc de l'armée ennemie. Malgré les difficultés de la tâche, ce but a été complétement atteint, puisque tous les efforts pour percer les lignes allemandes ont été victorieusement repoussés. Aussi la victoire *défensive* remportée par Werder peut-elle compter parmi les plus brillantes et certainement parmi les plus efficaces de cette campagne.

Bien différente était la position des troupes françaises concentrées à Dijon. Quoi qu'en dise notre correspondant, il est difficile d'admettre qu'un corps de 50,000 hommes eût été placé sur le flanc de la route suivie par les renforts allemands, dans le seul but de garder la ville de Dijon. Nous ajoutons que nulle attaque sérieuse ne pouvait menacer cette ville, aussi longtemps que l'armée de Bourbaki tenait encore la campagne du côté de Belfort. Aussi persistons-nous à croire que le rôle des troupes de Dijon était de couvrir les derrières de l'armée de l'Est et d'en protéger les communications, en se mettant résolûment en travers de tout ennemi marchant dans la direction de l'Est.

Au lieu de cela les chefs de cette armée, se renfermant dans un rôle purement défensif, ont laissé tranquillement défiler devant eux tout le corps du général Fransecki, qui s'avançait sur Dôle par Is-sur-Tille. Ils se sont contentés de repousser les détachements envoyés sur les routes qui aboutissent à Dijon et qui évidemment ne songeaient point à enlever d'assaut cette ville ; ces détachements n'avaient, selon nous, d'autre mission que de masquer le passage des troupes, en amusant la garnison de Dijon et en se sacrifiant au besoin pour assurer l'exécution d'un plan de campagne admirablement conçu. La preuve de la vérité de cette explication se trouve dans les mouvements alternatifs des corps prussiens devant Dijon, avançant et reculant, se repliant un jour vers le Nord, se retrouvant le lendemain à quelques kilomètres des murs de la ville, puis se repliant encore, se montrant à la fois ou successivement sur toutes les routes, sans que, nulle part, on trouve la moindre trace d'une opération sérieuse. Or, c'est faire injure à la stratégie allemande que de la supposer capable de pareilles hésitations, elle qui marche toujours droit au but. Et certainement un général aussi habile que Fransecki ne se serait pas amusé à sacrifier ses soldats, si ce sacrifice n'avait pas été utile au succès de son plan de campagne.

Après cela, nous sommes prêts à reconnaître avec notre correspondant que cette faute, capitale à nos yeux, n'a pas seule consommé la ruine de l'armée de l'Est. Cependant, si les 50,000 hommes de Dijon avaient réussi à intercepter la marche de Fransecki, il est évident que les routes de retraite de l'armée de

Bourbaki seraient restées ouvertes sur Châlon et Lyon.

Cette protection aurait été bien autrement efficace pour elle qu'une défense directe de Dôle ou de tel autre point de la ligne de l'Oignon. Nous ne faisons ici le procès de personne, nous ignorons les instructions qui avaient été données, par conséquent nous ne savons sur qui doit retomber la plus large part de responsabilité. Nous nous bornons à étudier les faits. Or cette étude nous apprend que l'inaction des 50,000 hommes concentrés à Dijon a été une faute stratégique grave. Le reste nous intéresse médiocrement, puisqu'il ne s'agit plus que de questions de personnes dans lesquelles, fort heureusement, nous n'avons pas à prendre parti.

XIV

LA PAIX

(27 fevrier.)

Après bien des jours d'attente et d'inquiétude, les préliminaires de la paix ont été enfin signés à Versailles entre les négociateurs français et M. de Bismarck. Dans quelques jours, sans doute, ils seront ratifiés par le vote de l'Assemblée de Bordeaux. Dire que cette nouvelle sera accueillie dans le monde entier avec un inexprimable soulagement, c'est répéter ce qui est dans toutes les bouches. Hier matin, lorsque cet heureux bruit a commencé à se répandre, on a pu voir parmi la foule qui se pressait dans les rues de notre ville courir comme un frémissement de joie. Ce n'était plus l'agitation fiévreuse avec laquelle on attendait, il y a quelques semaines à peine, les bulletins de la guerre; c'était une émotion plus humaine, s'adressant aux meilleurs instincts de notre nature. Le mauvais rêve était fini : plus de sang, plus de batailles, plus d'appels forcés à la haine et à la vengeance, plus de ces lugubres convois que nous avons vu défiler dans nos rues, protestation vivante et trop éloquente hélas! contre la guerre. Encore quelques jours et le monde moderne, au sortir de cette horrible crise, retrouvera ses mœurs, ses idées, ses tendances habituelles; la vie humaine recommencera à être un objet de respect; la liberté individuelle ne sera plus livrée au caprice d'un général ou d'un chef de poste; la propriété collective et privée cessera d'être exposée à cette espèce de pillage semi-légal qu'on appelle les réquisitions.

Comme l'herbe repousse sur un champ de bataille, ainsi toutes les idées de notre temps, toutes ces idées dont l'ensemble compose la civilisation du XIXe siècle, reverdiront sur ces ruines qui semblaient un pur chaos. Ces idées qui nous sont chères, avec lesquelles nous sommes nés, n'auront-elles rien perdu au contact de cette sauvagerie? Les mœurs de la génération nouvelle n'en seront-elles pas altérées? C'est ce que nous saurons un jour. Mais ce que nous savons dès aujourd'hui, c'est qu'il dépend de la sagesse des hommes que les malheurs dont ils sont frappés soient une leçon, au lieu d'être une condamnation irrévocable, et un principe de progrès au lieu d'être le premier pas vers une décadence. Si tant de misères, tant de douleurs et de ruines ne portaient pas avec elles un avertissement salutaire, il faudrait adopter la philosophie de Timon d'Athènes et désespérer de l'humanité. Nous préférons croire que toutes ces haines calmées laisseront subsister dans l'âme des générations futures un sentiment plus fort que tous les autres : l'horreur de la guerre, l'horreur de la gloire militaire, des revendications à main armée, des conquêtes et des conquérants. Car les discours les plus pathétiques prononcés dans les congrès de la paix par de bénins philanthropes ne vaudront jamais comme propagande pacifique les souvenirs des champs de bataille de 1870.

Nous n'avons pas à nous préoccuper ici des conditions auxquelles cette paix a été accordée et obtenue. Qu'elles soient excessives, c'est ce que nul ne contestera ; le vainqueur a usé, dans toute sa rigueur, de ce que l'on appelle son droit, le droit du plus fort, le seul, du reste, qu'il reste à invoquer du jour où l'on a pris les armes pour trancher un différend. La guerre est la négation de tout ce qui constitue la morale privée et même de cette morale infiniment plus large que l'on applique dans les relations des États entre eux. Elle ne reconnaît du droit des gens que ce qu'elle en veut bien reconnaître ; comment pourrait-elle reculer devant les abus de la force, lorsqu'elle-même n'est pas autre chose que la force érigée en principe, en loi suprême, en code international? Dès lors, toute protestation est inutile. On peut compatir au sort des populations arrachées à elles-mêmes, privées de leur libre arbitre, dépouillées de leur nationalité. Mais c'est à la guerre qu'il faut s'en prendre plus qu'à l'avidité du vainqueur, car la victoire et la conquête ont toujours marché de compagnie, et il est aussi rare de voir un vainqueur élever un autel à la modération qu'il est fréquent, au contraire, d'entendre le vaincu en célébrer les bienfaits.

Dans cette lutte si follement engagée par un pouvoir despotique, la malheureuse France a payé bien cher les erreurs de son passé. Pour avoir abdiqué entre les mains d'un homme, dont le nom signifiait gloire militaire et conquête, les libertés que le temps lui avait données, elle a vu sa prospérité détruite et son unité compromise, cette unité dont elle était si justement fière et à laquelle il lui semblait impossible de renoncer sans périr. Aujourd'hui du moins puisse-t-elle ouvrir les yeux et reconnaître qu'entre la liberté et la gloire des armes un peuple sage ne doit pas hésiter, car l'une est bonne et l'autre est mauvaise! Puisse-t-elle éprouver un profond dégoût pour ce patriotisme bruyant et vantard, mais peu disposé aux sacrifices, que l'on personnifie sous le nom ridicule de Chauvin! Puisse-t-elle enfin apprendre par quels moyens on acquiert la liberté et comment on la conserve, car c'est ici surtout que l'expérience a dû éclairer sur les fautes commises! La dictature et les formes dictatoriales, souvent voilées sous les apparences les plus démocratiques, ont laissé dans l'histoire de la France une empreinte fatale et dont il n'est pas facile de s'affranchir. Cependant, aussi longtemps que le respect de la loi et la tolérance pour la liberté d'autrui n'auront pas acquis droit de cité dans ce grand et malheureux pays, il sera ballotté de révolution en révolution, sans pouvoir réussir à trouver son équilibre politique.

Le temps ne serait-il donc pas venu d'en finir avec ces malheureuses traditions qui ne profitent à personne qu'à une petite phalange d'ambitieux?

Si la liberté peut se fonder en France, ses amis ne sauraient choisir un moment plus opportun que celui où nous nous trouvons. Les passions trop longtemps et trop fortement surexcitées se sont épuisées par leur excès même et ont fait place à un besoin général de repos. Que quelques imaginations exaltées rêvent encore de représailles et de vengeance pour un prochain avenir, c'est un reste de ces tendances dont nous parlions tout à l'heure, mais les circonstances elles-mêmes réagissent contre elles.

Le pays veut la paix ; et avec la paix, il veut l'ordre ; et comme il a appris à ses dépens que l'ordre sans liberté lui est aussi fatal que la liberté avec le désordre, il veut aussi, et sérieusement cette fois, la liberté. L'Assemblée de Bordeaux comprend dans son sein des hommes de tous les partis, depuis les plus fougueux radicaux jusqu'aux royalistes les plus rétrogrades. Mais, chose remarquable et qui fait honneur aux électeurs français, la grande majorité des représentants sont des libéraux dans le sens le plus vrai et le meilleur du mot. La constitution qu'ils seront peut-être appelés à élaborer sera donc, nous l'espérons, une constitution libérale, ne laissant aucune place à l'anarchie non plus qu'à la dictature.

Que sera cette constitution? Sera-t-elle républicaine ou monarchique constitutionnelle? Si nous jugeons d'après les apparences, c'est la république qui a le plus de chances en sa faveur, car elle seule est assez forte pour accepter le lourd héritage qui, pendant bien des années encore, pèsera sur la France. Un roi, fût-il doué des plus grandes qualités, n'aurait jamais qu'une autorité précaire. Battu en brèche par les partis hostiles, rendu responsable d'une situation qu'il serait impuissant à modifier, il ne pourrait se maintenir au pouvoir qu'en flattant les passions nationales et en promettant une revanche qu'il serait impuissant à réaliser.

Si la république est, comme on l'a dit, le gouvernement qui divise le moins les Français, cela signifie sans doute que la forme républicaine, avec les larges libertés qu'elle comporte, est bien celle qui convient le mieux à la situation actuelle. Tout ce qui tendrait à augmenter les divergences politiques serait funeste à l'œuvre de restauration et de réparation qu'il est si urgent d'accomplir. La république, une vraie république, exempte des exagérations anti-libérales rêvées par un certain parti, donnant une large place à l'élément fédératif, affranchissant la province de la dure tutelle de Paris, établissant dans une sage mesure la liberté communale, protégeant au lieu de l'étouffer l'initiative individuelle, favorisant l'esprit d'association, faisant, en un mot, à peu près tout le contraire de ce qui a été fait jusqu'à ce jour, une semblable république, disons-nous, serait le meilleur présent que l'Assemblée nationale de Bordeaux pût faire à ses concitoyens.

Nous savons que la forme républicaine exige des mœurs spéciales; elle transforme les administrés en citoyens; elle diminue le rôle du pouvoir central et augmente d'autant la responsabilité des autorités municipales et provinciales; elle impose à chacun le devoir de payer de sa personne pour défendre la loi. Mais ce zèle et ce dévouement ne nous paraissent pas au-dessus des forces d'une nation qui a déployé récemment une si grande énergie pour se défendre contre l'invasion. Que le même patriotisme, la même abnégation se retrouve dans la vie publique, que ces vertus deviennent une habitude nationale, et la France aura lieu de bénir la date qu'elle maudit si justement aujourd'hui. Ce ne serait pas, en effet, une médiocre conquête que d'avoir, après tant d'orages, réussi à mettre la liberté politique à l'abri de nouvelles convulsions.

Pour nous qui connaissons de longue date les bienfaits de la forme républicaine et qui nous efforçons d'en pratiquer les devoirs, nous ne pourrions que nous réjouir en voyant nos voisins entrer résolûment dans cette voie. Elle ne contient pas de mécomptes, à la condition qu'on lui demande ce qu'elle peut donner : la liberté pour tous et la sécurité pour chacun. La gloire militaire, nous l'avouons, ne passe pas volontiers par cette route, et pour ceux qui rêvent les revanches stratégiques, ce n'est pas à la république qu'ils doivent de préférence s'adresser.

Après ces réflexions toutes désintéressées, il nous sera bien permis de jeter un rapide regard sur nous-mêmes et de nous féliciter en trouvant, à la fin de cette terrible guerre, notre petite patrie plus unie, plus forte, plus respectée que jamais. En disant que la Suisse a fait son devoir, qu'elle a rempli sans bruit un rôle d'humanité, qu'elle a prouvé par des faits que neutralité n'est pas synonyme d'indifférence, il nous semble que nous ne disons rien de trop. Nous avons la satisfaction de voir que la manière dont la Suisse a compris son mandat pendant cette guerre a été universellement appréciée. Elle ne s'est pas seulement montrée hospitalière et charitable, elle a de plus rempli son devoir vis-à-vis de l'Europe et envers elle-même, en protégeant sa frontière avec vigilance, partout où se montrait l'apparence d'un danger. Or l'entrée et le désarmement d'une armée de 80,000 hommes a prouvé que cette neutralité, dont certaines gens affectaient de parler du bout des lèvres, était autre chose qu'un mot vide de sens, écrit sur un vieux parchemin. Grâce à la prudence de nos autorités civiles et militaires, secondées par le dévouement de la population, la Suisse occupe aujourd'hui dans le monde une place d'autant plus honorable qu'elle la doit tout entière à sa propre conduite dans des circonstances difficiles. C'est donc avec reconnaissance pour le passé et avec une parfaite sécurité pour l'avenir que nous joignons nos acclamations à celles de toute l'Europe en l'honneur de la paix. Puisse-t-elle être solide et durable! C'est là notre vœu le plus ardent, car il est bon que des spectacles comme ceux auxquels nous venons d'assister ne passent pas sous les yeux de deux générations. Un pareil déchaînement de violence finirait, en se prolongeant, par étouffer dans le cœur des hommes tout instinct généreux, et par tarir ainsi toutes les sources de ce que nous appelons, un peu trop pompeusement peut-être, le progrès de la civilisation.

APPENDICE

I

LE SIÉGE DE STRASBOURG [1]

(Du 11 août au 28 septembre.)

I

La place de Strasbourg avait été investie du 11 au 17 août par la division badoise. Le 14 août, le général prussien de Werder prit le commandement du corps de siége. Il devait se composer, avec la division badoise, de la 1re division de réserve prussienne, de la division de landwehr de la garde royale, et des troupes du génie et de l'artillerie nécessaires pour cette longue opération de guerre. L'ensemble de ces troupes formait donc une armée détachée de 45 à 50,000 hommes, tandis que la place, sous les ordres du général Uhrich et du général d'artillerie de Baral, avait pour garnison 10,000 hommes d'infanterie et d'artillerie, avec quelques bataillons de garde nationale.

[1] Cet article et l'article suivant relatif au siége de Belfort, qui complètent sur deux points importants ce récit succinct de la campagne de 1870, ont été extraits et en partie traduits des journaux allemands par notre ami et collaborateur, M. J. Vivien.

Toute l'artillerie de siége allemande était placée sous le commandement du général de Decker, et les travaux du génie étaient sous la direction du général-major de Mertens. Le nom de cet officier est bien connu par les travaux exécutés, sous sa direction, en 1864, devant Duppel et par les fortifications de Dresde et de Kiel.

Le 29 août, l'artillerie commença à mettre en mouvement ses batteries pour les rapprocher de Strasbourg, à incendier les constructions militaires, casernes et magasins de la citadelle qui étaient encore intacts, et à canonner les divers ouvrages des lignes de défense.

Pendant plusieurs nuits, les travaux furent éclairés par la lueur des incendies qu'allumaient dans la place les obus des assiégeants. L'assiégé dut, de son côté, répondre à coups de canon aux batteries allemandes, et, comme la principale force de ces batteries était concentrée autour de Schiltigheim, il en résulta que ce beau village, le plus rapproché de la forteresse, eut énormément à souffrir de ses boulets.

Dès lors, un colossal ouvrage de terrassement fut entrepris et mené à bonne fin par les assiégeants.

La première parallèle s'étend sur une longueur de 4,500 pas, soit $^3/_4$ de lieue, et elle a été exécutée dans la seule nuit du 29 au 30 août; en outre, les tranchées de communication à la gauche et au centre de la parallèle, avec le terrain situé en arrière, furent établies sur une longueur totale de plus de $^3/_4$ de lieue. On se figure aisément quel travail et quel matériel il a fallu pour creuser et rendre praticable cette étendue de fossés de 4 pieds de profondeur, sur 10 pieds de largeur au fond, avec leurs parapets formés à l'aide des terres de déblai rejetées au dehors.

Cependant, le 31 août, tout était déjà assez avancé pour que l'on pût mettre la main à deux nouvelles amorces d'approches, l'une à gauche, l'autre au centre de la première parallèle; dans la nuit du 1er au 2 septembre, on traça rapidement le sillon de la seconde parallèle et les cheminements en zigzag qui manquaient encore. Une sortie des assiégés, et un feu d'infanterie extrêmement vif, chassèrent un instant les ouvriers qui travaillaient à l'aile droite, jusque dans la première parallèle; mais le capitaine Chevalier les ramena avec la plus grande énergie, et le travail put être terminé.

Toutefois, cette nuit fut signalée par un événement fâcheux pour les assiégeants. Le second cheminement du côté gauche avait été, selon l'usage, commencé au milieu d'une obscurité profonde, et, par suite du manque absolu de point de direction possible, il vint déboucher tout à coup sur un terrain bas, très-défavorable et non *défilé* [1] des vues de la place. Les deux officiers du génie qui, le matin, avaient conduit à la sape les travailleurs du jour, le lieutenant-colonel de Gayl et le capitaine Herzberg, y furent tués avec plusieurs de leurs ouvriers par un même projectile. En

---

[1] On sait que le *défilement* est une opération qui consiste à régler le tracé et le relief de la fortification de manière à protéger les défenseurs contre la vue et les coups directs de l'ennemi. Un ouvrage est complétement *défilé* lorsque, de tous les points du terrain d'attaque, il est impossible d'apercevoir aucune partie de l'espace protégé par le parapet.

outre, l'aile droite de la seconde parallèle était séparée de l'aile gauche par le cimetière de Sainte-Hélène; il en résulta qu'au milieu d'une nuit noire, les officiers chargés de tracer les deux parties de la ligne ne purent réussir à les raccorder sur leur centre, celle de droite étant restée à 100 pas environ en arrière de celle de gauche. Il fallut, les jours suivants, corriger cette.erreur et rectifier l'alignement défectueux de la parallèle.

Pendant ce temps, on exécutait à l'aile droite les approches entre la première et la seconde parallèle, et les bâtiments de la ferme de Grimmlingsbrunn étaient fortifiés pour appuyer sur ce point le flanc de l'attaque. Ces approches de droite furent un rude travail, parce qu'elles durent être exécutées sur le terrain de la gare extérieure du chemin de fer, où la pioche rencontrait à chaque instant des obstacles souterrains, traverses, fondations, etc.

Dans la nuit du 5 au 6 septembre, la seconde parallèle fut à son tour terminée avec ses approches, et l'on procéda ensuite à son élargissement, ainsi qu'à l'établissement des banquettes derrière le parapet, et des places d'armes de sortie aux points les plus importants. Cette seconde parallèle mesure 2,500 pas de longueur; elle a une largeur de 12 pieds, sur une profondeur de 4 à 5. Les zigzags entre la première et la seconde parallèle ont un développement total de 3,000 pas.

Le 9 septembre, on déboucha en avant de la seconde parallèle; mais, dans la nuit du 10 au 11 septembre, comme on se trouvait à 200 ou 300 pas des ouvrages de la place, il fut ordonné de travailler à la sape volante autant que possible. Dans la nuit du 11 au 12, la troisième parallèle fut ainsi établie, et, dans la nuit du 13 au 14, une demi-parallèle, dont l'aile droite n'était qu'à 40 pas de distance de la crête du glacis extérieur. L'inondation, qui séparait l'aile gauche de la troisième parallèle des ouvrages de la place, empêcha en effet d'avancer plus loin sur ce point, et par conséquent il fallut dessiner l'attaque principale du côté de l'aile droite, contre les lunettes n°s 52 et 53.

Le terrain s'élève en avant de la lunette n° 53, comme du reste tout le terrain de l'enceinte de l'Ouest, et, d'après les rapports de reconnaissances faites par des officiers allemands durant les années précédentes, il devait s'y trouver des galeries de mines.

En conséquence, le capitaine Ledebour, avec un de ses soldats et un sous-officier très-intelligent, dut procéder, sur ce point spécial, à une reconnaissance minutieuse. Il découvrit et examina ces travaux de mine : il trouva trois galeries, pénétrant dans la contrescarpe, au-dessus du niveau des eaux du fossé, l'une sur la capitale de la lunette, les deux autres sur chacun de ses flancs. Les passages étaient spacieux et réunis par une galerie transversale ; ils se terminaient en courtes branches d'amorce (qui permettent de prolonger les travaux souterrains si la garnison en éprouve le besoin et si elle en a le temps). L'assiégé avait abandonné ces galeries, probablement à cause de la difficulté de s'y rendre au travers des fossés inondés, et probablement aussi parce qu'il se sentait trop faible en troupes spéciales pour engager une guerre de mines avec l'assiégeant ; il avait cherché à les détruire au moyen de mines de démolition, mais il n'y avait réussi que d'une manière très-insuffisante.

On mena en avant de la troisième parallèle une galerie inclinée, et le mineur eut la chance de rencontrer la galerie construite à gauche de la capitale de la lunette.

Elle fut aussitôt déblayée et l'issue de la galerie sur la contrescarpe put servir de poste d'observation pour étudier les effets de la batterie de brèche sur le saillant de la lunette. C'est grâce à cette circonstance que le couronnement des glacis n'a été inquiété que par les boulets de la place et les éclats de pierre de la brèche, et n'a pas été exposé aux chances redoutables des explosions souterraines.

Pendant cette opération sur les mines, le 14 septembre, les sapeurs avancèrent sur la capitale de la lunette n° 53 hors de la demi-parallèle n° 4.

Dans ce moment, c'est-à-dire lorsque les travaux de l'attaque commencent à se glisser comme un serpent entre les ouvrages de la défense, les assaillants sont obligés de se couvrir de tous côtés contre les feux plongeants et d'enfilade partant de la fortification. Aussi la tranchée s'avance-t-elle en décrivant de nombreux détours sans jamais présenter une ligne de quelque longueur dans la même direction. Cette série de courts tronçons tracés en sens divers se trouve couverte, par la terre rejetée au dehors, contre le feu des parapets de la place qui les dominent. Ensuite l'assaillant côtoie à la sape la crête des glacis, traçant une ligne de tranchées à peu près parallèle aux lignes en relief de chaque ouvrage de la défense. Comme ce travail ne peut être exécuté que pas à pas par le sapeur, et par conséquent avec une grande perte de temps, on reprit bientôt le procédé de la sape volante, pour achever en peu de jours le couronnement du glacis.

On mit la main à l'œuvre dans la nuit du 14 au 15, et, dans celle du 17 au 18, le couronnement était déjà à peu près terminé. Mais quel travail ! Si quelque part l'officier du génie a l'occasion de prouver son sang-froid, son calme, sa résolution, sa sûreté de coup d'œil et d'orientation, c'est à cette période des travaux que ces qualités sont appelées à se manifester. Il ne s'agit plus de disposer sur une ligne droite ses ouvriers, en se contentant de les surveiller pour qu'ils ne s'écartent pas de la ligne tracée. Tous les vingt pas, la direction doit changer; toute longueur de traverse est déterminée rigoureusement par l'obligation de se défiler de toutes les parties dangereuses des ouvrages de l'ennemi, alors que l'obscurité qui vous protége empêche de les apercevoir. Aussi, dans de pareilles conditions, aucun plan de sape ne peut-il être complétement exact et parfait. L'officier cherche bien pendant le jour à s'orienter pour son travail de la nuit; mais l'obscurité est une cause perpétuelle d'erreurs, et il est fort surpris souvent de découvrir à mesure qu'il avance des déviations de tracés qui avaient échappé à sa vigilance.

De là l'inquiétude des ouvriers. Chargés de leur arme, de la pioche, de la pelle, le lourd gabion de sape sur l'épaule, en longue colonne, les travailleurs marchent à la file indienne, se heurtant souvent ou s'écartant dans l'ombre, suivant les zigzags des cheminements. Arrivés à la place où doit commencer leur rude besogne, homme par homme, ils escaladent silencieusement le talus de la tranchée, et aussitôt sifflent au-dessus de leurs têtes les balles ennemies. Tant qu'ils sont en marche, cela va encore ; mais le moment le plus scabreux, c'est celui où chaque homme doit attendre, immobile, jusqu'à ce que, l'un après l'autre, tous aient été placés à leur poste. A ce moment, le courage leur manque ordinairement; les projectiles sifflent autour d'eux, ils ne pensent qu'à se couvrir ; ils jettent à terre leur gabion pour se coucher derrière, et l'on en trouve beaucoup qui cherchent à *s'enterrer* sur la place même où ils se trouvent. Avec tout le zèle possible, les officiers d'infanterie ne peuvent pas remédier à cela, parce qu'ils ne savent pas et ne peuvent pas savoir eux-mêmes comment doivent être employés les hommes qu'ils commandent. Il faut donc que ce soit l'officier du génie, avec un ou deux hommes au plus de son corps, qui *empoigne*, pour ainsi dire, chaque soldat, place chaque gabion, indique à chacun où il doit jeter la terre qu'il va fouiller, et malheur à lui, si, au milieu de tout cela, il perd de vue un seul moment ce qui est la chose principale, la nécessité de se *défiler* exactement de tous les côtés, car dans ce cas, lorsque le matin sera venu, il sera responsable de toute erreur qui apparaîtra à la lumière du jour.

« Rarement, dit le correspondant de la *Gazette de Cologne*, auquel nous empruntons ces détails, rarement, dans un siége, on aura vu le couronnement du glacis s'opérer avec autant d'audace que dans le siége de Strasbourg. Aucune faute n'a été commise durant l'accomplissement de cette rude et difficile besogne.

En vingt jours, le travail gigantesque des travaux du siége, depuis le tracé de la première parallèle jusqu'au couronnement du glacis, a été exécuté. »

Pendant ce temps cependant les défenseurs de la place ne sont pas restés inactifs.

Après que la première parallèle eut été creusée avec une rapidité inattendue et probablement sans que le général Uhrich s'en fût aperçu, les assiégés ont tenté, par des sorties répétées, faites surtout le matin, d'inquiéter et de retarder la continuation des travaux.

Cependant, lorsque les sorties les plus importantes, celles du 3 et du 9 septembre, eurent été repoussées avec des pertes assez considérables, le général Uhrich a paru y renoncer. Il a pensé sans doute qu'en raison de la faiblesse relative de la garnison, il devait la ménager pour la suite du siége; en outre les sorties ne tardèrent pas à être rendues très-difficiles par la destruction de la Porte de Pierre. En effet, dès la seconde semaine de septembre, cette porte, qui était le débouché principal des assiégés sur les travaux des assiégeants, n'était déjà plus qu'un monceau de ruines.

Cependant l'énergie et le courage des défenseurs se sont manifestés d'une autre manière. Sur l'aile gauche des parallèles allemandes se trouvent des îles fortement boisées, et quoique les assiégeants les eussent partiellement occupées, ils ne pouvaient empêcher d'une manière efficace, dans la première période de l'attaque, que les défenseurs de la place ne sortissent en plein jour des ouvrages qui y étaient placés, et, couverts par des arbres et des haies, ne vinssent vigoureusement inquiéter les lignes allemandes par des feux de flanc de mousqueterie; ils ont même essayé, mais sans succès, d'appuyer une sortie de ce côté par de l'artillerie légère.

D'un autre côté, les assiégeants, d'après le correspondant allemand dont nous suivons le récit, ont dû travailler sous une grêle de shrapnels, d'obus, de balles de chassepot et de fusil de rempart; la deuxième parallèle terminée, ils ont commencé à voir s'y ajouter un fort contingent de bombes de sept livres. A partir du moment où les batteries de siége ont pu être poussées jusque dans les places d'armes de la troisième parallèle, les colonnes de munitions qui doivent les approvisionner ont été également inquiétées d'une manière constante et toutes les nuits par les bombes de la place. Mais, en somme, les pertes qu'ont faites les assiégeants jusqu'au couronnement du glacis, devant la lunette n° 53 ont été moins considérables que l'on n'aurait pu s'y attendre.

II

L'emplacement où la batterie de brèche établie devant la face droite de la lunette n° 53 avait commencé son œuvre de destruction, consista d'abord en une étroite tranchée serpentant autour des traverses de gabions. Bientôt ces traverses, renversées par le feu de l'assiégé, avaient rendu la tranchée impraticable. Mais lorsque, le 18 septembre, il fut reconnu que la brèche était achevée, tout le monde fut bientôt sur pied. Les pionniers s'enfoncèrent en face de la brèche pour pratiquer une descente aboutissant au niveau de l'eau. Avant que le jour eût paru, cette galerie de descente était tracée et couverte avec des cadres placés à trois pas de distance les uns des autres, portant un lit de fascines surmonté d'une épaisse couche de terre. Ainsi protégé, le mineur peut travailler sans trop de danger à la besogne moins facile de renverser dans le fossé le mur de la contrescarpe.

Tout fut préparé pour le travail mystérieux de la nuit suivante. Le soir, le mineur commence son œuvre de sape qui pénètre toujours plus profondément dans la muraille, il charge, il tamponne; et le 20 septembre, à 4 heures un quart du matin, sur douze pieds de largeur, le mur de la contrescarpe s'écroulait dans le fossé avec un bruit sourd. Tout le monde avait été tenu à distance et deux ou trois sapeurs restés les derniers dans leur sombre boyau s'étaient eux-mêmes retirés à temps. Aussitôt après l'explosion, on procéda à l'élargissement de la brèche. Dans la descente, les travailleurs de l'infanterie furent échelonnés sur plusieurs rangs jusqu'au couronnement, et bientôt des corbeilles remplies de terre volaient de mains en mains sur la droite et remontaient vides sur la gauche; sur le parapet même, les mineurs traînaient des gabions de sape, et des fascines chargées de sacs de sable et de pierres, qu'ils poussaient ensuite dans le fossé. Au début, l'eau semble engloutir sans résultat tous ces matériaux; elle a, au centre du fossé, huit pieds de profondeur; mais peu à peu, pied par pied, la jetée avance; le jour se lève, mais il n'empêchera pas l'œuvre entamée de se continuer, et les gabions et la terre et les fascines ne pleuvent que plus rapidement dans le fossé. Bientôt le passage devient praticable; on commence à le couvrir des coups de flanc qui pourraient partir de la lunette n° 52. Mais personne ne s'y montre durant toute la matinée; il est vrai que le couronnement du glacis était garni de carabines qui n'attendaient que le moment où une tête imprudente viendrait à se montrer; en outre, une batterie de deux pièces de 6 y avait été installée pour mitrailler, en cas de besoin, les ouvrages de gauche.

On devient donc toujours plus entreprenant, un bateau est amené, et l'on pense à se transporter au pied de la brèche, pour achever plus rapidement l'œuvre du passage. Une heure plus tard, quelques hommes qui ont ainsi traversé commencent à jeter dans le fossé les terres éboulées de la brèche, mais sans que personne se hasarde à escalader le parapet de la lunette, par-dessus lequel, d'ailleurs, sifflaient les boulets des assiégeants eux-mêmes, tandis que le terre-plein était en pleine vue de l'enceinte principale. Un lieutenant du génie grimpa cependant jusqu'au bord de la plongée, puis jeta un coup d'œil par-dessus le parapet, et en deux sauts fut dans l'ouvrage qu'il esquissa en trois coups de crayon : la lunette n'était plus occupée. L'artillerie des assiégeants fut donc prévenue de cesser son feu.

La gorge de la lunette était ouverte; le colonel de Wangenheim, chef d'état-major du génie, arriva avec ses sapeurs, et aussitôt les assiégeants commencèrent à s'établir dans l'intérieur; pendant ce temps, le passage du fossé était terminé, quoique non sans certaines pertes, quelque infanterie ayant paru dans l'après-midi sur la lunette 52 et ayant de là ouvert un feu très-vif de mousqueterie contre les ouvriers; mais, comme le gabionnage commencé de ce côté avançait en même temps que le passage lui-même, les balles ne furent bientôt plus à craindre.

Pendant la nuit du 21 au 22 septembre, la lunette n° 52 fut enlevée à son tour, mais l'opération coûta aux assiégeants plus cher que la précédente. Jusqu'à 8 heures du soir, il n'y avait encore aucune communication sensible à l'œil sur le fossé à l'eau de cette lunette large de plus de 180 pieds ; seule la descente de fossé était prête, flanquée d'une double gabionnade et couverte par des rails de chemin de fer. La tête, du côté de l'eau, était pourvue d'un masque en gabions de sape, fascines et sacs de sable, lorsque vers 8 heures, la compagnie de sapeurs Andreæ arriva pour construire le pont. Les feux de mousqueterie de la place, en particulier ceux des lignes de gauche et de la contre-garde de l'enceinte principale, étaient assez vifs, et dirigés principalement contre la lunette n° 53 et le couronnement qu'y avaient établi les assiégeants ; mais bientôt ils commencèrent visiblement à se diriger aussi sur la lunette 52, où de temps en temps passait une grêle de mitraille arrivant de l'ouvrage à cornes sur la droite (bastions 47 à 49). Les assiégés dirigeaient leur feu précisément sur l'emplacement de la descente, en arrière du couronnement, parce qu'ils s'attendaient à voir déboucher de ce point les colonnes d'attaque.

Les sapeurs mirent cependant à l'eau des tonneaux accouplés et, à l'aide d'un *va-et-vient*, ils les transportèrent, l'un après l'autre, jusqu'à l'escarpe de la lunette n° 52 ; au fur et à mesure, ils étaient recouverts d'un cadre et d'un plancher. A 10 heures, la tête du pont atteignait l'autre bord du fossé, et les deux extrémités qui, jusqu'alors, avaient flotté librement, furent amarrées solidement aux deux rives. Le tablier du pont fut ensuite couvert de paille pour amortir le bruit que produirait le passage des colonnes d'assaut.

A 10 heures et demie, ce travail était également achevé et les colonnes s'avancèrent.

Le capitaine Rœse franchit le premier le pont jusqu'au parapet de la lunette avec douze pionniers et deux sous-officiers.

L'un des sous-officiers alla examiner les travaux qui n'étaient pas occupés, afin de voir s'il n'y avait pas de mines, tandis que les douze pionniers cherchaient à tailler des marches pour les colonnes d'assaut dans l'escarpe dont la pente était très-roide. Lorsque le sous-officier eut rapporté que tout était en règle, un peloton d'infanterie traversa le pont et se plaça à couvert dans l'intérieur de l'ouvrage; il fut suivi de la compagnie de pionniers et de deux pelotons d'infanterie.

Les pionniers se mirent aussitôt à percer le talus pour établir des communications couvertes entre le terre-plein de l'ouvrage occupé et la tête du pont.

Les premières colonnes avaient passé le pont sans bruit, mais celles qui suivirent, inquiétées par le feu de l'ennemi, accélérèrent leur marche et attirèrent par là l'attention des Français. Aussi, lorsque les 100 hommes de la garde arrivèrent au pied de l'escarpe, un feu meurtrier se concentra sur ce point.

Beaucoup d'hommes furent atteints, et bientôt il n'y eut plus assez de porteurs pour transporter les blessés. Enfin les travaux de percement du talus furent assez avancés pour abriter les soldats. Mais le major de Quitrow avait été tué, et le lieutenant de Keiser avait dû prendre le commandement.

La perte totale avait été de 10 tués et 38 blessés.

Toutefois l'œuvre des assiégeants venait de faire un pas notable en avant. Le 24 septembre, sur le haut saillant en cavalier de la lunette n° 53, avec ses parapets retournés contre la place, se trouvait une batterie allemande de pièces rayées de 6 ; sur le terre-plein des deux lunettes 53 et 52, deux batteries de mortiers de 7 pouces bombardaient le corps de place à courte distance. Sur les gradins des parapets tournés contre l'enceinte de la ville étaient installés des fusils de rempart la tenant en échec sur tous les points ; dans le terre-plein et derrière la gorge des lunettes, de profondes tranchées garanties par de hauts et larges épaulements, et dessinées en zigzag, permettaient à l'infanterie de se mouvoir et de se concentrer sans péril.

En outre, pendant la nuit du 22 au 23, les assiégeants avaient marché en avant à la sape volante sur la place, depuis la gorge de la lunette n° 52, par le fond du fossé qui la relie avec l'enceinte principale.

Cette sape marchait lentement par boyaux en zigzag ; néanmoins, malgré le feu de l'assiégé, elle fut poussée jusqu'à la crête du glacis intérieur, et là une grosse traverse qui fermait la trouée du fossé permit aux assiégeants d'établir leurs tirailleurs juste en face du saillant de la demi-lune n° 50, ou plutôt de la contre-garde qui la couvre.

Devant eux, ils avaient les murailles fortement endommagées de la demi-lune et de sa contre-garde; à droite, la brèche, très-avancée déjà, pratiquée dans la face de droite du bastion n° 11 (celui qui suit à l'Ouest le bastion de Pierre); les six pièces de la batterie de brèche en avaient fait tomber un gros pan de maçonnerie qui s'était écroulé d'un seul bloc, et la brèche se trouvait ainsi déjà près d'être terminée.

Pendant ce temps, on travaillait en arrière à l'établissement d'une communication assurée avec la lunette n° 52; le pont volant avait été rendu impraticable par quelques boulets bien dirigés; on y remédia d'abord par deux bateaux organisés à la hâte en une espèce de bac; mais, de plus, on renforça par étages successifs le pont de tonneaux de manière à le noyer, tout en l'exhaussant, et à le transformer ainsi en un passage solide. Il n'y eut besoin que de combler les intervalles, dans les endroits les plus profonds, avec des fascines et de la terre, pour en faire une jetée bien établie, dont on assura la sécurité par un flanquement en gabions de sape et sacs de sable, dirigé contre les feux d'enfilade des lunettes n°s 54 et 55, placées sur la gauche de la lunette n° 52.

Ces feux, du reste, n'étaient à craindre que pour la nuit, car, pendant le jour, l'ennemi laissait ces ouvrages extérieurs complétement vides de troupes; mais une fois l'obscurité venue, il lui était facile d'y jeter rapidement quelques sections d'infanterie.

Afin de gagner de ce côté, c'est-à-dire sur leur aile gauche, une position plus étendue pour leur infanterie et leur artillerie, les assiégeants prolongèrent de ce côté le couronnement du glacis dans la forme plus simple d'une quatrième parallèle, ce qu'ils pouvaient faire sans inconvénient, les lunettes 52 et 53 n'étant plus à craindre; aussitôt après ils établirent une communication entre cette nouvelle tranchée et la troisième parallèle.

Le glacis de la première enceinte occupé, dans la nuit du 23 au 24, les assiégeants marchèrent à la sape volante jusqu'à la crête du glacis de la demi-lune, entre les bastions 12 et 11, ou plutôt jusqu'à celle de la contre-garde, qui couvrait les faces extérieures de cet ouvrage; dans la nuit du 24 au 25, sous la direction du capitaine de Scheren, les sapeurs couronnaient le fossé devant la face Est de cette demi-lune.

Enfin le 27 septembre, le glacis intérieur de la place était complétement couronné, et le travail des batteries de brèche avait été continué sur le mur d'enceinte avec un grand succès, quoique par un tir indirect : les brèches étaient praticables; les colonnes d'assaut se préparaient et, dès lors, la situation était telle, dit le correspondant de la *Gazette de Carlsruhe*, en date du 28, que l'honneur militaire du commandant lui permettait de ne pas prolonger une résistance inutile. Depuis le 24 septembre, 146 canons rayés de divers calibres et 83 mortiers avaient été en activité contre la place.

Quant à la capitulation elle-même et aux indications différentes qui ont été données à ce sujet par diverses dépêches télégraphiques, le *Staats-Anzeiger* prussien dit que les négociations ont commencé le 27 dans l'après-midi, vers cinq heures, et se sont continuées dans la nuit, de telle sorte qu'à 9 heures elles étaient assez avancées pour que le général de Werder ait pu télégraphier à cette date la prise de Strasbourg au roi de Prusse; à 2 heures du matin, le 28, les formalités de la capitulation étaient terminées et la convention signée; à 8 heures, les troupes allemandes prenaient possession des portes.

Ainsi s'est terminé ce siége si vigoureusement mené de part et d'autre et qui comptera dans les annales militaires des deux nations.

II

LE SIÉGE DE BELFORT

(Du 3 novembre au 26 février.)

Dès le commencement de la campagne de 1870, la promptitude relative avec laquelle fut conduit le siége de Strasbourg avait pu donner une idée exagérée des ressources offensives du génie et de l'artillerie contre une place de guerre. L'action contre Metz n'ayant été qu'un blocus, il était réservé au siége de Belfort de fournir des éléments d'appréciation propres à rectifier ces premières impressions.

En effet, Strasbourg était une place ancienne, nullement construite pour résister aux engins modernes, dépourvue de véritables casemates, privée d'ouvrages avancés, encombrée d'une nombreuse population civile, tandis que la garnison était au contraire insuffisante. Les remparts étaient contigus à la ville, de telle sorte qu'elle était exposée de prime abord à une concentration fort efficace des feux de l'attaque en même temps qu'elle subissait un blocus étroit. Belfort se présentait dans des conditions bien différentes pour l'assiégeant et pour l'assiégé.

Comme centre de la défense, le *Rocher*, gigantesque

saillie taillée à pic du côté de la ville, et disposée artificiellement du côté extérieur en terrasses maçonnées et superposées, supporte le *Château*, citadelle également imposante par sa force propre et par sa position relativement aux autres ouvrages de la place. En effet, si du Nord et de l'Ouest on peut apercevoir le revers de ce géant de pierre, on ne peut en approcher à couvert en raison de la disposition du terrain, tandis qu'au Sud et à l'Est, la *Justice* et la *Miotte*, puissantes citadelles elles-mêmes, situées sur de hautes croupes, se chargent assez d'empêcher l'approche de l'assaillant. Pour surcroît de sûreté, sur une colline allongée, au Sud, deux ouvrages, ayant plutôt le caractère de fortifications passagères, avaient été nichés en avant du Château; c'étaient les Hautes et les Basses Perches.

La ville elle-même, petite et placée dans une position favorable, est couverte à l'Ouest par le fort des Barres, relié au Château par quelques ouvrages détachés. Enfin les villages situés dans ses environs immédiats, sous le canon des forts, se prêtent très-bien à une guerre de chicanes, de la part de l'assiégé, avant que l'assaillant ait pu s'emparer de terrains favorables à l'établissement de ses premières batteries.

Si l'on ajoute à cela que le commandant de Belfort, le colonel Denfert s'est montré un excellent et énergique officier, qu'il disposait d'une garnison de 10 à 12,000 hommes, dont il avait su doubler le courage et la force de résistance en l'exerçant et la disciplinant, enfin que les premières ressources d'artillerie mises en œuvre par les Allemands au début de l'attaque étaient fort modestes, on comprendra combien la tâche de l'assiégeant était plus malaisée que devant Strasbourg: ses batteries étaient d'ailleurs exposées au feu plongeant des ouvrages de la place; et, de la haute tour du guet de la Miotte, une sentinelle pouvait à chaque instant rendre compte à la garnison de tout ce qui se passait ou se préparait dans les lignes ennemies.

Le siége a compris trois périodes assez distinctes: dans la première, la place a été cernée, dans la seconde, elle a été bombardée, dans la troisième elle a été attaquée.

L'opération de l'investissement a commencé le 3 novembre par des troupes de la première division de landwehr, formée à Stettin, sous les ordres du général Tresckow. Elles avaient auparavant chassé les francs-tireurs qui tenaient la campagne entre Colmar et Belfort, repoussé les gardes mobiles dans plusieurs petits combats près de Les Errues, Rougemont, Petit-Magny, et rétabli ainsi leurs communications avec le général Werder. L'investissement, qui était absolument nécessaire pour isoler la place et la réduire à ses seules ressources, n'était pas facile, parce que toutes les localités avoisinantes étaient occupées par les Français, et qu'elles sont placées de manière à pouvoir être balayées efficacement par les canons des ouvrages. Néanmoins, l'infanterie allemande s'en est successivement emparée, à l'exception de Vétrigne et d'Offemont, qui ont été au bénéfice d'une espèce de neutralité, parce que les Français ne s'y étaient point établis à poste fixe et que les assiégeants ne se sont pas souciés d'y aller; en effet, il leur eût été impossible d'y tenir, ces villages se trouvant immédiatement dominés par le fort de la Miotte.

Pendant ce temps, le quartier général de Tresckow

fut successivement à Les Errues, à La Chapelle et à Fontaine. Le 16 et le 23 novembre, deux sorties d'infanterie avec artillerie furent tentées par les assiégés dans la direction de l'Est (Bessoncourt), mais repoussées par les assiégeants. Valdoie fut occupé le 23 et Cravanche, au pied du mont Salbert, le 24.

Lorsque toutes les positions eurent été prises et mises en état de défense contre des retours offensifs de la garnison, le 3 décembre on mit la main à la construction des batteries, ainsi qu'à l'établissement des tranchées pour abriter les troupes de siége; puis le bombardement fut commencé des hauteurs situées au sud-ouest d'Essert et de Bavilliers, mais le nombre des bouches à feu disponibles alors était si insuffisant, que ce premier feu resta sans aucun résultat; d'ailleurs on se convainquit bientôt que l'attaque devait d'abord s'emparer des Perches, situées à 1,800 pas environ au sud-est du Château.

L'artillerie ayant été peu à peu renforcée par des batteries wurtembergeoises et bavaroises qui vinrent s'adjoindre aux canons prussiens et badois déjà à l'œuvre, le feu fut repris avec plus de vigueur, et continué contre la ville à peu près sans interruption du côté du Sud-Est pendant les mois de décembre et janvier. La grande portée et la précision de tir des gros canons de la forteresse avaient rendu impossible l'établissement des batteries à bonne portée de la ville; les premières durent être construites à des distances excessives, d'où l'assiégeant chercha seulement à contenir l'action de la Justice, de la Miotte et du Château, tandis qu'il s'attaquait plus directement aux deux ouvrages des Perches. Dans la nuit du 7 au 8 janvier fut enlevée, non sans pertes considérables des deux côtés, la position importante du village de Danjoutin, et le 20, le village de Pérouse fut pris d'assaut.

Dès lors, les assiégeants purent procéder à l'ouverture régulière des tranchées contre les Perches, de Danjoutin sur Pérouse, pendant la nuit du 21 au 22 janvier, date de la troisième période des opérations, celle de l'attaque proprement dite.

La rigueur du climat rendait extrêmement dure la tâche des assiégeants, d'autant plus que les tranchées devaient être taillées en partie dans le roc et se trouvaient sous l'eau lorsque le dégel se mettait de temps à autre de la partie. Néanmoins, dès le 27 janvier, l'assaillant crut pouvoir tenter, dans la nuit, une surprise sur les Perches; mais il paya cher cet acte de témérité. Vers neuf heures du soir, un bataillon avec deux détachements de sapeurs, sortit des tranchées et marcha à l'assaut par colonnes de compagnies; mais à mi-chemin il fut reçu par une telle grêle de projectiles de tout genre que devant cet orage de fer et de feu il dut se replier sur les tranchées, après avoir fait des pertes relativement énormes; elles se sont élevées à environ 400 hommes; sur l'effectif du bataillon engagé, 321 seulement revinrent de cette expédition.

Après la douloureuse leçon que venaient de recevoir les assiégeants, ils reprirent la marche régulière de leurs travaux d'attaque. Le 7 février au soir, les approches commencées à 180 pieds au-dessous de la hauteur des Perches étaient arrivées au sommet, jusqu'au bord du fossé des ouvrages. Le 8, dans l'après-midi, les Hautes-Perches d'abord, et un peu après les Basses-Perches furent enlevées d'assaut. Mais à peine les assaillants avaient-ils pénétré dans les deux forts que plus de 20 pièces de canon, tonnant à la fois du Château, vinrent jeter une grêle de projectiles sur le terre-plein des forts, qui s'inclinait du côté de la place et n'offrait d'autre abri que le maigre parapet de la gorge déjà à moitié détruit.

L'assiégé tirait à peu près 80 coups à la minute et ce ne fut pas une petite tâche pour les vainqueurs de se maintenir sur le plateau qu'ils venaient de conquérir et d'y entamer le travail de leurs nouvelles batteries.

Mais ils tenaient dès lors une position qui leur permettait d'être assurés du succès final dont, à plus d'une reprise sans doute, ils avaient désespéré jusque-là.

La besogne qui leur restait à accomplir n'en devait pas moins être encore des plus rudes, lorsque soudain elle leur a été épargnée par un armistice inattendu suivi de la capitulation de Belfort ordonnée par le gouvernement français lui-même. L'énergique résistance du brave colonel Denfert, et l'attitude de la garnison qu'il avait sous ses ordres, lui ont valu la libre sortie avec armes et bagages.

ERRATUM

Page 280. En sous-titre, au lieu de *au 24 janvier*, lisez *au 27 janvier*.

TABLE

	Pages.
Avant-propos	v

Première Partie. — Rhin et Moselle.

I.	Wissembourg, Wœrth, Forbach (du 4 au 7 août)	3
II.	La situation des armées (au 9 août)	12
III.	Les armées devant Metz (combat de Borny le 14 août).	18
IV.	Mars-la-Tour (16 août)	22
V.	Gravelotte (18 août)	30

Deuxième Partie. — Les Ardennes.

I.	La situation des armées (au 24 août)	37
II.	La situation des armées (au 25 août)	45
III.	La situation des armées (au 26 août)	49
IV.	La situation des armées (au 28 août)	53
V.	Campagne des Ardennes (du 24 au 30 août)	56
VI.	Sedan (2 septembre)	61
VII.	Les opérations militaires devant Sedan	64

Troisième Partie. — Paris et Metz.

I.	La stratégie allemande en 1870	81
II.	La situation (au 15 septembre)	96
III.	La défense de Paris	100
IV.	Les Allemands devant Paris (8 octobre)	109
V.	Questions stratégiques	118
VI.	Les combats autour de Paris (du 17 septembre au 11 octobre)	125
VII.	Les travaux de défense de Paris (au 18 octobre)	141
VIII.	La reddition de Metz (27 octobre)	151
IX.	Le maréchal Bazaine et la reddition de Metz	161

X. La presse allemande et le bombardement de Paris (4 novembre) 167
XI. La rupture des négociations (8 novembre) 175

Quatrième Partie. — La Loire et le Nord.

I. La situation militaire (au 8 novembre) 183
II. La situation (au 28 novembre) 194
III. La sortie de Paris (29 et 30 novembre) 198
IV. La situation (au 5 décembre) 204
V. La situation (au 23 décembre) 211
VI. La situation militaire (au 4 janvier 1871) 219
VII. La situation militaire (au 8 janvier) 231
VIII. La situation militaire (au 9 janvier) 235
IX. La situation militaire (au 11 janvier) 242

Cinquième Partie. — La Campagne de l'Est.

I. Le Mans et la Lisaine (du 11 au 18 janvier) 251
II. La situation militaire (au 22 janvier) 265
III. Les combats de Dijon (du 21 au 23 janvier) 273
IV. La marche des Allemands vers le Sud-Est (au 26 janvier) 277
V. La situation militaire dans l'Est (au 27 janvier) ... 280
VI. La situation militaire dans l'Est (au 29 janvier) ... 285
VII. L'armée française de l'Est en Suisse (1er février) 292
VIII. Les Français en Suisse (3 février) 298
IX. Les Français en Suisse (7 février) 305
X. L'entrée des Français en Suisse 312
XI. Résumé des opérations de l'armée française de l'Est. 317
XII. La retraite de l'armée française de l'Est (du 24 janvier au 1er février) 323
XIII. L'armée française de l'Est et les combats de Dijon. 333
XIV. La paix (27 février) 341

Appendice.

I. Le siége de Strasbourg (du 11 août au 28 septembre). 351
II. Le siége de Belfort 369

OUVRAGES DU MÊME AUTEUR

Histoire des doctrines philosophiques dans l'H[...]
Chez Meyrueis, 1 vol. in-12 : 3 fr. 50.
Laura. Chez Charpentier, 1 vol. in-12 : 3 fr. 50.

PUBLICATIONS RÉCENTES

DE LA

LIBRAIRIE F. RICHARD

Poésies généreuses, chefs-d'œuvre des poëtes g[...]
in-16 [...]

Marc Monnier. *Théâtre de marionnettes*, avec pr[...]
Victor Cherbuliez (défendu en France sous l'Empire) [...]
in-16 : 3 fr. 50.

A. Bost. *Valentine*, épisode de la vie d'un pasteur. [...]
in-12 : 2 fr. 50.

H. Janin (Mlle). *Tante Marguerite*, trad. de l'anglais. [...]
in-12 : 3 fr. 50.

Couriard (Mlle). *Autour de la lampe*, nouvelles pour [...]
nesse. 1 vol. in-12 : 3 fr.

Nouvelles soirées chrétiennes. 1 vol. in-12 : 1 fr. 50.

H. Dameth, prof. *La question sociale*. 1 vol. in-12 : [...]
A ceux qui souffrent, fragments. 1 vol. in-12 : 60 cent.

ACTUALITÉS

Ed. Sclaré. *L'Alsace et les prétentions prussiennes*. [...]
L. Bordeaux. *République fédérative et présidence* [...]
in-12 : 1 fr.
William Reymond. *La Prusse et la République.* 75 c[...]
Pendant l'armistice, dernière protestation d'un Strasbou[...]

SOUS PRESSE

Mme W[...] *Le siège d'Orville*, trad. de l'anglais [...]
dans 1 vol. in-12.

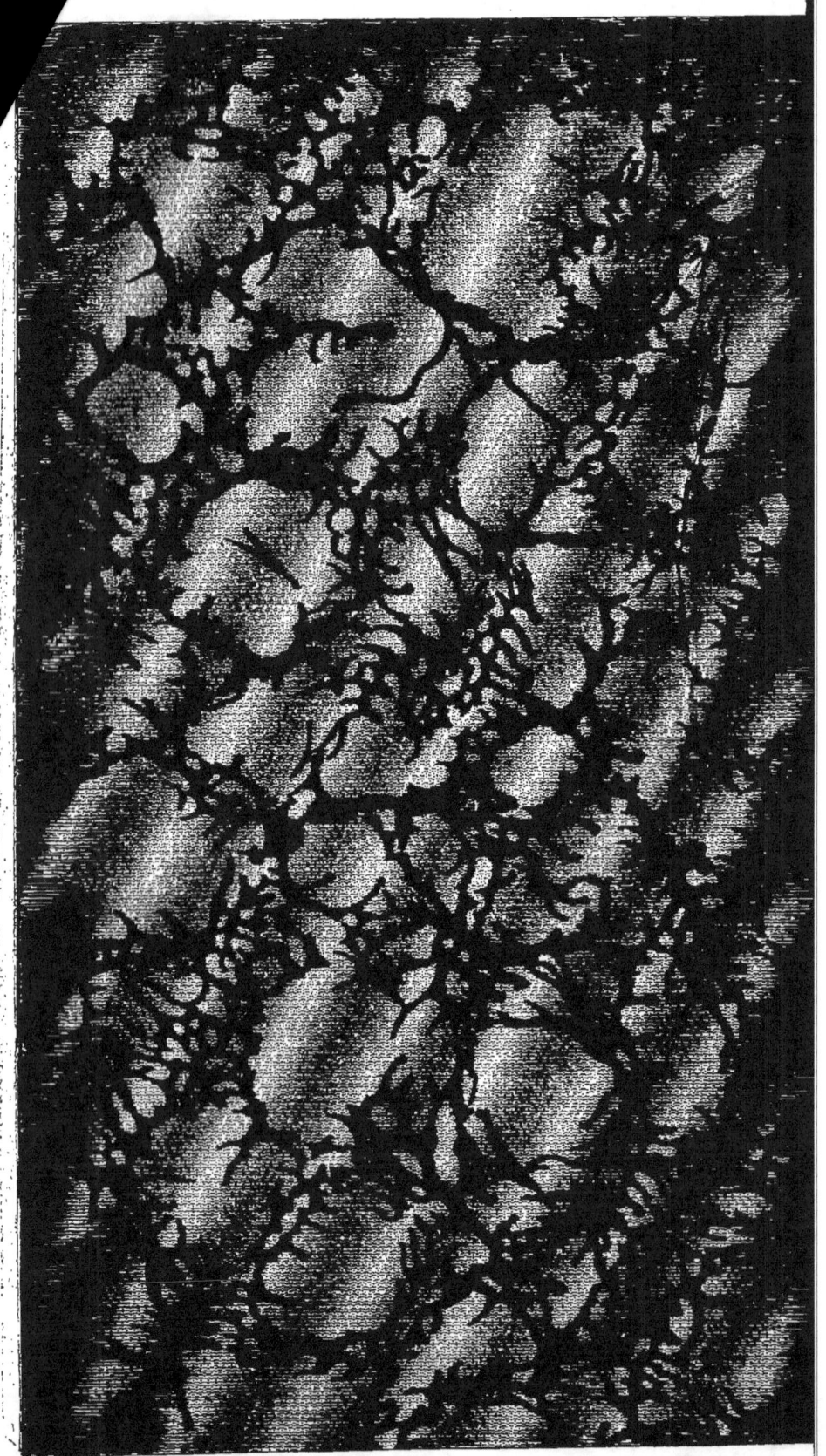

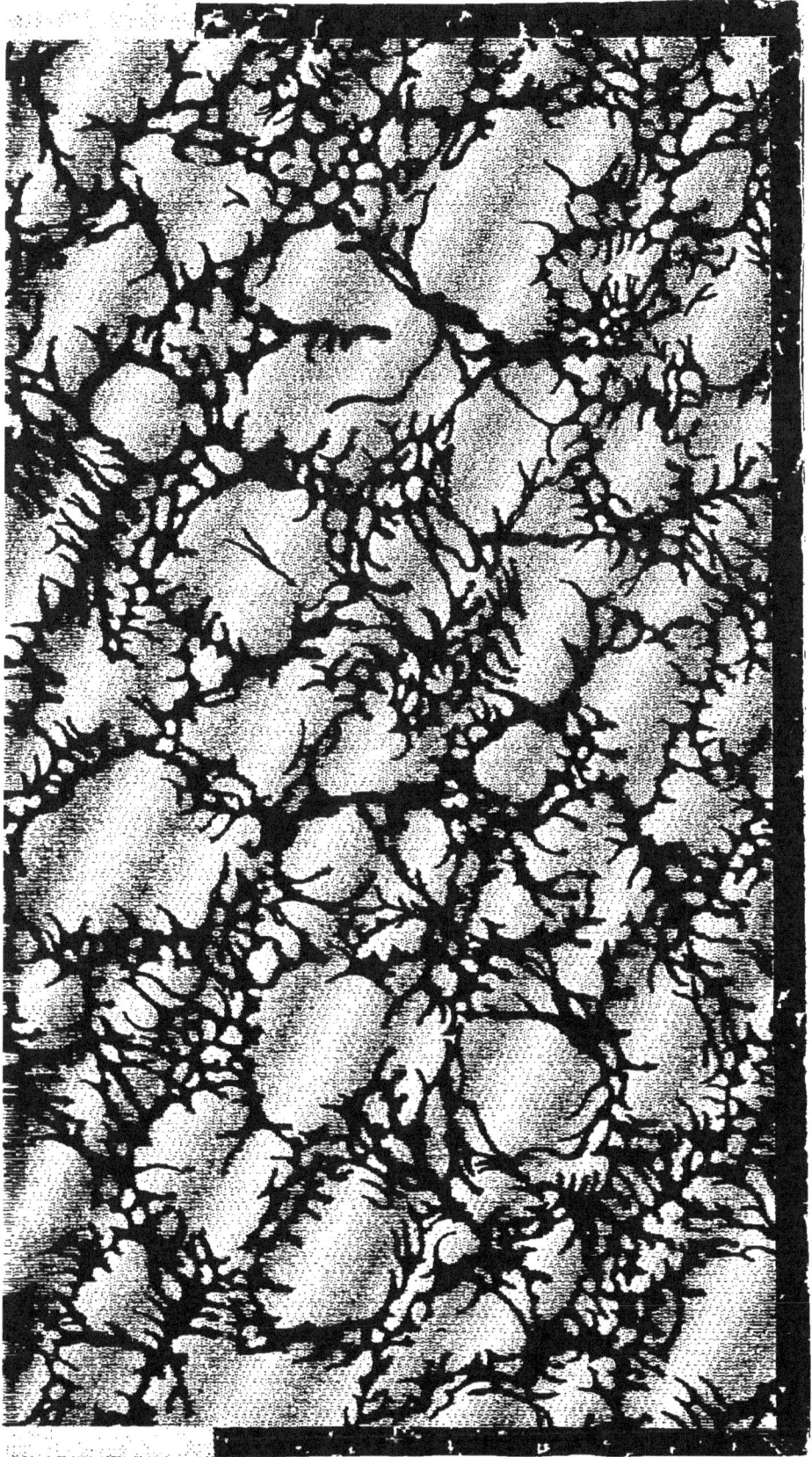

www.ingramcontent.com/pod-product-compliance
Lightning Source LLC
Chambersburg PA
CBHW071908230426
43671CB00010B/1517